ANALECTA BIBLICA
INVESTIGATIONES SCIENTIFICAE IN RES BIBLICAS
49

SPRACHLICHE UNTERSUCHUNGEN ZU MATTHÄUS UND LUKAS

EIN BEITRAG ZUR QUELLENKRITIK

ROMAE
E PONTIFICIO INSTITUTO BIBLICO
1971

ALBERT FUCHS

SPRACHLICHE UNTERSUCHUNGEN ZU MATTHÄUS UND LUKAS

EIN BEITRAG ZUR QUELLENKRITIK

Die Blindenheilung: Mt 9, 27-31
Das Zeugnis der Christen in der Verfolgung:
Lk 21, 14-15

ROM
BIBLICAL INSTITUTE PRESS
1971

TIPOGRAFIA ITALO-ORIENTALE « SAN NILO » - GROTTAFERRATA (ROMA)

MEINEN VERSTORBENEN ELTERN
UND MEINEN GESCHWISTERN

INHALTSVERZEICHNIS

VORWORT

"Sprachliche Untersuchungen" ist ein sehr weites Thema, und eine Arbeit mit diesem Titel kann in vielfacher Hinsicht und aus den verschiedensten Gründen unternommen werden. Für gewöhnlich hat eine solche Untersuchung zum Ziel, mit der sprachlichen Eigenart eines Autors näher vertraut zu machen, wobei sie unter Umständen auch Nuancen des Inhalts eines literarischen Werkes zum Vorschein bringen kann, die sonst übersehen werden. Wenn stilistische Vergleiche in genügendem Umfang und mit ausreichender Intensität durchgeführt werden, können sie auch etwas von der Persönlichkeit des behandelten Verfassers offenbaren.

Unabhängig von eigentlichen sprachlichen Interessen und formalen Fragestellungen dienen solche Vergleiche aber auch dazu, das nicht eindeutig feststehende literarische Werk bestimmter antiker Autoren von dem anderer abzugrenzen. Bei anonymen Werken oder pseudonymer Verfasserschaft ist es sogar eines der wenigen Mittel, um in strittigen Punkten Gewissheit zu erhalten.

Aus der Natur der Sache ergibt sich, dass die Anwendung einer solchen Untersuchungsmethode auch und in besonderem Mass für das Neue Testament ertragreich sein kann. Hier geht es ja nicht nur um die Frage nach der echten Verfasserschaft einzelner Schriften, sondern ebenso um die Unterscheidung von Schichten, die innerhalb derselben Schrift erkennbar werden. Da vor allem in die Evangelien und in die Apostelgeschichte, aber auch in andere Teile des Neuen Testaments Reden, Bruchstücke von Bekenntnissen, Hymnen, Taufformeln und andere ältere Traditionen mündlicher oder schriftlicher Art aufgenommen wurden, die nicht nur sprachlich verschieden sind, sondern auch unterschiedliches theologisches Denken bzw. verschiedene Stufen der Glaubensentfaltung erkennen lassen, ist hier für eine sachgemässe Erfassung des Inhalts eine genaue Quellenscheidung besonders wünschenswert. Stilistische Untersuchungen auf diesem Gebiet sind also keineswegs Selbstzweck, sondern in manchen Fällen notwendige Vorbedingung für das rechte Verständnis eines Textes. — In dieser Arbeit wird im dritten Teil versucht, für zwei Abschnitte, die relativ kurz sind, durch solche stilistische Vergleiche auch die Grundlage für ihre richtige Interpretation zu schaffen.

Die vorliegende Abhandlung wurde 1968 von der Philosophischen Fakultät der Universität Salzburg als philologische Dissertation angenommen. Von diesem Ursprung her erklärt sich, dass einige Teile etwas ausführlicher dargestellt sind, als es in einer theologischen Arbeit notwendig wäre. Ohne die ganze Untersuchung in grösserem Mass umzuschreiben, war es aber nicht möglich, die Spuren ihrer Entstehung stärker zu verwischen. Für den Druck habe ich jedoch den Text etwas überarbeitet und den Inhalt (besonders Abschnitt II) teilweise ergänzt.

Bei der Ausarbeitung der Dissertation wurde ich von verschiedenen Personen unterstützt, denen ich dafür herzlich danken möchte. An erster Stelle nenne ich Herrn Univ. Professor P. Dr. Erenbert SCHÄCHER, Ordinarius für Gräzistik, dem ich für seine ständige, wohlwollende Beratung zu besonderem Dank verpflichtet bin. Ebenso danke ich Herrn Univ. Professor Dr. Wolfgang BEILNER, Ordinarius für Neutestamentliche Bibelwissenschaft, der die theologische Seite beurteilt hat und von dem auch die erste Anregung zur Drucklegung ausging. Nicht vergessen möchte ich auch Herrn Univ. Professor P. Dr. Arnold GAMPER, Innsbruck, der mir jederzeit in sehr entgegenkommender Weise die Benützung des Biblischen Seminars der Universität gestattet hat.

Weiters möchte ich allen jenen meinen Dank aussprechen, die beim Schreiben und der praktischen Fertigstellung der Dissertation mitgeholfen haben.

Schliesslich erwähne ich gern alle, die in verschiedener Weise die Veröffentlichung der Dissertation gefördert haben. Es sind dies vom Päpstl. Bibelinstitut in Rom der Rektor Prof. C. M. MARTINI und besonders Prof. M. ZERWICK, der durch seine freundliche Vermittlung und Initiative zu einer raschen Fertigstellung der Arbeit beigetragen hat.

Finanzielle Unterstützung (Druckkostenbeiträge bzw. persönliche Studienförderung) kam von der Theol. Fakultät Salzburg, den Landesregierungen von Oberösterreich, Steiermark und Salzburg, vom Unterrichtsministerium in Wien und vom Bischöflichen Ordinariat Linz. Ihnen allen gilt mein aufrichtiger Dank.

ALBERT FUCHS

I. EINLEITUNG

Im Rahmen der Klassischen Philologie nimmt das Gebiet der hellenistischen Literatur trotz aller Arbeiten, die dazu existieren (1), nur einen sekundären Platz ein. Sicherlich wird niemand versuchen, diese Reihung umzustossen, da es gewichtige Gründe für sie gibt. Die Folge ist aber, dass ein weites literarisches Feld, das für die Untersuchung der gesamten griechischen Sprache und Kultur nicht wenig Bedeutung hat, in den Schatten gestellt wird. Innerhalb dieser hellenistischen Sprachwelt hat das Koine-Griechisch, das nochmals verschiedene Nuancen und Schattierungen aufweist, abhängig z.B. von dem geographischen Gebiet, in dem es gesprochen wurde, den bedeutendsten Platz (2).

Die vorliegende Arbeit wendet sich einem Spezialgebiet innerhalb dieses Rahmens zu und untersucht einzelne Abschnitte der neutestamentlichen Literatur, genauer des Matthäus- und Lukasevangeliums. Das Interesse richtet sich dabei jedoch nicht in erster Linie auf den sprachlichen Charakter des Griechischen der untersuchten Texte, sondern auf eine Vorfrage zu einem solchen Thema. Um nämlich über die sprachliche Eigenart eines Autors oder eines literarischen Dokumentes bzw. über den gesamten Inhalt eines bestimmten Werkes urteilen zu können, ist in besonderem Mass neben der Textkritik die Literarkritik entscheidend. Erst nach einer genauen Identifizierung der benützten Quellen und der Unterscheidung aller sekundären Bearbeitungen ist ein sachgerechtes Verständnis und eine richtige Interpretation möglich.

Wer mit der Quellenkritik des Neuen Testaments einigermassen vertraut ist, weiss, dass gerade bei den Synoptikern die säuberliche Scheidung aller Schichten und Entwicklungsstufen äusserst schwierig ist. Zur Erklärung der Sachlage muss auf die Eigenart der Evangelien näher eingegangen und über die verschiedenen Lösungsversuche wenigstens überblicksweise referiert werden.

---

(1) Die wichtigste einschlägige Literatur ist verzeichnet bei F. Blass-A. Debrunner, *Grammatik des neutestamentlichen Griechisch,* Göttingen [12]1965, IX-XV.

(2) Vgl. A. T. Robertson, *A Grammar of the Greek New Testament in the Light of Historical Research,* Nashville 1934 (= [4]1923), 49-75 und 76-139.

A. DER STAND DER SYNOPTISCHEN FRAGE

1. Das Problem

Schon seit jeher hat man beobachtet (3), dass die vier Evangelien des NT Matthäus (Mt), Markus (Mk), Lukas (Lk) und Johannes (Jo), unter ihnen besonders die ersten drei, eine enge Verwandtschaft aufweisen. Abgesehen davon, dass sie alle als offizielle Dokumente der Urkirche den Glauben der damaligen Christen authentisch bezeugen und dazu Stoff verwenden, der ihnen aus der gemeinsamen kirchlichen Überlieferung zur Verfügung stand, stehen sie auch sprachlich in einem bestimmten Zusammenhang. Teilweise finden sich dieselben Wundererzählungen oder der gleiche Redestoff bei allen vier Evangelisten, teilweise nur bei den Synoptikern oder bloss zweien von ihnen, ein nicht unbedeutender Rest steht als Sondergut nur bei jeweils einem.

Innerhalb ihrer parallelen Perikopen bemerkt man eine oft sehr weitgehende Gleichheit (4) im Ablauf der Erzählungen, gleichen Wortlaut oder gleiche Wortfolge, ähnliche grammatikalische Konstruktion, gleiches Sprachkolorit und manchmal dieselben seltenen Ausdrücke. Noch auffälliger als die Übereinstimmungen im Text, die fallweise bis in Einzelheiten der Darstellung gehen können, ist die Parallelität in der Reihenfolge dieser Abschnitte. Die Gleich-

---

(3) Vgl. dazu K.-S. Lake, *An Introduction to the New Testament*, London 1948, 2-18; J. E. Steinmueller, *A Companion to Scripture Studies*. III: *Special Introduction to the New Testament*, New York 1948, 110-29; K. Th. Schäfer, *Grundriss der Einleitung in das Neue Testament*, Bonn ²1952, 70-76; A. H. McNeile-C.S.C. Williams, *An Introduction to the Study of the New Testament*, Oxford ²1953, 59-91; A. Tricot, *La question synoptique*, in: A. Robert-A. Tricot, *Initiation biblique. Introduction à l'étude des saintes écritures*, Tournai 1954, 356-74; F. Zehrer, *Einführung in die synoptischen Evangelien*, Klosterneuburg 1959, besonders 133-76; K. H. Schelkle, *Das Neue Testament. Seine literarische und theologische Geschichte*, Kevelaer ³1966, 48-52. A. Wikenhauser-A. Vögtle, *Einleitung in das Neue Testament*, Freiburg-Basel-Wien ⁵1963, 163-82; X. Léon-Dufour, in: A. Robert-A. Feuillet, *Einleitung in die Heilige Schrift*, II (NT), Wien-Freiburg-Basel 1964, 233-68; W. Marxsen, *Einleitung in das Neue Testament*, Gütersloh ³1964, 101-7; J. Schmid, *Synoptiker* (I. *Synoptische Frage*), in: LThK ²IX, 1240-5; G. Bornkamm, *Jesus von Nazareth*, Stuttgart ⁷1965, Exkurs 198-202; P. Feine-J. Behm-W. G. Kümmel, *Einleitung in das Neue Testament*, Heidelberg ¹⁴1965, 13-44; J. Schmid, *Das Evangelium nach Matthäus*, Regensburg ⁵1965, 13-20; R. Bultmann, *Die Erforschung der synoptischen Evangelien*, Berlin ⁵1966; X. Léon-Dufour, *Die Evangelien und der historische Jesus*, Aschaffenburg 1966, 252-66; K. H. Schelkle, *Synoptische Frage*, in: H. Haag (Hg), *Bibel-Lexikon*, Einsiedeln-Zürich-Köln ²1968, 1690-94.

(4) Vgl. Kümmel, *Einleitung*, 16.26-28; Léon-Dufour, in: Robert-Feuillet, *Einleitung*, II, 239-40; Wikenhauser, *Einleitung*, 167-8; Zehrer, *Einführung*, 133-5.

heit in der Anordnung der Einzelstücke geht ja bei Mt, Mk und Lk so weit, dass man ihre Schriften spaltenweise nebeneinanderlegen kann, weil sie sich im Aufbau zum überwiegenden Teil decken. Aufgrund dieser Tatsache werden sie auch seit Griesbach als Synoptiker bezeichnet (1776).

Dieser Sachverhalt erklärt sich nicht aus einer inneren Notwendigkeit einer solchen Beschreibung, weil das Jo-Ev denselben Gegenstand in einer sehr verschiedenen Weise darstellt. Man kann auch nicht die Chronologie des Lebens Jesu dafür verantwortlich machen, weil das Schema der Synoptiker — Galiläa-Wanderung-Jerusalem — durchaus nicht dem genauen Ablauf der Ereignisse entspricht, wie wiederum das Jo-Ev klarmacht. Nach dessen Aussagen hat sich ja Jesus nicht bloss einmal, wie es bei den Synoptikern den Anschein hat, sondern wiederholt in Jerusalem aufgehalten. Weiter zeigt der Stoff des Jo-Ev und das Sondergut der Evangelien, dass den Evangelisten unterschiedliche und verschieden umfangreiche Überlieferungen zur Verfügung standen. Dass Mt, Mk und Lk trotzdem dieselben Stücke auch in ähnlicher Aufeinanderfolge bringen, verlangt nach einer ausreichenden Erklärung.

Man darf aber neben der ins Auge fallenden Parallelität und Verwandtschaft die Verschiedenheiten nicht übersehen, die gleichfalls vorhanden sind ([5]). In Abschnitten, die denselben Stoff enthalten, weicht der Text einer Erzählung immer wieder von der Formulierung der übrigen Synoptiker ab. Wenn man einen solchen abweichenden Wortlaut bei Wunderberichten eher verstehen kann, würde man doch bei den Worten Jesu eine exakte Überlieferung erwarten, findet aber auch da, manchmal sogar bei demselben Evangelisten, verschiedene Fassungen des gleichen Wortes. Die Unterschiede werden noch interessanter, wenn man Stellen vergleicht, die sachlich bis ins Detail parallel sind und dann doch, scheinbar unmotiviert, einen neuen Wortlaut bieten oder im Aufbau variieren. Durch verschiedene Einschübe und durch thematisch geordnete Stücke werden diese Differenzen weiter vermehrt. Die Frage nach der gegenseitigen Beziehung wird nochmals verschärft, wenn man feststellt, dass wertvolle Traditionen, z.B. Lk 15,11-32: Der verlorene Sohn, Mt 2,1-12: Die Weisen aus dem Morgenland und der Grossteil des Stoffes der Vorgeschichten des Mt und Lk bei keinem anderen Evangelisten vorhanden sind, während an anderen Stellen der Wortlaut auch in Nebensächlichkeiten übereinstimmt und in unerwarteten Ausdrücken und Wendungen gleich ist ([6]).

([5]) Vgl. KÜMMEL, *Einleitung*, 16-17; LÉON-DUFOUR, in: ROBERT-FEUILLET, *Einleitung*, II, 241-4; WIKENHAUSER, *Einleitung*, 168-9; ZEHRER, *Einführung*, 135-6.

([6]) Vgl. z.B. Mt 9,6 par Mk 2,10 par Lk 5,24, wo derselbe Bruch der Satzkonstruktion vorliegt, oder Mt 7,28b par Mk 1,22 par Lk 4,32, wo der Wortlaut fast gleich ist, obwohl es sich um eine Zusammenfassung handelt.

Diese Übereinstimmungen zusammen mit den zugleich vorliegenden Verschiedenheiten bilden die "Synoptische Frage".

2. Lösungsversuche

Ohne die Forschungsgeschichte der Synoptischen Frage im einzelnen aufzurollen, müssen doch die Hauptstationen mit den wichtigsten Ergebnissen kurz angeführt werden, um den Ausgangspunkt dieser Arbeit klarzumachen.

a) Im Altertum sind für die Lösung der Synoptischen Frage nur relativ bescheidene Ansätze vorhanden. Der Syrer Tatian zwängte in seinem Diatessaron den Stoff der Synoptiker in den Rahmen des Jo-Ev (7) und suchte auf diese Weise das manchmal sehr gegensätzliche Material in eine einheitliche Darstellung zu bringen, die dem historischen Leben Jesu entsprechen sollte.

b) Die Kanones des Eusebius (8), die miteinander verwandte Texte der Evangelien zusammenstellen, waren im Vergleich dazu schon ein weit besserer Ausgangspunkt für eine tatsächliche Lösung.

c) Die Schrift des Augustinus "De consensu evangelistarum" (9) stellte einen weiteren bekannten Versuch der Antike dar, für das Problem eine Erklärung zu finden. Augustinus hat zwar mit seiner Bemerkung, die späteren Evangelisten hätten die Werke der früheren benützt, teilweise das Richtige getroffen, ist dabei aber irrtümlich von der Reihung der Evangelien im Kanon des Neuen Testaments ausgegangen, sodass er Mk als "pedissequus et breviator" (10) des Mt bezeichnet und Lk von beiden abhängig sein lässt.

d) Nach einer langen Zwischenzeit wandte sich dann erst das 18. Jh. dem Problem wieder näher zu. Die verbesserten wissenschaftlichen Methoden und die Intensität der Beschäftigung brachten bald bemerkenswerte Erfolge und haben die Forschung an der Synoptischen Frage seither ständig wachgehalten.

Um die grosse Ähnlichkeit der Synoptiker in Text und Aufbau zu erklären, nahmen G. E. Lessing (11) und nach ihm J. G. Eichhorn (12) die Existenz

(7) Vgl. K. Th. Schäfer, *Diatessaron,* in: LThK [2]III, 348-9.

(8) E. Nestle, – K. Aland – E. Nestle, *Novum Testamentum Graece,* Stuttgart [25]1963, 32*-37*.

(9) J. P. Migne, *Patrologiae cursus completus, Series Latina,* Tomus XXXIV, 1041-1230.

(10) A. a. O. Kap. II, 4, 1044: "Marcus eum subsecutus, tanquam pedissequus et breviator ejus videtur".

(11) G. E. Lessing, *Theses aus der Kirchengeschichte,* 1776; ders., *Neue Hypothese über die Evangelisten als bloss menschliche Geschichtsschreiber betrachtet,* Wolfenbüttel 1778. Beide in: *Gotthold Ephraim Lessings theologischer Nachlass,* hg. von K. G. Lessing, Berlin 1784.

eines aramäischen *Urevangeliums* (13) an, das dann verloren gegangen sei. Die verwirrende Fülle von hebräischen und griechischen Rezensionen und Übersetzungen, die von beiden, besonders aber von Eichhorn gefordert wurde, konnte aber durch ihre zu grosse Künstlichkeit weder die Gemeinsamkeiten noch die Unterschiede erklären (14).

e) Von der gegenteiligen Annahme vieler Fragmente oder Diegesen ging die *Diegesenhypothese* F. Schleiermachers (15) aus. Nach seiner Meinung wurden diese Einzelstücke von den Evangelisten verschieden zusammengeordnet zu einem neuen Ganzen (16). Die Verschiedenheiten fänden zwar so ihre Erklärung, der gleiche Rahmen und Aufbau wird aber damit nicht einsichtig.

f) Zum Unterschied von den beiden vorausgehenden Erklärungsversuchen teilt die *Traditionshypothese* die entscheidende Rolle der mündlichen Überlieferung zu. J. G. Herder (17) und J. C. L. Gieseler (18), auf die dieser Vorschlag zurückgeht, gehen von einem festgeprägten mündlichen Evangelium aus, das erst später schriftlich fixiert worden sei. Nach dieser Auffassung teilte sich die Überlieferung schon vor der schriftlichen Aufzeichnung der synoptischen Evangelien und führte zu den vorliegenden Unterschieden. In dieser Hypothese wären ebenfalls die Abweichungen der Evangelien voneinander leicht verständlich, aber für die bis auf Nebensächlichkeiten sich erstreckende Übereinstimmung des Textes bietet sie keine Erklärung. Aber auch die gleiche Folge im Aufbau der Evangelien wird von ihr nicht wirklich erklärt. Eine festgeprägte mündliche

---

(12) J. G. EICHHORN, *Einleitung* in *das Neue Testament*, I, Leipzig 1804.

(13) Vgl. KÜMMEL, *Einleitung*, 17-18; LÉON-DUFOUR, in: ROBERT-FEUILLET, *Einleitung*, II, 259; WIKENHAUSER, *Einleitung*, 170.

Auch für die folgenden Thesen finden sich bei den angegebenen Autoren kurze Darlegungen und Literaturangaben.

(14) Mit verschiedenen Änderungen wird diese These in der neueren Zeit vertreten von P. VANNUTELLI, *De Evangeliorum origine*, Rom 1923; DERS., *Gli Evangeli in Sinossi. Novo* (!) *studio del problema sinottico*, Turin-Rom 1931; DERS., *Quaestiones de Synopticis Evangeliis*, Rom 1933; DERS., *Sinossi degli Evangeli*, Rom 31942.

(15) F. SCHLEIERMACHER, *Über die Schriften des Lukas. Ein kritischer Versuch*, I, Berlin 1817.

(16) Erneuert u.a. von LÉON-DUFOUR, *Evangelien*, 265; DERS., in: ROBERT-FEUILLET, *Einleitung*, II, 267-8, und W. L. KNOX, *The Sources of the Synoptic Gospels*. I: *St. Mark*, II: *St. Luke and St. Matthew*, hg. von H. CHADWICK, Cambridge 1953, 1957.

(17) J. G. HERDER, *Christliche Schriften. 3. Sammlung: Von Gottes Sohn, der Welt Heiland. Nach Johannes Evangelium. Nebst einer Regel der Zusammenstimmung unserer Evangelien aus ihrer Entstehung und Ordnung*, Riga 1797.

(18) J. C. L. GIESELER, *Historisch-kritischer Versuch über die Entstehung und die frühesten Schicksale der schriftlichen Evangelien*, Leipzig 1818.

Tradition könnte die parallele Reihung grösserer Blöcke garantieren, wird aber für kleinere Abschnitte eindeutig überfordert. Ausserdem steht der wesentlich verschiedene Aufbau des Jo-Ev, das man logischerweise auch auf diese Urtradition zurückführen müsste, zu den Synoptikern in starkem Kontrast und legt nahe, dass nicht eine mündliche Tradition für den Aufbau der Evangelien bestimmend war.

g) Für die heute verbreitetste Auffassung bildet die *Benutzungshypothese* den Ausgansgspunkt. Sie behauptet eine *bloss* literarische Abhängigkeit der synoptischen Evangelien voneinander und geht auf Quellen oder Traditionen *vor* ihnen gar nicht ein. Diese Annahme lässt aber mehrere Möglichkeiten zu, die im Laufe der Zeit auch vertreten wurden.

Nach J. J. Griesbach (19) wäre das Mk-Ev als Auszug und Kürzung des Mt- und Lk-Ev zu verstehen. Mit dieser These war zumindest die besondere Stellung des Mk-Ev gegenüber Mt und Lk erkannt, wenn auch die Auffassung Griesbachs im übrigen später korrigiert werden musste.

Eine enge Beziehung der beiden anderen Synoptiker zu Mk betonte auch C. Lachmann (20), der herausfand, dass Mt und Lk nur dort in der Ordnung der Einzelstücke gleich seien, wo sie auch mit Mk parallel sind. Das stimmt zwar nicht ganz (21), aber doch in den meisten Fällen. Für den damaligen Stand der Forschung war es jedenfalls die Erkenntnis, die aus der Vielfalt der Meinungen tatsächlich weiterführte.

Der Vorschlag Griesbachs, Mk als Kürzung zu verstehen, war die Ursache für nicht geringe Schwierigkeiten. Da Mk nach dieser These viele wertvolle Perikopen des Mt und Lk übergangen hätte, neben anderen besonders die Vorgeschichten Mt 1-2; Lk 1-2, die Ostererzählungen und ebenso die Bergpredigt, wird heute diese Auffassung kaum mehr vertreten. Als weiteres bedeutendes Argument gegen Griesbach kommt noch hinzu, dass Mk in den Wundererzählungen meist den anschaulicheren Bericht hat, der bildhaft und ausführlich ist, während Mt und Lk eine kürzere und abstraktere Darstellung haben, die wahrscheinlich gegenüber Mk sekundär ist, weil sie das Unwesentliche zugunsten des theologisch Bedeutsamen streicht (22). Aufgrund dieser Beobachtungen

---

(19) J. J. GRIESBACH, *Commentatio qua Marci evangelium totum e Matthaei et Lucae commentariis decerptum esse monstratur*, I-II, Jena 1789-90.

(20) C. LACHMANN, *De ordine narrationum in evangeliis synopticis*, in: Theologische Studien und Kritiken 8 (1835) 570-90.

(21) Vgl. z.B. Mt 3,7-10 par Lk 3,7-9 nach Mk 1,6; Mt 4,1-11 par Lk 4,1-13 mit Mk 1, 12-13, und andere.

(22) Vgl. H. J. HELD, *Matthäus als Interpret der Wundergeschichten*, in: G. BORNKAMM-G. BARTH-H. J. HELD, *Überlieferung und Auslegung im Matthäusevangelium*,

wandte man sich immer mehr der gegenteiligen Auffassung von der Priorität des Mk-Ev zu ([23]). Durch diese Markuspriorität war die Möglichkeit gegeben, Mt und Lk als literarisch abhängige Erweiterungen zu verstehen. Das stimmt mit der Beobachtung zusammen, dass das Mk-Ev fast vollständig im Mt-Ev und zu einem Grossteil im Lk-Ev enthalten ist.

Als weitere Aufgabe blieb, das Verhältnis des Mt- und Lk-Ev zueinander genauer abzugrenzen.

Die Unabhängigkeit des Mt- vom Lk-Ev und umgekehrt ([24]) wurde durch mehrere Überlegungen gesichert. Als Argument für ein gegenseitiges Nichtkennen führte man die Verschiedenheit und Eigenständigkeit der Vorgeschichten Mt 1-2 und Lk 1-2 und der Ostererzählungen an, in denen sich die Sprache der beiden Evangelien kaum berührt. Für die gegenteilige Ansicht war das nicht geringe Sondergut des Mt bzw. des Lk eine bedeutende Schwierigkeit. Es ist ja nicht wahrscheinlich, dass einer der Evangelisten die Sondertraditionen des andern ausgelassen hätte, wenn sie ihm zur Verfügung gestanden wären. Das Fehlen des mt Sondergutes bei Lk (bzw. des lk Sondergutes bei Mt) wurde aber besonders dann problematisch, wenn man das Verhältnis des Lk-Ev zu den Mk-Passagen des Mt-Ev danebenstellte. In den Stoffen dieser Überlieferung hält sich nämlich Lk eng an den Text ([25]). Um die literarische Abhängigkeit des Lk von Mt — Analoges gilt vom umgekehrten Verhältnis — sichern zu können, müsste doch zuerst eine zufriedenstellende Lösung für die gegensätzliche Beobachtung gefunden werden, dass Lk einen Teil des Stoffes, der im Mt-Ev vorhanden ist, bis in Einzelheiten übernimmt (Mk-Stoff), während er grosse Abschnitte völlig auslässt (Mt-Sondergut) und zu anderen Teilen fast keine Berührungspunkte hat (Vorgeschichten, Ostererzählungen u. a.). Die Existenz von Dubletten, in denen derselbe Stoff ein zweites Mal vom gleichen Evangelisten gebracht wird, steht ebenfalls in Spannung mit der Übergehung des Sondergutes. Es spricht noch einmal gegen eine Kenntnis des Mt-Ev durch Lk, dass dieser auch die weniger entwickelte Ordnung hat und die Systematik des Mt nicht über-

---

Neukirchen [4]1965, 155-287, hier 158-182; SCHMID, *Matthäus*, 17-18; DERS., *Matthäus und Lukas*, Freiburg 1930, 27-30, DERS., *Synoptiker*, 1243.

([23]) Vgl. F. C. GRANT, *The Gospels. Their Origin and their Growth*, London 1965, 68-9; KÜMMEL, *Einleitung*, 29-30; LAKE, *Introduction*, 10-11; WIKENHAUSER, *Einleitung*, 172-6; ZEHRER, *Einführung*, 165-6.169.

([24]) Vgl. KÜMMEL, *Einleitung*, 32; LÉON-DUFOUR, in: ROBERT-FEUILLET, *Einleitung*, II, 249-51; SCHMID, *Matthäus*, 18-19; DERS., *Synoptiker*, 1243-4; WIKENHAUSER, *Einleitung*, 177.180-1; ZEHRER, *Einführung*, 115-6.

([25]) Vgl. die Besprechung der Gemeinsamkeiten der Texte Seite 2.

nimmt. Eine verschiedene Zielsetzung der Evangelien ist hier kein entscheidender Einwand, weil von Lk auch solche Stücke übergangen werden, die seinen Interessen ausgezeichnet entsprochen hätten. Eine Heranziehung theologischer Gründe ist ausserdem auch deshalb weniger massgeblich, weil es bei der Synoptischen Frage in erster Linie um ein sprachlich-literarisches Problem geht, das auch hauptsächlich mit solchen Argumenten gelöst werden muss. Eine Abhängigkeit des Lk von Mt oder umgekehrt scheint also kaum vertretbar zu sein.

Mit der Erhellung der Beziehungen der beiden anderen Synoptiker zum Mk-Ev und mit dem Wissen um die Unabhängigkeit des Mt und Lk voneinander waren aber noch nicht alle Schwierigkeiten gelöst. Mt und Lk enthalten ja — abgesehen von der dreifachen Überlieferung und vom Sondergut — auch noch Stücke, die nur ihnen gemeinsam sind. Wegen der Gleichheit des Wortlautes, die hier manchmal noch stärker ist als in den mit Mk parallelen Teilen, wurde schon bald die Existenz einer zweiten Quelle (Q) vertreten, die von Lk und Mt neben Mk benützt worden wäre. Es war naheliegend, dass man sie als eine Logiensammlung verstand, weil in den betreffenden Abschnitten hauptsächlich Sprüche und Reden enthalten sind (26).

Mit diesen Ergebnissen stand im wesentlichen die Zweiquellentheorie (Zqth), wie sie heute allgemein genannt wird, fest. In den Werken von C. H. Weisse (27) und C. G. Wilke (28) wurde sie näher dargelegt, wenn ihr auch erst von H. J. Holtzmann (29) und B. Weiss (30) zum entscheidenden Durchbruch verholfen wurde. P. Wernle (31) hat die Theorie zu einem relativen Abschluss gebracht, dem hauptsächlich Modifizierungen bzw. genauere Untersuchungen von Einzelfragen gefolgt sind (32).

---

(26) Vgl. KÜMMEL, *Einleitung*, 32-33; WIKENHAUSER, *Einleitung*, 176-9.

(27) C. H. WEISSE, *Die evangelische Geschichte kritisch und philosophisch bearbeitet*, I-II, Leipzig 1838.

(28) C. G. WILKE, *Der Urevangelist*, Dresden-Lepzig 1838.

(29) H. J. HOLTZMANN, *Die synoptischen Evangelien. Ihr Ursprung und geschichtlicher Charakter*, Leipzig 1863.

(30) B. WEISS, *Lehrbuch der Einleitung in das Neue Testament*, Berlin 1886.

(31) P. WERNLE, *Die synoptische Frage*, Freiburg 1899.

(32) Später wurden zwar neue Lösungsversuche unternommen, fanden aber wegen ihrer Einseitigkeit nur teilweise Anerkennung oder wurden überhaupt abgelehnt. Zu ihnen gehören u.a. J. CHAPMAN, *Matthew, Mark and Luke. A Study in the Order and Interrelation of the Synoptic Gospels*. Edited with an introduction and some additional matter by J. M. T. BARTON, London-New YORK-Toronto 1937; B. C. BUTLER, *The Originality of St. Matthew. A Critique of the Two-Document-Hypothesis*, Cambridge 1951; L. VAGANAY, *La question synoptique*, in: EphThLov 28 (1952) 238-56; DERS.,

3. Einwände

Obwohl nun diese Zqth heute von den allermeisten Exegeten als die relativ beste Lösung anerkannt wird und ihre praktische Verwendung in einem Zeitraum von mehr als hundert Jahren zu guten Ergebnissen geführt hat, wird von vielen Forschern immer wieder betont, dass auch sie nicht allenPhänomenen des synoptischen Problems gerecht wird ([33]). Man weist darauf hin, dass einzelne Redestücke des Mt und Lk, die angeblich aus Q stammen, voneinander so stark abweichen, dass sie nicht mehr auf eine einzige Quelle rückführbar zu sein scheinen. Als Lösung werden dann verschiedene Rezensionen der Logienquelle Q gefordert, wobei dem Lk die eine, Mt die andere vorgelegen sei. Neben Rezensionen, die zugleich existiert hätten, aber aus verschiedenen Kirchengebieten stammten, nahm man auch eine stufenweise Entwicklung derselben Logienschrift an. Von den Seitenreferenten hätte dann der eine eine frühere, der andere eine spätere Fassung benützt. Jene Literarkritiker, die der mündlichen Überlieferung in der Zeit bis zur Abfassung der Evangelien einen grösseren Einfluss im Leben der Urgemeinde zuschreiben, sahen vielfach im Stoff der Logienquelle überhaupt nur mündliche Tradition.

Während im übrigen ein Grossteil der Exegeten den Q-Stoff doch einer schriftlichen Quelle zuschreibt, weil gerade bei einem Teil dieser Stücke sich eine auffallende Textverwandtschaft nicht leugnen lässt, besteht über ihren Umfang wiederum keine Einmütigkeit. Manche Forscher setzen den Q-Stoff gleich mit jenen Perikopen, die Mt und Lk ohne Mk-Parallele gemeinsam haben; andere sind der Meinung, dass auch ein Teil des jeweiligen Sondergutes bei Mt bzw. Lk noch zur Quelle gehört haben könnte.

Neben diesen Fragen nach der Existenz bzw. Beschaffenheit und Ausdehnung der Logienschrift ([34]), die gelegentlich als Argumente gegen die Zweiquellentheorie benützt werden, steht noch eine andere Reihe von Beobachtungen mit

---

Le problème synoptique. Une hypothèse de travail, Paris-Tournai-Rom 1954. Vgl. dazu A. Vögtle, in: Wikenhauser, *Einleitung*, 425-27. P. Benoit, *L'Evangile selon Saint Matthieu*, Paris [3]1961; W. R. Farmer, *The Synoptic Problem. A Critical Analysis*, New York - London 1964; Léon-Dufour, in: Robert-Feuillet, *Einleitung*, II, 267-8; ders., *Evangelien*, 264-6; ders., *Interprétation des évangiles et problème synoptique*, in: I. de la Potterie (Hg), *De Jésus aux Evangiles. Tradition et Rédaction dans les Evangiles synoptiques*, Paris-Gembloux 1967, 5-16.

([33]) Vgl. M. Meinertz, *Einleitung in das Neue Testament*, Paderborn [5]1950, 208.211; Wikenhauser, *Einleitung*, 170.

([34]) Vgl. zur Frage der Logienquelle den Überblick bei J. C. Hawkins, *Horae Synopticae*, Oxford 1968 (= [2]1909), 107-13; Kümmel, *Einleitung*, 32-41; Wikenhauser, *Einleitung*, 176-9; Zehrer, *Einführung*, 167-8.171.

ihr in Widerspruch. Diese haben wesentlich stärkeres Gewicht. Wie immer wieder festgestellt wird, gibt es nämlich in dem Stoff, der in allen drei synoptischen Evangelien vorhanden ist, eine ziemlich grosse Zahl von Gemeinsamkeiten des Lk und Mt, die von Mk *abweichen* oder im Gegensatz zu ihm stehen ([35]). Bei der Grundvoraussetzung der Abhängigkeit des Mt und Lk von Mk und der gegenseitigen Nichtkenntnis ihrer Evangelien entsteht daraus wiederum eine Schwierigkeit.

Eine Lösung dieses Problems wurde in verschiedenen Richtungen versucht. Fast Hand in Hand mit der Aufstellung der Zqth geht die immer wieder vertretene Hypothese von einem Urmarkus ([36]), der dem heutigen kanonischen Mk-Ev vorausläge. Hauptsächlich wegen gewisser Auslassungen von Mk-Stoff durch Lk nahm man einen geringeren Umfang an; wegen der Übereinstimmungen des Lk und Mt im Text gegen Mk wurde auf eine andere sprachliche Formulierung geschlossen. Man kam aber schliesslich aus mehreren Gründen

---

([35]) Mit den Übereinstimmungen des Mt und Lk gegen Mk haben sich u.a. folgende Autoren beschäftigt: E. A. ABBOTT, *The Corrections of Mark adopted by Matthew and Luke* (*Diatessarica*, II), London 1901, 307-24; W. SOLTAU, *Unsere Evangelien. Ihre Quellen und ihr Quellenwert*, Leipzig 1901, 74.76; E. DE WITT BURTON, *Some Principles of Literary Criticism and Their Application to the Synoptic Problem*, Chicago 1904, 53; F. C. BURKITT. *The Gospel History and its Transmission*, Edinburg [4]1920, 42-58; HAWKINS, *Horae*, 208-12; C. S. PATTON, *Sources of the Synoptic Gospels*, New York 1915, 89-91; J. MOFFATT, *An Introduction to the Literature of the New Testament*, Edinburg [3]1918, 192; W. LARFELD, *Die neutestamentlichen Evangelien nach ihrer Eigenart und Abhängigkeit*, Gütersloh 1925, 80-82; M. J. LAGRANGE, *Evangile selon Saint Luc*, Paris [4]1927, LXX-LXXIII; V. H. STANTON, *The Gospels as Historical Documents. II: The Synoptic Gospels*, Cambridge 1930 (= 1909), 44.139-50.207-19; B. H. STREETER, *The Four Gospels. A Study of Origins*, London 1961 (= [4]1930), 179-81.295-331; SCHMID, *Matthäus und Lukas*, 31-32. (81-167-182); CHAPMAN, *Matthew, Mark and Luke*, 127-9; LAKE, *Introduction*, 6-7; A. FONSECA, *Quaestio synoptica*, Rom [3]1952, 56-57. (81-2); MCNEILE, *Introduction*, 66 (im Anschluss an BURKITT); VAGANAY, *Problème*, 68-74.319-21; J. HEUSCHEN, *La Formation des évangiles*, in: J. HEUSCHEN (Hg), *La Formation des évangiles. Problème synoptique et Formgeschichte*, Brügge-Paris 1957, 11-23, hier 16; ZEHRER, *Einführung*, 169-70 und Anm. 810; A. W. ARGYLE, *Agreements between Matthew and Luke*, in: ExpT 73 (1961-2) 19-22; N. B. STONEHOUSE, *Origins of the Synoptic Gospels. Some Basic Questions*, London 1964, 61-62; WIKENHAUSER, *Einleitung*, 181; LÉON-DUFOUR, in: ROBERT-FEUILLET, *Einleitung*, II, 253-4; KÜMMEL, *Einleitung*, 31-32; S. MCLOUGHLIN, *Les accords mineurs Mt-Lc contre Mc et le problème synoptique. Vers la théorie des deux sources*, in: DE LA POTTERIE, *De Jésus aux Evangiles*, 17-40.

([36]) Vgl. KÜMMEL, *Einleitung*, 30-31; LÉON-DUFOUR, in: ROBERT-FEUILLET, *Einleitung*, II, 254; SCHMID, *Matthäus und Lukas*, 8-9.170-1; WIKENHAUSER, *Einleitung*, 176.

doch wieder von dieser Hypothese ab, vor allem deshalb, weil eine so geringfügige Bearbeitung sich nicht verstehen liesse und ein solcher Urmarkus sich vom jetzigen Mk-Ev kaum unterschieden hätte.

Einen zweiten Weg zur Erklärung der gemeinsamen Abweichungen des Mt und Lk von Mk sahen verschiedene Forscher lange in der erwähnten hypothetischen Benützung des Mt durch Lk bzw. umgekehrt (37). Man kam zwar bald zur Auffassung, Lk könne mit seinem ausgezeichneten Griechisch kaum die Quelle des Mt mit seinem für schlechter gehaltenen Griechisch sein, aber die These der Benützung des Mt durch Lk wurde häufig vertreten. Nach einer langen Diskussion setzten sich aber auch hier jene Gründe durch, die für die konträre Ansicht einer gegenseitigen Nichtkenntnis des Mt und Lk sprechen (38). Es liess sich ja, wie schon erwähnt, zB. keine ausreichende Antwort auf die Frage finden, warum Lk (im dreifach überlieferten Stoff) sprachliche Änderungen von weit geringerer Bedeutung von Mt übernommen hat, wenn er eine ganze Reihe von inhaltlich entscheidenden Perikopen des als Quelle vorausgesetzten Mt-Ev nicht in sein eigenes Werk aufnahm. Einige Exegeten versuchten mit der Annahme mehrerer Stufen des Mt-Ev, in aramäischer oder griechischer Gestalt, eine Lösung (39); schliesslich wurde aber auch diese Hypothese wieder aufgegeben. Der von Lk benützte Proto-Mt hätte ja fast mit dem Mk-Ev identisch sein müssen, wenn nicht von neuem die Frage auftauchen sollte, warum Lk nicht auch den über Mk hinausgehenden Stoff des Evangeliums in seine Schrift aufgenommen hat.

Weiters schien die Heranziehung der Textüberlieferung einen Ausweg aus dem Dilemma zu bieten. Man berief sich auf die Textkritik und versuchte, die Schwierigkeit mit dem Argument unsicherer Lesarten zu beheben (40). Ausserdem wollte man die Übereinstimmungen des Mt und Lk gegen Mk auch auf den Einfluss der parallelen Evangelienstücke zurückführen, die beim Abschreiben zu Harmonisierungen verleitet hätten, oder sie dem Einfluss der fortdauernden mündlichen Überlieferung zuschreiben (41). Weil sich aber höchstens ein kleiner Teil der Übereinstimmungen durch diese Hypothesen erklären lässt, versuchten andere das Problem zu lösen, indem sie auf die gesamte Darstellungsart eines

---

(37) Vgl. KÜMMEL, *Einleitung*, 32; SCHMID, *Matthäus und Lukas*, 2-6.

(38) Siehe Seite 7, Anm. 24 und SCHMID, *Matthäus und Lukas*, 175-6.

(39) Proto- und Deutero-Mt. SOLTAU, *Evangelien*, 76-9. Vgl. SCHMID, *Matthäus und Lukas*, 9.

(40) Vgl. KÜMMEL, *Einleitung*, 31; LÉON-DUFOUR, in: ROBERT-FEUILLET, *Einleitung*, II, 254; STREETER, *Gospels*, 181.293-331 (auch zum Folgenden).

(41) Vgl. KÜMMEL, *Einleitung*, 32.43; SCHMID, *Matthäus und Lukas*, 173-4; WIKENHAUSER, *Einleitung*, 181.

Evangelisten verwiesen [42]. Was nicht als sachliche Verbesserung des Mk durch Mt und Lk, die sich von selber nahelegte, erklärt werden konnte, wurde mit dem Hinweis auf die gesamte literarische Art eines Seitenreferenten abzutun versucht. Man betonte, dass Mt und Lk an zahllosen weiteren Stellen gleiche oder ähnliche Bearbeitung des Mk-Ev zeigen wie an den Stellen, wo sie beide den Mk-Text gemeinsam ändern, und sah in diesen gemeinsamen Abweichungen von Mk ein zufälliges Zusammentreffen ihrer jeweiligen und unabhängigen Bearbeitung [43]. Dieser Erklärungsversuch scheitert aber an der grossen Zahl der Übereinstimmungen gegen Mk und besonders an deren Eigenart. Viele gemeinsame Abweichungen des Mt und Lk von Mk lassen sich wegen der Verschiedenheit des Ausdrucks durchaus nicht verharmlosen und als zufälliges Zusammentreffen "erklären". Die stillschweigende Nichtbeachtung dieser Gemeinsamkeiten, die sich weithin durchgesetzt hat, ist aber keine Lösung der Problems [44].

Leon-Dufour [45] geht einen neuen Weg und beruft sich mit L. Cerfaux und anderen [46] auf literarische Sammlungen von Evangelienstoff, die schon vor der Abfassung des kanonischen Mk-Ev bestanden hätten. Diese These, dass sich die Tradition schon von Anfang an um gewisse Schwerpunkte konzentrierte, ist richtig, trägt aber nicht zur Lösung des Problems bei, sondern lenkt die Aufmerksamkeit eher in die falsche Richtung. Denn durch den Verweis auf präsynoptische Stoffeinheiten werden zwei synoptische Tatsachen nicht ernst genommen und praktisch völlig übergangen: Einmal die beim dreifach überlieferten Stoff unleugbare, starke Abhängigkeit des Mt und Lk vom kanonischen Mk-Text, und vor allem — von Einschüben und redaktionellen Umstellungen abgesehen — die Parallelität in der Anordnung der Perikopen, die zur gesamten Länge des Mk-Ev besteht. Eine Erklärung, die konkret dem vorliegenden synoptischen Tatbestand nachgeht und nicht bei der Frage nach vormarkinischen Quellen den Blick für die enge Verknüpfung des Mt bzw. Lk mit dem *ganzen* kanoni-

---

(42) SCHMID, *Matthäus und Lukas*, 169.176.

(43) KÜMMEL, *Einleitung*, 31; SCHMID, *Matthäus und Lukas*, 23-24.30-31, besonders 31-182; WIKENHAUSER, *Einleitung*, 181.

(44) Vgl. dazu G. STRECKER, *Der Weg der Gerechtigkeit. Untersuchung zur Theologie des Matthäus*, Göttingen [2]1966, 11 und Anm.4.

(45) LÉON-DUFOUR, in: ROBERT-FEUILLET, *Einleitung*, II, 290-1; DERS., *Evangelien*, 265-6; L. CERFAUX, *La voix vivante de l'Evangile au début de l'Eglise*, Tournai 1946, 35; DERS., *En marge de la question synoptique. Les unités litteraires antérieures aux trois premiers évangiles*, in: HEUSCHEN, *Formation*, 24-33.

(46) Vgl. M. ALBERTZ, *Die synoptischen Streitgespräche. Ein Beitrag zur Formengeschichte des Urchristentums*, Berlin 1921; E. JACQUIER, *Histoire des livres du Nouveau Testament*, II, Paris 1905; KNOX, I-II.

schen Mk verliert, wird vor-mk bzw. präsynoptische Stoffsammlungen nicht bestreiten, aber von dort her auch nicht das gegebene synoptische Problem lösen wollen.

Nur äusserst selten, gemessen an den vielen Beiträgen zur Erklärung der Synoptischen Frage, und hauptsächlich nur im angelsächsischen Raum wurde die These einer bearbeiteten Ausgabe des kanonischen Mk-Ev als gemeinsamer Ausgangspunkt für Mt und Lk (47). vertreten. Schmid wendet dagegen ein,

---

(47) Die meisten der anschliessend genannten Arbeiten verweisen nur kurz auf die Möglichkeit eines Deuteromarkus. Eine ausführlich entwickelte These, die allen diesbezüglichen Fragen nachgeht, ist nicht vorhanden. — Zu den Autoren, die wenigstens mit der Möglichkeit einer Überarbeitung rechnen, gehören W. SANDAY, *The Conditions under which the Gospels were written, in their bearing upon some Difficulties of the Synoptic Problem*, in: W. SANDAY (Hg), *Studies in the Synoptic Problem*, Oxford 1911, 1-25, 21-24; W. C. ALLEN, *A Critical and Exegetical Commentary on the Gospel According to S. Matthew*, Edinburg ³1912, XXXIX-XL; PATTON, *Sources*, 89-90, vertritt gleichfalls eine Überarbeitung des Mk-Ev, nimmt diesen Vorschlag jedoch später wieder zurück. Die agreements zwischen Mt und Lk gegen Mk könnten aus einem Ur-Markus stammen, wobei dieser Name bei ihm sowohl eine Vorform des kanonischen Mk-Ev als auch eine Überarbeitung bezeichnen kann (92) und damit nur eine von Mk verschiedene gemeinsame Basis für Mt und Lk erschliesst. Textangleichung, eigenständige Redaktion des Mt und Lk und die beschränkte Zahl und geringe Bedeutung der Übereinstimmungen gegen Mk sprechen nach Patton doch wieder gegen die Existenz einer solchen Schrift: " In other words, if Ur-Marcus differed from our Mark only in those words and phrases in which Matthew and Luke agree against our Mark, then Ur-Marcus was at the most not a different Mark from ours, but only a different copy or text of our Mark ". Als seine endgültige Meinung formuliert er (92): " Matthew and Luke used our Mark, not another ". Weiters T. STEPHENSON, *The Overlapping of Sources in Matthew and Luke*, in: JThSt 21 (1918-9) 127-45; A. PLUMMER, *An Exegetical Commentary on the Gospel According to S. Matthew*, London ⁵1920, XVI. STREETER hält zwar Textangleichungen, fehlerhafte Überlieferung des Mk-Textes, den Einfluss von Q und anderes für die Ursachen der agreements, nennt aber Sandays These einer Überarbeitung als die glaubwürdigste Lösung, falls sich in der von ihm vorgeschlagenen Art nicht alle Übereinstimmungen des Mt und Lk gegen Mk erklären lassen sollten (*Gospels*, 180-1.293.305). MCNEILE, *Introduction*, 66, schliesst sich STREETER an, ohne die Frage der gemeinsamen Mt-Lk-Abweichungen von Mk aus eigenem zu prüfen. T. F. GLASSON, *Did Matthew and Luke use a ' Western ' Text of Mark?*, in: ExpT 55 (1943-4) 180-4, der eine überarbeitete Form des Mk-Ev im Westlichen Text findet, wird in diesem Punkt von C. S. C. WILLIAMS, *Did Matthew and Luke use a ' Western ' Text of Mark?*, in: ExpT 56 (1944-5) 41-45 widerlegt. Neuerdings J. P. BROWN, *An Early Revision of the Gospel of Mark*, in: JBL 78 (1959) 215-27. N. TURNER, *The Minor Verbal Agreements of Mt and Lk against Mk*, in: K. ALAND-F. L. CROSS-J. DANIÉLOU-H. RIESENFELD-W. C. VAN UNNIK (Hgg), *Studia Evangelica. Papers Presented to the International Con-*

dass eine "Überarbeitung des Mk, die sich auf die formale Verbesserung der Darstellung beschränkte"(48), sehr unwahrscheinlich sei. Ausserdem meint er, dass Lk und Mt selbst eine solche Hypothese positiv widerlegen. Sein Hauptargument lautet, dass man aus ihrem Text nachweisen könne, "dass die Durchkorrigierung des Mk nur halbe Arbeit gewesen sein müsste. Denn oftmals hat bald Mt, bald auch Lk die primitive Ausdrucksweise des Mk unverbessert übernommen, die der Seitenreferent oder er selbst an anderer Stelle beseitigt hat"(49). Die von Schmid angenommene Beschränkung der Überarbeitung ist aber nicht erwiesen, denn diese kann auch die Einarbeitung von Q-Stoff in die Zweitauflage des Mk umfasst haben, worauf z.B. die gleiche Einordnung der Täuferpredigt Mt 3,7-10 par Lk 3,7-9 hindeuten könnte. Ausserdem ist die Bearbeitung des Mk-Textes nicht so geringfügig, wie Schmid wahrhaben möchte. Der weitere Hinweis auf die inkonsequente Korrektur des "primitiven" Mk-Textes trifft ebenfalls nicht ganz zu. Denn die Abänderung des Mk-Textes durch Mt *oder* Lk geht auf die Einzelredaktion eines Evangelisten zurück und hängt mit seiner Gesamttendenz zusammen, die vor allem theologisch und erst in zweiter Linie sprachlich begründet ist. Dass der jeweilige zweite Seitenreferent in diesen Fällen den Mk-Text nicht verbessert, obwohl beide anerkannterweise gutes Griechisch schreiben, spricht gerade dafür, dass sie das Griechisch des ihnen vorliegenden Mk-Ev nicht überall für schlecht und verbesserungsbedürftig hielten. Schliesslich ist die Berufung auf eine Schwierigkeit für Mt und Lk, ein korrigiertes Mk-Exemplar zu erreichen (50), wiederum überraschend. Die Voraussetzung, dass die Überarbeitung des Mk-Ev in Rom geschehen sein müsste, wo Mk entstand, und somit nicht in Reichweite des Mt lag, müsste erst erwiesen werden. Der angeführte Grund ist aber besonders deswegen wenig überzeugend, weil Schmid aprioristisch argumentiert und sich auf eine nicht erwiesene Möglichkeit beruft, während es bei der Erklärung der gemeinsamen Abweichungen gegenüber Mk gerade um eine Lösung geht, die das Nichtzutreffen anderer Möglichkeiten *positiv* erweist. Wenn Schmid (51) des weiteren einräumt, der uns

---

gress on "The Four Gospels in 1957", Berlin 1959, 223-34 entscheidet sich nicht eindeutig. Nach seiner Auffassung gehen sie am ehesten auf eine Benützung des Mt durch Lk zurück, können aber auch Spuren einer von Mk verschiedenen gemeinsamen schriftlichen Quelle sein (234), die später wäre (224) als der kanonische Mk. STRECKER, *Weg*, 11 hält einen Deuteromarkus für nicht unwahrscheinlicher als einen Urmarkus.

(48) SCHMID, *Matthäus und Lukas*, 172.

(49) SCHMID, *a.a.O.* 172.

(50) SCHMID, *a.a.O.* 172.

(51) SCHMID, *a.a.O.* 173.

vorliegende kanonische Mk könne eine weiterentwickelte Form der von Mt und Lk benützten Mk-Ausgabe sein (eine Art Urmarkustheorie), widerspricht er seinen eigenen Ausführungen, in denen er auf über hundert Seiten (52) die Übereinstimmungen des Mt und Lk gegen Mk abzuschwächen sucht (53) und dabei gerade den kanonischen Mk-Text als Basis für Mt und Lk voraussetzt.

Der vorausgehende Überblick hat gezeigt, dass die trotz aller Abänderungen als Grundmodell einer Lösung durchgehaltene Zqth nicht allen synoptischen Gegebenheiten gerecht wird und dass eine abschliessende Lösung immer noch aussteht (54). Andererseits warnt jedoch das Festhalten der überwiegenden Zahl der Exegeten an irgendeiner Form der Zqth auch vor einer leichtsinnigen Nichtbeachtung ihrer Ergebnisse.

B. STOFFAUSWAHL UND ZIEL DER UNTERSUCHUNG

Ausgehend von der modifizierten Form der Zqth, wie sie auf den vorangehenden Seiten dargestellt ist, wird nun in dieser Arbeit versucht, die literarkritische Frage für bestimmte Abschnitte des Mt- und Lk-Ev zu lösen, deren Auswahl im folgenden näher begründet wird.

Von den Verteidigern der Zqth werden immer wieder besonders die Dubletten und Doppelberichte als gute oder sogar entscheidende Beweise für die Existenz zweier Quellen für Mt und Lk betrachtet (55). Dabei soll derselbe Stoff einmal aus Mk, das zweite Mal aus Q stammen. Die Zahl der Dubletten wird aber von den Autoren nicht übereinstimmend angegeben (56). Ausserdem werden nicht alle Dubletten auf zwei Quellen verteilt, sondern man schreibt teilweise ihre Existenz auch der schriftstellerischen Tätigkeit eines Evangelisten zu. Hier soll nun die Frage nach der Herkunft zweier Abschnitte: Mt 9,27-31 bzw. 20,29-34

---

(52) Vgl. SCHMID, *a.a.O.* 31-182.

(53) Vgl. auch KÜMMEL, *Einleitung*, 31. SCHMID lehnt an anderer Stelle (*Matthäus und Lukas*, 8-9) die Urmarkushypothese mit anderen Exegeten ab.

(54) Vgl. WIKENHAUSER, *Einleitung*, 169-70: "Die syn Forschung hat unzweifelhaft unendlich viele und in einzelnen Punkten auch sehr wertvolle Arbeit geleistet, aber eine wirkliche Lösung des syn Problems, die den äusserst komplizierten Tatbestand restlos erklärt, ist bis jetzt nicht gefunden worden und wird auch kaum je gefunden werden". Ähnlich MEINERTZ, *Einleitung*, 208.

(55) KÜMMEL, *Einleitung*, 34; WIKENHAUSER, *Einleitung*, 177; dagegen FONSECA, *Quaestio synoptica*, 199-215.

(56) Vgl. HAWKINS, *Horae*, 80-107; TH. SOIRON, *Die Logia Jesu. Eine literarkritische und literar-historische Untersuchung zum synoptischen Problem*, Münster 1916, 108-33; WERNLE, *Die synoptische Frage*, 111-2.

und Lk 21,14-15 bzw. 12,11-12 (mit den jeweiligen Parallelen) beantwortet werden, die in der Literatur eine sehr verschiedenartige Beurteilung gefunden haben. Ein kurzer Überblick soll die Situation beleuchten.

Man behauptete für Mt vielfach, die angeführten Perikopen handelten von zwei verschiedenen Ereignissen. Umgekehrt wurden die verwandten Züge beider Erzählungen zur Begründung der These verwendet, dieselbe Blindenheilung sei von Mt aus zwei verschiedenen Quellen zweimal in sein Evangelium aufgenommen worden. Neuerdings findet sich auch die Meinung, Mt 9,27-31 sei eine freie Nacherzählung der bei 20,29-34 gebrachten Darstellung. Die Erklärungen umfassen also die ganze Skala der möglichen Interpretationen.

Auch bei den Lk-Perikopen sah man sowohl die Verwandtschaft wie die Verschiedenheit beider Texte, und ein Teil der Exegeten fasste die Stücke, ähnlich wie bei Mt, zuerst als zwei verschiedene Jesusworte auf. Im Gegensatz dazu sollten die Unterschiede auch auf Veränderungen eines einzigen Wortes durch die Tradition zurückgehen. Schliesslich wurde — wieder parallel zu Mt — die eine Stelle auch als lk Nacherzählung der anderen verstanden.

Die nachstehende Untersuchung wird also hinsichtlich der Quellenfrage kein grundsätzlich neues Ergebnis bringen, da alle Möglichkeiten schon ausgesprochen und vertreten wurden. Es kann hier nur darum gehen herauszufinden, welche quellenkritische Ansicht tatsächlich zutrifft, und die anderen Erklärungsversuche positiv auszuschliessen. Die zitierten Vorschläge leiden fast ausnahmslos daran, dass sie die Perikopen zu isoliert betrachten und darum eine gegenteilige oder wenigstens abweichende Meinung nicht wirklich widerlegen können. Demgegenüber wird hier unternommen, die Dublettenstücke auf sprachlich-stilistischer Basis, die von theologischen Auffassungen nur wenig berührt wird, zu überprüfen und festzustellen, wie weit ihr Sprachgebrauch und Stil mit der sonstigen Art des Evangelisten übereinstimmt oder ihr widerspricht. Dabei besteht von vornherein eine ausschliessliche Alternative. Bei der Annahme, die erwähnten Dubletten seien Teile von Quellen, die dem einen oder anderen der Evangelisten zur Verfügung standen, ist a priori ein negatives Ergebnis zu erwarten. In diesem Fall dürften die Texte höchstens Spuren einer Überarbeitung aufweisen, im ganzen müsste ihre Sprache und Formulierung dem Stil des Evangelisten als Endredaktor fremd sein. Zur Bestimmung des Stils der Evangelisten darf freilich nicht das gesamte übrige Evangelium herangezogen werden, sondern nur jene Textpartien, die über die unzweifelhaft verarbeiteten Quellen hinausgehen. Andererseits müssen diese Dublettenstücke eher als bloss überarbeitete Perikopen aus fremden Quellen redaktionelle Züge enthalten, wenn sie erst von Evangelisten formuliert wurden. Zweckmässiger- und logischerweise muss die Arbeit also mit der Frage beginnen, ob der Stil und die Sprache der

Dubletten mit Stil und Sprache des Lk bzw. des Endredaktors des Mt-Ev konform sind oder eine unabhängige Eigenart verraten.

Abschliessend muss noch eine methodische Vorbemerkung gemacht werden, die sich auf die Zqth bezieht. Wie sich gezeigt hat, konnte bisher keine Form der Zqth ausnahmslos Anerkennung erreichen und ist keine unwidersprochen geblieben. Als Voraussetzung der ganzen Arbeit ist aber doch eine gewisse Sicht der Synoptischen Frage nötig, ohne dass hier das gesamte Problem in den strittigen Punkten aufgerollt und neu behandelt werden könnte. Es braucht darum nicht eigens erwähnt zu werden, dass die im folgenden vertretene Auffassung kein Urteil sein will über andere Hypothesen in derselben Sache. Die These der Existenz einer Zweitauflage des Mk-Ev, die als Grundlage für Mt und Lk diente, kann hier nur im Rahmen der Zielsetzung dieser Untersuchung dargestellt werden. Die Sache selber verdiente eine ausführlichere Behandlung, besonders deswegen, weil die Mehrzahl der Exegeten die Übereinstimmungen des Mt und Lk gegen Mk entweder überhaupt nicht berücksichtigt oder, wie schon erwähnt, mit Berufung auf die handschriftliche Überlieferung, auf Harmonisierungen und zufälliges Zusammentreffen nachträglicher Bearbeitungen den Tatbestand unerlaubt vereinfacht (57).

Diese Feststellung kann aber das Ergebnis der stilistischen Überprüfung der Dublettentexte nicht in Frage stellen. Auch bei Ausschaltung aller betreffenden Stellen, die sich durch eine Zweitauflage des Mk-Ev gut oder am besten erklären, hat die Statistik des Vokabulars in allen Fällen eine ausreichende Grundlage und führt zu einem eindeutigen Ergebnis. Die spezifische, hier vertretene Auffassung über das literarische Abhängigkeitsverhältnis der Synoptiker untereinander hat also für die vorliegende Arbeit methodisch nur untergeordneten Rang.

(57) Das völlige Fehlen einer Beachtung dieses Problems erklärt sich, abgesehen von Ur-Mk, Proto-Mt-, Fragmentenhypothesen und Theorien ähnlicher Art, wohl daraus, dass die gewohnte Form der Zqth der literarischen Abhängigkeit der synoptischen Evangelien zu einem Teil gerecht wird und sich die Überarbeitung des Mk-Textes nicht in jeder Perikope mit gleicher Deutlichkeit feststellen lässt. Weil die nachfolgende Redaktion des Mt und Lk ausserdem diese Schicht wieder verwischt, ist es einigermassen verständlich, dass sie übersehen wurde, was jedoch die genannten Bagatellisierungen nicht rechtfertigt.

II. DER STAND DER DISKUSSION

Von den zwei Stücken, deren Sprache und Stil untersucht werden soll, wird zunächst Mt 9,27-31 mit den dazugehörigen parallelen Texten behandelt. Anschliessend wird Lk 21,14-15 besprochen, ebenfalls mit den bei Lk selbst und den übrigen Synoptikern vorliegenden Vergleichstexten.

A. *Mt* 9,27-31 (20,29-34)

Jede neuere Synopse (1) druckt bei Mt 9,27-31 auch die Stellen Mt 20,29-34, Mk 10,46-52 und Lk 18,35-43 und behauptet schon auf diese Weise eine Zusammengehörigkeit, zumindest was den Text betrifft. Über sprachliche Verwandtschaften hinaus kann man aber auch leicht sachliche Parallelen feststellen. In allen Perikopen handelt es sich um Heilungen von Blinden, die Jesus als Sohn Davids anrufen. Alle bringen ein Gespräch Jesu mit den Blinden bzw. eine Frage an sie, wobei in drei Texten auch die Bedeutung des Glaubens hervorgehoben wird. Als letztes erwähnen alle vier Stücke, wenn auch auf verschiedene Art, die Heilung. — Schon beim ersten Lesen der Stellen fallen aber auch Parallelen zwischen den zwei Mt-Stücken auf, die zu Mk und Lk nicht bestehen. Nur Mt spricht beide Male von zwei Blinden zum Unterschied von Mk und Lk, die nur einen einzigen nennen. Er allein erzählt auch, dass Jesus die Augen der Blinden berührt und sie auf diese Weise heilt.

Im Gegensatz zu dieser doppelten Verwandtschaft findet sich aber auch eine Reihe von Zügen, die nur in dem einen oder anderen Stück anzutreffen sind. Wegen der grossen Anzahl dieser Verschiedenheiten können sie hier nicht angeführt werden. Wenn es aber um die Geschichtlichkeit des Berichteten oder die literarische Herkunft der Erzählungen geht, dürfen sie nicht übergangen werden.

Im folgenden soll nun referiert werden, wie die einzelnen Autoren diese literarischen Beziehungen der Perikopen und damit zusammenhängend die histo-

---

(1) Vgl. K. ALAND, *Synopsis quattuor evangeliorum*, Stuttgart ²1965, 354-6. 133-5 und J. SCHMID, *Synopse der drei ersten Evangelien*, Regensburg ³1960, 52-53. 144 usw.

rische Frage zu erklären versuchen. Ihre Beiträge werden jedoch nicht immer in streng historischer Reihenfolge nach dem Erscheinungsjahr der Kommentare angeführt, sondern manchmal mit Rücksicht auf den Inhalt ihrer Thesen gruppiert, soweit diese sich überhaupt gruppieren lassen. Es braucht nicht erwähnt zu werden, dass die Übersicht keine Vollständigkeit anstrebt, sondern nur die wichtigsten bzw. die bekanntesten Arbeiten der neueren Zeit heranziehen kann. Eine restlose Aufzählung aller Stimmen würde die Zusammenschau nur erschweren und nichts Wesentliches mehr zum Fragestand beitragen.

1. Besonders in älteren Veröffentlichungen wird die Behauptung aufgestellt – überblicksweise wurde es schon erwähnt –, Mt 20,29-34, Mk 10,46-52 und Lk 18,35-43 seien Parallelberichte über dasselbe Wunder einer Blindenheilung, während Mt 9,27-31 ein davon verschiedenes Ereignis erzähle. Von einem Teil der Autoren wird dieser Standpunkt ausdrücklich vertreten, während andere dieselbe Meinung ebenso deutlich, aber nur einschlussweise äussern: Sie erwähnen mit keinem Wort eine Beziehung zwischen beiden Texten des Mt und offenbaren damit, dass ihnen eine Identifizierung gar nicht in den Sinn kommt. – Es ergibt sich von selbst, dass die Besprechung dieser " konservativen " Gruppe verhältnismässig kurz sein wird. Das eigentliche Interesse wird erst von der gegenteiligen Ansicht beansprucht, wenn auch die Argumente für die traditionelle These deswegen nicht abgeschwächt werden.

A. Bisping (2) schenkt der Verwandtschaft von Mt 9,27-31 und 20,29-34 praktisch keine Aufmerksamkeit und nimmt nur zu einem besonderen Problem der letztgenannten Perikope Stellung. Für ihn ist bedeutsam, dass Lk das Wunder der Blindenheilung beim Einzug in Jericho, Mk beim Verlassen der Stadt ansetzt. Da er beide Darstellungen auch in diesem Detail für historisch hält, vermutet er, dass Mt die zwei Wunder zu einem einzigen verbunden hat (3). Bei 9,27 verrät sich der Standpunkt des Autors wieder nur durch eine Einzelheit. Er nimmt οἰκία, wie es für ein fundamentalistisches Verständnis des Textes naheliegt, als eine rein historische Angabe. Eine symbolische Darstellung und literarische Beziehungen zwischen den beiden Mt-Perikopen bzw. eine Abhängigkeit der einen von der anderen werden von Bisping in keiner Weise in Betracht gezogen.

---

(2) A. Bisping, *Erklärung des Evangeliums nach Matthäus*, Münster 1864.

(3) " Diese Differenz löset sich am besten so, dass wir eine doppelte Blindenheilung annehmen, von denen eine beim Einzuge in Jericho, die andere beim Abzuge aus dieser Stadt geschah, und dass Matthäus beide Heilungen combinirte ". *A.a.O.* 410.

B. Weiss (4), der die Einordnung von Mt 9,27-31 wie nach ihm noch viele als literarische Vorbereitung von Mt 11,5 versteht, wendet sich gegen redaktionelle Bildung und nennt die "Apostolische Quelle" als Ursprung der mt Überlieferung. "Denn dass die Blindenheilung keine schriftstellerische Composition des Evang. ist..., folgt daraus, dass Mrc. aus ihr die Farben zur Ausmalung der Blindenheilung bei Jericho (10,46-52) entlehnt und Mtth. dort, wo er ihre genaue Stelle und ihre näheren Umstände gefunden zu haben meinte, sie, etwas nach Mrc. erweitert, wiederholt hat (Mt 20,29-34...)" (5). Diese Auffassung ist interessant, weil sie so ziemlich das Gegenteil der geläufigen Exegese, und wie sich zeigen wird, auch der tatsächlichen Verhältnisse behauptet.

Ähnlich schreibt P. Schanz (6), Mt 9,27-31 stelle einen literarischen Beweis für Mt 11,5 dar, "aber wenn man damit dem Matthäus die Fiction dieser Erzählung nach dem Vorbilde anderer aufbürden will, so ist dies ein willkürliches, durch 11,5 nicht motiviertes Verfahren" (7). Damit steht in Zusammenhang, dass οἰκία wie bei Bisping geschichtlich (als Wohnhaus Jesu) aufgefasst wird. Der Verfasser gibt sogar genau an: "Da Jesus nach 8,4 in dem Hause des Petrus Einkehr nahm, so dürfte dieses auch hier gemeint sein" (8). Gegenüber der historischen Sicht kommt ein literarisches Verständnis überhaupt nicht auf.

Von J. Knabenhauer-A. Merk (9) wird das Verhältnis der beiden Mt-Stellen nur mit einigen kurzen Bemerkungen gestreift. Der Verfasser bezieht sich auf Holtzmann und verwirft (10) dessen Anschauung, Mt 20,29-34 sei dasselbe Wunder wie 9,27-31. Bezüglich οἰκία vertritt Knabenbauer die gleiche Auffassung wie Schanz (11).

Nach F. Spitta sind bei Mt 20,29-34 "in Erinnerung an die schon früher gebrachte Perikope 9,27-31 aus dem einen Blinden zwei geworden" (12). Die Nennung des Namens Bartimäus bei Mk erklärt er deshalb konsequenterweise als spätere Hinzufügung, weil es sich leichter erklären lässt, dass bei Mt aus

(4) B. Weiss, *Das Matthäusevangelium und seine Lucas-Parallelen*, Halle 1876.

(5) Weiss, *a.a.O.* 253, Anm. 1.

(6) P. Schanz, *Commentar über das Evangelium des heiligen Matthäus*, Freiburg 1879.

(7) Schanz, *a.a.O.* 277.

(8) Schanz, *a.a.O.* 277.

(9) J. Knabenbauer-A. Merk, *Commentarius in Evangelium secundum Matthaeum*, Paris I ³1922, II ³1922.

(10) Knabenbauer, *a.a.O.* II, 200.

(11) "... intelligitur probabilissime domus Petri in Capharnaum". *A.a.O.* I, 419.

(12) F. Spitta, *Die synoptische Grundschrift in ihrer Überlieferung durch das Lukasevangelium*, Leipzig 1912, 295.

einem ungenannten Blinden zwei werden als aus einem mit einem bestimmten Namen. Für Spitta, der die Mk-Priorität leugnet, ist es auch ausgemacht, dass "Lukas und nicht Markus die ursprüngliche Form des Textes hat..." (13), weil dieser nach ihm die synoptische Grundschrift am besten bewahrt hat. So erklärt er auch die ausführliche Schilderung des Mk ὁ Ἰησοῦς εἶπεν· φωνήσατε .... πρὸς τὸν Ἰησοῦν für einen sekundären Zusatz, der jünger sei als Lk und Mt. — Wenn diese Bemerkungen das Verhältnis der beiden Mt-Perikopen auch nicht direkt betreffen, sind sie doch für den Zusammenhang der synoptischen Stücke nicht ohne Bedeutung.

M. J. Lagrange (14) erörtert zwar die literarische Frage von vielen Seiten, neigt aber selber mehr dem konservativen Standpunkt zu. Er verwahrt sich dagegen, dass man hinter den zwei Perikopen dasselbe Wunder annehmen müsse, zumindest gebe es keinen überzeugenden Beweis dafür (15). Im Fall zweier verschiedener Wunder sei der zweite Bericht dem ersten nachgestaltet. Sollte aber hinter beiden Überlieferungen nur ein Wunder stehen, habe sich Mt im voraus des Jerichoberichtes bedient. Was man als wirkliche Dublette ansehen müsse, hänge von Mt, nicht von Mk ab (16).

Die Meinung Holtzmanns, dass Mt 9,27-31 aus Mk 8,22-26 und Mt 20,29-34 kombiniert sei, verwirft Lagrange (17). Er lehnt es wegen der Bezeugung durch die Tradition auch ab, Mt 9,27-31 als spätere Interpolation aufzufassen. Im Gegensatz dazu hält er an der Tatsächlichkeit zweier Wunder fest und sieht in den beträchtlichen Verschiedenheiten der Berichte einen Beweis für diese Auffassung. Dass die Unterschiede absichtlich von Mt eingefügt sein könnten, um die Identität des Ereignisses zu verwischen, ist für ihn nicht stichhältig.

Wie zu erwarten, wird die Zweizahl der Blinden historisch erklärt, und Lagrange meint, es sei ganz natürlich, "dass sie [die Blinden] miteinander gehen, um sich gegenseitig zu helfen" (18). Einem solchen Verständnis

---

(13) Spitta, *a.a.O.* 296.

(14) M. J. Lagrange, *Evangile selon Saint Matthieu*, Paris 1923. Für eine gerechte Beurteilung dieses Autors muss beachtet werden, dass sein Werk einer strengen Zensur unterlag und dass er nur mit Rücksicht darauf schreiben konnte. Die anschliessende Stellungnahme zum Standpunkt Lagranges hält sich notgedrungen an den Buchstaben seines Kommentars, würde aber wahrscheinlich günstiger ausfallen, wenn die nichtzensurierte Ansicht des Verfassers verglichen werden könnte.

(15) Mt 9,27-31: "Ce ne doit pas être le même miracle que Mt XX, 29-34; du moins il n'y a pas d'indices tout à fait convaincants". *A.a.O.* LVII.

(16) Lagrange, *a.a.O.* LVII.

(17) Lagrange, *a.a.O.* 188.

(18) "Deux aveugles figurent dans les deux cas, mais il est assez habituel qu'ils marchent ensemble pour s'entr'aider".

entsprechend glaubt auch er sogar angeben zu können, in welchem Haus die Blinden geheilt wurden [19]. Wenn die Kritiker betonen, dass Ereignisse, die sich in einem Haus abspielen, bei Mt im Vergleich zu Mk selten seien und der Rückzug in das Haus deswegen als literarisches Motiv zu werten sei, sieht der Verfasser im Gegensatz dazu gerade darin wieder eine verlässliche und wirklichkeitsgetreue Angabe [20].

Für die Art der Heilung findet Lagrange Mt-Parallelen (8,3.15; 14,36; 17,7) und möchte damit eine Entlehnung aus fremden Quellen abwehren. Bei den seltenen Ausdrücken ἐμβριμᾶσθαι und διαφημίζειν verweist aber auch er auf die verwandte Darstellung Mk 1,43.45. Trotzdem vertritt Lagrange keine Übernahme aus dieser Stelle, weil Mt sonst die Fortsetzung des Paralleltextes 8,1-4 ausgelassen haben müsste, um sie an einem späteren Platz einzufügen, was wenig natürlich sei. Anstelle dessen führt er die Verwendung dieser Worte auf die Einwirkung einer Mk-Formel zurück, die dem griechischen Übersetzer des aramäischen Mt im Gedächtnis haften geblieben sei [21].

Bei Mt 20,29-34 ist die Lösung der Quellenfrage ebenfalls von nichtliterarischen Gesichtspunkten beeinflusst. Wohl unter dem Eindruck, dass eine von Mt selbst frei geschaffene Verdoppelung des einen Blinden bei Mk die geschichtliche Verlässlichkeit des Evangelisten zu stark belasten würde, schreibt Lagrange 20,29-34 einer Mt-eigenen Tradition zu [22]. Eine Nachwirkung der übergangenen Blindenheilung von Bethsaida (Mk 8,22-26) ist damit ebenfalls ausgeschlossen [23].

Die geschichtliche Auffassung ist auch für A. Durand kennzeichnend [24]. Die sprachlichen und inhaltlichen Beziehungen von Mt 9,27-31 zu Mk 8,22-26 und Mt 20,29-34 sind seiner Ansicht nach keineswegs stark genug, dass diese Perikopen als ernste Parallelberichte gewertet werden könnten [25]. Wie andere

---

(19) "La maison est moins probablement celle de Pierre... que celle de Mt. où Jésus était hébergé à Capharnaum". *A.a.O.* 189.

(20) "... il y a donc là un trait précis qui répond à une réalité". *A.a.O.* 189.

(21) LAGRANGE, *a.a.O.* 189.

(22) "... Mt n'aurait pas doublé les aveugles s'il avait simplement suivi Mc".

(23) "Et l'on ne peut pourtant pas lui attribuer d'avoir combiné l'aveugle de Jericho avec celui de Bathsaida". *A.a.O.* 394. Vgl. 188 (zu Mt 9,27-31): "Il y a tant de differences entre l'aveugle de Mc. à Bethsaide et cet épisode qu'il n'y a pas à discuter l'emprunt".

(24) A. DURAND, *Evangile selon Saint Matthieu*, Paris [10]1927.

(25) "On a cherché en vain un récit parallèle à celui qui est fait ici par saint Matthieu: ni l'aveugle de Bethsaide, ni les deux autres, que nous rencontrerons plus tard à Jericho, ne sauraient être confondus avec ceux que Jésus guérit en Galilée, dans une maison de Capharnaum". *A.a.O.* 172.

lokalisiert er wieder das Wunder; statt für den ursprünglichen Wohnort Jesu (4,13) entscheidet er sich aber für das Haus des Levi-Mt ([26]). Die Abneigung gegen jedes literarisch-theologische Verständnis ist bei ihm offenkundig.

Bezeichnend für diesen traditionellen Standpunkt äussert sich auch J. Schmid in einer älteren Arbeit ([27]), während sich später seine Überzeugung ändert ([28]). Obwohl dieser Autor in der erstgenannten Schrift dem Verhältnis von Mt und Lk genau nachgehen will und dabei auch Mt 20,29-34 mit den Mk- und Lk-Parallelen behandelt, wird im ganzen Buch Mt 9,27-31 an keiner Stelle besprochen. Schmid scheint also damals zwischen Mt 9,27-31 und Mt 20,29-34 par Mk 10,46-52 par Lk 18,35-43 weder eine direkte noch eine indirekte literarische Beziehung gesehen zu haben ([29]).

P. Dausch ([30]) beschreibt das Doppelstück Mt 9,27-31.32-34 als " nur flüchtig hingeworfene Federskizzen ", verwahrt sich aber sofort dagegen, aus einer solchen Einschätzung die Ungeschichtlichkeit des Erzählten zu folgern: " Es ist kein Grund, die Glaubwürdigkeit dieser Berichte, die nicht ' mit Liebe ' erzählt und anscheinend aus lauter bekannten Flicken zusammengestückelt seien, anzuzweifeln " ([31]).

Die These der Kritik, nach der die Blindenheilung bloss die Antwort an den Täufer Mt 11,5 vorbereitet, hält der Verfasser nicht für stichhältig. Er bemerkt zwar die Verwandtschaft zwischen Mt 9,27-31 und 20,29-34, gewinnt aber gerade aus ihr ein Argument, um die Geschichtlichkeit der Perikope 9,27-31 zu verteidigen. " Wenn unsere Blindenheilung wirklich aus den Heilungsgeschichten Mk 8,22 (der Blinde von Bethsaida) und Mk 10,46-52 (der Blinde von Jericho) herausgebildet wäre, dann ist es doch seltsam, dass Mt seine Darstellung häufiger seinem eigenen Berichte über die Blindenheilung in Jericho nachbildet (vgl. 20,30.31.34) als der angeblichen Mk-Vorlage " ([32]). " Diese mangelnde Erfindungsgabe des Mt " ([33]), die (wegen der sprachlichen Anlehnung an 20,29-31.34) offenbar würde, wenn man 9,27-31 nur als unhistorisches, literarisches Gebilde versteht, spricht nach Dausch gleichfalls für die Geschicht-

---

([26]) DURAND, *a.a.O.* 172.

([27]) SCHMID, *Matthäus und Lukas*, 134-5.

([28]) SCHMID, *Matthäus*, 173 und Art. *Synoptiker*, 1243.

([29]) Über seinen geänderten Standpunkt wird Seite 30 referiert werden. — Wenn in dieser Untersuchung mehrfach eine anderere Auffassung als die Schmids vertreten wird, so ist dabei nicht vergessen, dass *diesem* Autor ein Hauptverdienst darin zukommt, dass sich die Zweiquellentheorie im katholischen Bereich durchsetzen konnte.

([30]) P. DAUSCH, *Die drei älteren Evangelien*, Bonn [4]1932.

([31]) DAUSCH, *a.a.O.* 166.

([32]) DAUSCH, *a.a.O.* 166.

([33]) DAUSCH, *a.a.O.* 166.

lichkeit des Berichteten. Dass das Vorkommen zweier Heilungen, die sich auf so erstaunlich ähnliche Weise abgespielt haben sollen, noch viel unwahrscheinlicher ist, kommt dem Verfasser nicht zum Bewusstsein.

Die Stellungnahme von W. Lauck zu Mt 9,27-31 ist völlig psychologisch (34). Bei 20,29-34 hält der Autor es für Unsinn, die Zweizahl als von Mt bevorzugtes literarisches Stilmittel zu verstehen. Nach seiner Meinung — und damit schliesst er sich einer langen Tradition an — berichtet Mk konkret nur von Bartimäus, weil dieser " eine in der ersten Christenheit bekannte Persönlichkeit war " (35), während der andere Geheilte wie auch bei Lk rasch vergessen wurde. — Gegenüber der schon erwähnten, auf Augustinus zurückgehenden Ansicht, dass Lk von einem anderen Ereignis berichte als Mk und Mt, hält er daran fest, dass es sich in den Parallelberichten um das gleiche Wunder handelt.

Das Fehlen jedes Bezuges auf Mt 20,29-34 und die lange Erörterung über οἰκία zeigen gut, dass auch D. Buzy psychologisch urteilt und das Wunder historisch versteht (36). Die zwei Blinden in der Mt-Darstellung erklärt er wie Langrange (37). Ein Hinweis auf die Zweiergruppen des Mt bei 8,28, 9,27 und 20,29 erscheint Buzy deshalb nur als tendenziöse Exegese. Wenn Matthäus von zwei Dämonischen oder zwei Blinden berichtet, dann entspricht das auch streng der Wirklichkeit (38). Die rein geschichtliche Interpretation des Autors kommt überall zum Vorschein.

L. Pirot (39) schliesst sich ebenfalls einer ausdrücklich historischen Auffassung an. Er erörtert die bekannten Unterschiede, die in der Zahlenangabe bei Mt und Mk (Lk) bestehen, und wiederholt hier und bei der übrigen Besprechung der Perikope die gängigen Interpretationen (40).

W. Michaelis beruft sich in seinem Kommentar zur Sicherung der Geschichtlichkeit beider Wunder wie Lagrange auf die in den Perikopen vorlie-

---

(34) W. Lauck, *Das Evangelium des hl. Matthäus und des hl. Markus.* Erste Hälfte, Freiburg ²1937, 146.

(35) Lauck, *a.a.O.* 315.

(36) D. Buzy, *Evangile selon Saint Matthieu,* in: L. Pirot-A. Clamer (Hgg), *La Sainte Bible,* IX: *Evangiles de S. Matthieu et de S. Marc,* Paris 1946, VII-XVIII.1-388, hier 121-2.

(37) "...car les pauvres de cette espèce s'associent volontiers pour s'entr'aider...". *A.a.O.* 268, vgl. Lagrange, *Matthieu,* 188.

(38) " Aujourd'hui on reconnaît que, si S. Matthieu nous présente deux démoniaques ou deux aveugles, c'est qu'ils étaient deux en réalité ". *A.a.O.* 268.

(39) L. Pirot, *Evangile selon Saint Marc,* in: L. Pirot-A. Clamer (Hgg), *La Sainte Bible,* IX: *Evangiles de S. Matthieu et de S. Marc,* Paris 1946, 389-612.

(40) Pirot, *a.a.O.* 531-2. " Marc et Luc n'auraient signalé que la guerison de celui qui était le plus connu pour avoir suivi aussitôt Jésus et avoir appartenu à la première génèration chrétienne " (532).

genden Unterschiede und lehnt es damit ab, 9,27-31 nur als andere Fassung des zweiten Textes zu verstehen (41). Auch bei den Zahlen ist er von den konkreten Angaben beeindruckt. Wenn bei Mt 8,28 und 20,29-34 zum Unterschied von den Parallelen zwei Besessene bzw. zwei Blinde genannt werden und daraus der literarische Charakter der Zahl ersichtlich sein soll, stellt er dem 9,32 gegenüber und schliesst aus der letztgenannten Stelle, "dass er [Mt] nicht grundsätzlich solche Zahlen verdoppelt hat" (42). Michaelis nimmt darum an, dass die Zahlenangabe wahrscheinlich schon auf seine Vorlage zurückgeht. Obwohl der Autor sich dazu nicht ausdrücklich äussert, dürfte es seiner Meinung entsprechen, dass sie auch dort nicht von einem Redaktor stammt, sondern aus der Tradition selbst übernommen ist.

Von den Unterschieden zwischen 9,27-31 und 20,29-34 ist auch B. C. Butler beeindruckt. Er misst ihnen soviel Gewicht bei, dass er eine doppelte Erzählung des gleichen Vorfalls durch Mt für unwahrscheinlich hält (43). Butler sieht aber auch die sprachlichen Beziehungen der beiden Perikopen und bemerkt, dass es sich um zwei verwandte Geschichten handelt, in denen Mt "ähnliche Sprache für ähnliche Züge verwendet" (44). Als Dubletten lässt er die Stücke nicht gelten, wie er sich auch über theologische Tendenzen keine Gedanken macht. Seine ganze Auffassung ist geschichtlich bestimmt.

Was P. Bonnard vom literarischen Verhältnis der beiden Perikopen denkt, lässt sich nur indirekt aus seinen Bemerkungen erschliessen (45). Seine Ausführungen zum Davidssohntitel Jesu scheinen die Geschichtlichkeit von Mt 9,27-31 vorauszusetzen. Er wehrt den Einwand, dass die Anrufung Jesu als Davidssohn ungewöhnlich sei, mit dem Hinweis ab, dass der Bericht sich auf eine Zeit bezieht, in der man in Palästina den Messias fieberhaft erwartete, und auf ein Volk, dessen Denken von den atl Prophezeihungen erfüllt war (46). Der Autor hält es für wahrscheinlich, dass vor der schriftlichen Abfassung ein Bericht den anderen

---

(41) W. Michaelis, *Das Evangelium nach Matthäus*, II, Zürich 1949, 62, ähnlich 64. Vgl. Lagrange, *Matthieu*, 188.

(42) Michaelis, *a.a.O.* 62.

(43) Butler, *Originality*, 144.

(44) "This is hardly a doublet in the strict sense, but two stories, somewhat similar, in which St Matthew uses similar language for the similar features". *A.a.O.* 144.

(45) P. Bonnard, *L'évangile selon Saint Matthieu*, Neuchâtel o.J. (1963), 137.

(46) "Que des malheureux puissent interpeller ainsi le Davidide est moins extraordinaire qu'on l'a dit: nous sommes en Palestine, en un temps de fiévreuse attente messianique et dans un peuple nourri des prophéties vétérotestamentaires". *A.a.O.* 137.

beeinflusst habe (47). Indirekt lässt sich auch hier noch einmal erkennen, dass Bonnard wohl eher an zwei verschiedene Wunder denkt, deren mündliche Überlieferungen sich wechselseitig auf die Form ausgewirkt hätten, als an zwei abweichende Erzählungen über dasselbe Ereignis.

Nur anhangsweise sei noch erwähnt, dass auch Wernle (48), Soiron (49) und Fonseca (50) Mt 9,27-31 nicht nennen, obwohl sie sich länger mit den Dubletten befassen, und damit einem historischen Verständnis näher zu sein scheinen als einem literarischen.

Zusammenfassend lässt sich sagen, dass fast alle Autoren, die hinter den zwei Berichten des Mt auch zwei verschiedene historische Ereignisse annehmen, den literarischen Beziehungen zwischen beiden Darstellungen wenig nachgehen. Das ist nicht verwunderlich, da in dieser Sicht die Sache bei weitem den Vorrang vor der literarischen Darstellung hat. Folgerichtig wird der sprachlichen Form weniger Aufmerksamkeit zugewendet, und die textliche Verwandtschaft wird umso eher verwischt, als sich ja auch sachliche Differenzen zwischen beiden Perikopen anführen lassen.

2. Im Gegensatz zu den zitierten Exegeten vermutet eine andere Gruppe, es handle sich in beiden Mt-Stücken um dasselbe Ereignis, nur sei die Erzählung aus verschiedenen Gründen doppelt. Über die Quellenfrage im einzelnen gehen aber die Meinungen auseinander.

H. J. Holtzmann (51) stellt eine auffallende Ähnlichkeit zwischen den beiden Perikopen Mt 9,27-31 und 20,29-34 fest und erklärt, dass die Herkunft der ersten schwer zu bestimmen sei. Er kritisiert, dass der Messiastitel Sohn Davids Mt 9,27 nicht in eine so frühe Zeit passe. Andererseits sei das Schweigegebot, das Mk 8,26 zum letzten Mal vorkommt, in der Epoche, der Mt 20,29-34 angehört, nicht mehr vorstellbar. Die Lösung dieses Gegensatzes findet Holtzmann in der Annahme redaktioneller Bildung: " In Wahrheit ist unser Bericht, mag man ihn fassen, wie man will, historisch unbegreiflich, ... er ist also schriftstellerische Composition des Matthäus " (52).

---

(47) " Il est probable qu'il y a eu influence d'un récit sur l'autre avant leur fixation litteraire ". *A.a.O.* 137.

(48) WERNLE, *Die synoptische Frage*, passim.

(49) Vgl. SOIRON, *Logia*, 110-3, wo er zwar Mt 9,32-34, aber nicht 9,27-31 als Dublette bespricht.

(50) FONSECA, *Quaestio synoptica*, 199-215.

(51) HOLTZMANN, *Die synoptischen Evangelien*, 181-2.

(52) HOLTZMANN, *a.a.O.* 182.

In einem späteren Werk bezeichnet er Mt 9,27-31 als "Zusammenfassung von 20,29-34 und Mc 8,22-26 mit frei gebildeter Szenerie" ([53]). ποιῆσαι (Mt 9,28) erinnere an Mt 20,32 und πίστις (Mt 9,29) an Mk 10,52. In dem nur bei Mt vorhandenen Motiv des Öffnens der Augen (9,30 und 20,33) sieht er eine Anspielung auf Is 35, 5 τότε ἀνοιχθήσονται ὀφθαλμοὶ τυφλῶν und 2 Kg 6, 17 καὶ διήνοιξε κύριος τοὺς ὀφθαλμοὺς αὐτοῦ καὶ εἶδε, die in seiner Sicht nicht auf Jesus, sondern auf den Evangelisten zurückgeht. Für das Schweigegebot nennt er als ursprüngliche Stelle nicht bloss Mk 8,26, sondern auch 1,43.44, und für die Verbreitung des Rufes Jesu Mt 9,31 gibt er Mk 1,45 als Quelle an ([54]). Die Zahl der literarischen Anknüpfungspunkte, die Holtzmann anführen kann, ist also nicht gering.

C. Holsten ([55]) ist einer der wenigen, die bei Mk 10,46-52 eine Abhängigkeit von Mt 20,29-34 behaupten. Nach seiner Meinung ging der symbolisch-geistige Sinn, der in der Mt-Perikope vorhanden ist, später verloren, und Mk gestaltet erst dann seine Darstellung, wobei aus psychologischen Gründen aus zwei Blinden ein Bettler wurde ([56]). Innerhalb des Mt-Ev wurde das Stück nochmals umgeformt (9,27-31). Holsten bemerkt ausserdem auch die Beziehung zwischen Mt 9,30 und Mk 1,43 und Mt 9,31 und Mk 1,45, lässt aber auch hier seiner Grundthese entsprechend Mk von Mt abhängig sein.

J. Wellhausen greift nur bereits bekannte Thesen auf, wenn er die Einordnung der Perikope Mt 9,27-31 mit Mt 11,5 begründet ([57]). Für das Stück selbst vertritt er eine literarische Abhängigkeit von Mk 8,22-26. Wellhausen ist der Meinung, das übergangene Mk-Stück habe Mt veranlasst, bei Mt 20,29-34 von zwei Blinden zu reden, von wo die Zweizahl auch in 9,27-31 übernommen worden sei. Parallel führt er die Berührung der Augen (ἥψατο) auf diese Mk-Stelle zurück ([58]). Ausserdem findet er, dass Mt 9,27-33 und Mt 12,22 identisch sind.

([53]) H. J. Holtzmann, *Die Synoptiker*, Tübingen-Leipzig ³1901, 230.

([54]) Holtzmann, *a.a.O.* 231.

([55]) C. Holsten, *Die synoptischen evangelien nach der form ihres inhaltes*, Heidelberg 1885.

([56]) "Die umformung des Matthäus durch Markus ist doch wol folge verständiger erwägung, nachdem der ursprüngliche, symbolisch geistige sinn der erzählung von den beiden blinden verloren gegangen. Die umformung der beiden blinden in Einen blinden bettler — analog der umformung der beiden dämonischen von Gerasa in Einen — könnte einer erwägung entstammen, welche die anwesenheit der blinden am wege dadurch motivirt, dass sie bettler waren, und dann nicht zwei bettler neben einander setzt". *A.a.O.* 82.84.

([57]) J. Wellhausen, *Das Evangelium Matthaei*, Berlin 1904, 43.

([58]) Wellhausen, *a.a.O.* 102-3.

Nach seiner Ansicht wurden in Mt 12,22 "die beiden Blinden und der Taubstumme zusammengefasst zu einer einzigen Person, die zugleich blind und taubstumm ist" (59). Relativ früh schreibt er also Mt eine ziemlich starke redaktionelle Tätigkeit zu.

C. S. Patton (60) vertritt eine eigene Überlieferungsquelle für Mt 9,27-31, die aber möglicherweise mündlich und von Mk 10,46-52 abhängig sein könnte (61). Die Zweizahl der Blinden bei Mt 20,29-34 hält er für sekundäre Mt-Redaktion. Für den Platz der Perikope innerhalb der Komposition des Mt-Ev ist auch nach Patton Mt 11,5 massgeblich (62).

Nach E. Klostermann, der sich Wellhausen anschliesst, "ist kaum zu bezweifeln, dass Mt hier [Mt 9,27-31.32-34] lediglich sekundäre Varianten zu 20,29-34 und 12,22-24 vorbringt" (63). Dementsprechend sieht er in ἐκεῖθεν eine "künstliche Verknüpfung mit dem Vorhergehenden" (64). In der Frage der Zweizahl lässt es der Autor offen, "ob Mt mit Mc 10,46-52 den Blinden von Bethsaida Mc 8,22-26 kombiniert oder einfach dem volkstümlichen Motiv der Zweizahl erliegt..." (65). Klostermann vermerkt auch, dass Jesus bei 9,28 anders als bei 20,32 par Mk 10,49 dem Anruf der Blinden gegenüber taub ist. Man braucht aber dafür "nicht über historische Gründe nachzudenken", denn es "scheint hier lediglich die verwandte Situation Mt 15,23 eingewirkt zu haben" (66). Während der Verfasser hier also literarisch denkt, kommt er anschliessend dem Historischen nahe, wenn er den Platz des Wunders (οἰκία) im Haus Jesu annimmt. Den Beginn von 9,30 hält Klostermann für einen Reflex atl Stellen. Bei ἐνεβριμήθη, dessen Vorlage Mk 1,43-45 bildet, findet er es auffällig, dass der Evangelist ein Wort verwendet, das sonst bei ihm fehlt, und dass im Gegensatz zu Mt 8,4 der Ungehorsam gegen Jesu Gebot berichtet wird. Die weiteren Ausdrücke διαφημίζειν und ὁρᾶτε werden vom Verfasser auf Mk 1,44-45 zurückgeführt, er gibt aber auch Mk 5,43 und 8,26 zum Vergleich an (67). Aus der Besprechung von Mt 20,29-34 ist im Zusammenhang mit der literarischen Frage noch zu notieren, dass er es für eine "unmögliche Ansicht"

(59) WELLHAUSEN, *a.a.O.* 44.

(60) PATTON, *Sources*, 179.

(61) "The source is apparently a special one, perhaps an oral tradition influenced by Mk X, 46-52". *A.a.O.* 179.

(62) PATTON, *Sources*, 180.

(63) E. KLOSTERMANN, *Das Matthäusevangelium*, Tübingen ²1927, 83.

(64) KLOSTERMANN, *a.a.O.* 83.

(65) KLOSTERMANN, *a.a.O.* 83, vgl. 164.

(66) KLOSTERMANN, *a.a.O.* 83.

(67) KLOSTERMANN, *a.a.O.* 84.

hält, " dass Mt ein anderes Faktum meine als Mc (Lc)... " (68). Wenn Mt die Erzählung des Mk (8,22-26) vom Blinden von Bethsaida hier aufgegriffen habe, erkläre sich, dass die Heilung durch Berührung der Augen geschieht und nicht auf das blosse Wort hin.

Bezüglich der Einordnung von Mt 9,27-31, das er für eine Dublette von 20,29-34 hält, schliesst sich C. G. Montefiore der traditionellen These an (69). Das strenge Schweigegebot 9,30 erinnert ihn an Mk 1,43-45 und 8,26 und er erklärt deshalb das ganze Stück für eine Bildung durch den Evangelisten (70). Die Zweizahl der Blinden bei 20,29-34 hält Montefiore für sekundär. Möglicherweise ersetze sie das Stück Mk 8,22-26, zu dem auch 20,34 eine Verbindung aufweist.

A. H. McNeile (71), der 9,27-31 als Dublette zu 20,29-34 in Betracht zieht, schwankt zwischen literarischen und historischen Erklärungen. Während er meint, das Wunder sei wahrscheinlich im Haus Jesu in Kapharnaum geschehen, verweist er bei ἀνοίγω doch auf die atl Stellen und sieht die sprachliche Verwandtschaft von 9,31 mit Mk 1,44. Auch bei der Zweizahl der Blinden zitiert er die Sachparallelen Mt 8,28 und 9,27 und nimmt eher literarische Bildung durch Mt an, als die Ansicht des Augustinus zu wiederholen, Mk habe den weniger bekannten der beiden Blinden weggelassen. Die Heilmethode und das seltene Vorkommen von ὄμμα (Mt 20,34; Mk 8,23) werden zwar ebenfalls erwähnt, aber zu einer deutlichen Herausstellung aller Konsequenzen lässt sich der Autor nicht bewegen (72).

R. Bultmanns Interpretation ist ausschliesslich literarisch (73). Er schreibt Mt 9,27-31 der schriftstellerischen Tätigkeit des Mt zu, der den Inhalt aber nicht nach 20,29-34, sondern nach Mk 10,46-52 erzähle (74). Als Grund für die Bildung der Variante scheint auch ihm, dass " sich Mt Illustrationen für die Heilung der τυφλοί und κωφοί 11,5 schafft " (75).

W. E. Bundy (76) spricht von der engen Verwandtschaft zwischen 9,27-31 und 20,29-34 und zählt die Entsprechungen in beiden Stücken genau auf. Be-

---

(68) Klostermann, *a.a.O.* 164.

(69) C. G. Montefiore, *The Synoptic Gospels*, London I ²1927, II ²1927; hier II, 140.

(70) Montefiore, II, 140.

(71) A. H. McNeile, *The Gospel According to St. Matthew*, London 1928.

(72) McNeile, *a.a.O.* 126-7.

(73) R. Bultmann, *Die Geschichte der synoptischen Tradition*, Göttingen ⁴1958, 228.

(74) Bultmann, *a.a.O.* 226.

(75) Bultmann, *a.a.O.* 226.

(76) W. E. Bundy, *Jesus and the First Three Gospels. An Introduction to the Synoptic Tradition*, Cambridge (Mass.) 1955.

züglich der Quellenfrage für Mt 9,27-31 meint er, eine Vorausnahme der späteren Perikope sei unter den vielen Vorschlägen die wahrscheinlichste Lösung. Er schreibt aber auch 20,29-34 keine Ursprünglichkeit zu, sondern führt das Stück textlich auf Mk zurück. Die Verschiedenheiten zwischen den beiden Mt-Perikopen machen dem Autor keine Schwierigkeit, da sie von Mt absichtlich eingefügt worden seien, um dadurch den Anschein von zwei verschiedenen Wundern zu erwecken (77).

Auch in den weiteren Bemerkungen zeigt sich der literarische Standpunkt des Verfassers. Er zitiert für die Einleitung καὶ παράγοντι ἐκεῖθεν τῷ Ἰησοῦ den verwandten Text Mt 9,9 und es fällt ihm auch auf, dass das Schweigegebot und seine Übertretung Züge sind, " die typischer sind für Mk als für sein eigenes Evangelium " (78). In der Mk-Darstellung 10,46-52 hält er den Namen Bartimäus für einen legendarischen Zug, der wahrscheinlich später eingefügt wurde. Im Mk-Exemplar des Mt und Lk war er noch nicht vorhanden. Der Autor beruft sich dafür auf die Tendenz der wachsenden Legende, Personen zu benennen, die in der alten Tradition noch unbenannt waren (79). Bundy rechnet also damit, dass der kanonische Mk-Text nicht identisch ist mit dem, den Mt und Lk benützten (80). Falls seine Ansicht zutrifft, wäre damit die literarische Frage noch komplizierter.

J. Schmid, der schon für die Auffassung von zwei unabhängigen, voneinander verschiedenen Wundern zitiert wurde, muss nun noch einmal für die gegenteilige Ansicht genannt werden (81). In seinem Mt-Kommentar nimmt er eine literarische Zusammensetzung von Mt 9,27-31 an. Der Text bestehe aus Teilen von Mt 20,29-34 und Mk 1,43-45. V. 27, in dem von zwei Blinden die Rede ist wie in Mt 20,30, leitet er von dort her, VV.30-31 aus Mk. Schmid vermerkt auch die auffallende Tatsache, dass Mt bei der Komposition einmal mit Mt 20,29-34 gegen Mk 10,46-52 zusammengeht und dann ein genau umgekehrtes Verhalten

(77) Bundy, *a.a.O.* 152.

(78) " Matthew's story ends (30b-31) with features more typical of Mark than of his own Gospel: the stern command for silence and the prompt disobedience ". *A.a.O.* 152.

(79) " Furthermore, growing legend has a tendency to name persons unnamed in the older tradition ". *A.a.O.* 410. Diese Feststellung, die auf D.F. Strauss zurückgeht, wird später von Bultmann, *GsynTr*, 256-7.306.338 wiederholt.

(80) Auch aus den gemeinsamen Auslassungen der malerischen Darstellung des Mk lässt sich das erkennen: "... and they omit the colorful action and dialogue in Mk 49b-50. The Mark known to Matthew and Luke may have given this briefer, simpler form of the story ". *A.a.O.* 410.

(81) Schmid, *Matthäus*, 173. Vgl. auch Schmid, Art. *Synoptiker*, 1243, wo er die Schaffung der Dublette Mt 9,27-31 auf die " schriftstellerische Absicht " des Mt zurückführt.

zeigt: das Berühren der Augen (V.29) ist parallel mit Mt 20,34 gegen Mk 10,52; die Hervorhebung des Glaubens (V.29) geht zusammen mit Mk 10,52 gegen Mt 20,34. Zur Erklärung der Zweizahl lehnt er es jedoch ab, den Einfluss der von Mt übergangenen Perikope Mk 8,22-26 anzunehmen ([82]). Das Argument, dass hier wie bei Mt 9,29 und 20,34 die Blinden durch Berührung geheilt werden, hält er nicht für ausschlaggebend, weil bei Mt 8,28-34 ebenfalls von zwei Besessenen statt eines einzigen bei Mk 5,1-20 die Rede sei ([83]).

P. Gaechter spricht deutlich die Ansicht aus, dass in beiden Mt-Texten nur von einem einzigen Wunder die Rede sei ([84]). Er beruft sich dabei auf die von der traditionsgeschichtlichen Forschung erarbeitete Tatsache, dass Mt — wie auch die übrigen Evangelisten — in seinem Evangelium nicht alle Einzelstücke nach dem historischen Ablauf der Tätigkeit Jesu berichtet, sondern den Stoff einem künstlichen Rahmen einordnet. Im einzelnen nimmt er für das Schweigegebot V.30 einen Einfluss von Mk 5,43 (par Lk 8,56) an, weil bei Mt die Perikope von der Jairustochter (Mk 5,21-43 par Mt 9,18-26) unmittelbar vorausgehe, aber ohne das genannte Schweigegebot ([85]). Gaechter erwähnt aber auch die enge Verwandtschaft von VV.30-31 mit Mk 1,43-45, "nach dessen Muster Mt 9,30 geformt sein dürfte. Das geschah, wie die identischen griechischen Ausdrücke zeigen, innerhalb der griechischen Tradition, so dass auch hier die Formel zu Recht besteht: Die im hebr. Mt ebenso wie in der griechischen mündlichen Tradition enthaltene Erzählung von der Blindenheilung Mt 9,27-30a = Mt 20,29-34 erhielt im griechischen Raum als sekundären Zuwachs das Schweigegebot und wurde samt diesem vom griechischen Übersetzer an Stelle der kürzeren Erzählung des hebr. Mt als Mt 9,27-31 eingesetzt. Das ist um so verständlicher, als sich das Schweigegebot besser an die Blindenheilung anschliesst als in Mk Lk an die Auferweckung des Töchterchens des Jair" ([86]). Bei Mt 20,29-34 dagegen stehe das Schweigegebot im Widerspruch mit dem Abschluss der Erzählung, woraus wieder der sekundäre Charakter dieser Vorschrift erkennbar werde. Im Gegensatz dazu hält Gaechter aber die Zweizahl des Mt für eine ursprüngliche Angabe. Die Reduktion auf einen einzigen Blinden führt er auf Vergesslichkeit zurück ([87]), für eine Verdopplung habe Mt keinen Anlass gehabt, vielmehr gingen seine Angaben auf gute Kenntnis zurück ([88]).

([82]) SCHMID, *Matthäus*, 296-7.

([83]) Schmids Auffassung von 9,27-31 als Dublette zu 20,29-34 übernimmt auch ZEHRER, *Einführung*, 48.

([84]) P. GAECHTER, *Das Matthäus Evangelium*, Innsbruck-Wien-München 1963, 304.

([85]) GAECHTER, *a.a.O.* 305.

([86]) GAECHTER, *a.a.O.* 305.

([87]) Vgl. GAECHTER, *a.a.O.* 653.

([88]) GAECHTER, *a.a.O.* 653.

F. Zehrer [89] beschäftigt sich, angeregt durch die Kritik, ausdrücklich mit der Frage des Verhältnisses beider Stücke zueinander. Er bekennt sich aufgrund der parallelen Züge zu einem einzigen Wunder und führt dazu wieder die Heilung von *zwei* Blinden, die Berührung der Augen, die Bedeutung des Glaubens für die Heilung und die Anrufung Jesu als Sohn Davids an. Dieser misst er besonderes Gewicht bei [90]. Der Autor stellt sich die Frage, welche von beiden Stellen den geschichtlichen Platz des Wunders angibt und schreibt dann: " Bei dem in den Evangelien deutlich erkennbaren Bestreben Jesu, das Messiasgeheimnis... bis zum Ende seines Lebens zu wahren, ist es unwahrscheinlich ", dass Jesus sich " bereits in der Frühzeit seines Wirkens, der die Perikope Mt 9,27-34 auf Grund ihrer Einreihung im Matthäusevangelium zuzuweisen wäre, mit dem Messiastitel ' Sohn Davids ' anreden liess " [91]. Zehrer ist eher der Ansicht, die Blindenheilung habe sich erst " unmittelbar vor der Passion " ereignet und schliesst, dass Mt 9,27-31 " mit grosser Wahrscheinlichkeit " " als Vorausnahme der Blindenheilung von Jericho... anzusehen ist " [92].

A. Wikenhauser erwähnt nur nebenbei, dass Mt 9,27-31 nicht aus Mk übernommen ist. Er fasst das Stück aber auch nicht als Dublette zu 20,29-34 auf, wie besonders die von ihm gebrachte Gegenüberstellung von 9,32-34 und 12,22-24 zeigt [93].

Im Kommentar von J. Schniewind [94] zu dieser Stelle findet sich gleich anfangs die Bemerkung, dass Mt 9,27-31 ebenso wie 9,32-34 noch ein zweites Mal im Evangelium verwendet wird, und es wird auch der Grund für diese Verdoppelung angegeben. Die Erklärung geht wie bei Zehrer von der Bezeichnung Jesu als Sohn Davids in 20,29-34 aus, die aus dem Zusammenhang mit dem AT und dem Kontext der Stelle interpretiert wird. Der Autor betont den messianischen Charakter der Blindenheilung, die an Is 29,18 und 35,5 erinnere, und hebt neben dem wörtlichen Verständnis die vergeistigte Auffassung hervor, die an diese Stellen geknüpft wurde. Besonders von Is 42,7 bemerkt er: " Hier verschlingt sich die Hoffnung auf das Heil für die leiblich Blinden mit der Erwartung, dass die innere Blindheit überwunden wird " [95]. In dem gleichartigen Inhalt der Perikope 20,29-34 findet der Verfasser den Anlass, warum sie der Evangelist

---

(89) F. ZEHRER, *Synoptischer Kommentar*, II, Klosterneuburg 1963.
(90) ZEHRER, *a.a.O.* 161.
(91) ZEHRER, *a.a.O.* 162.
(92) ZEHRER, *a.a.O.* 162.
(93) WIKENHAUSER, *Einleitung*, 175.
(94) J. SCHNIEWIND, *Das Evangelium nach Matthäus*, Göttingen [11]1964.
(95) SCHNIEWIND, *a.a.O.* 123.

auch noch 9,27-31 verwendet. "Dies Höchste, das am Zielpunkt der Geschichte Jesu ausgesprochen wird, wird von Mt hier schon vorweggenommen. Unsere Erzählungsreihe (96) sollte ja das ganze Bild des Messias in seinen Taten enthüllen, und mit dem Bericht dieser Wunder wird 11,5f vorbereitet. Hier am Schluss unserer Erzählungen wird der Messiasname Davidsohn ausdrücklich genannt: Jesus ist der verheissene Gottkönig" (97). Den wesentlichen Grund für die doppelte Verwendung des Stückes sieht Schniewind also darin, dass es exemplarisch mit anderen Wundern für den Leser die Erfüllung der Isaiasprophetie (Mt 11,5-6: Blinde sehen) durch Jesus erweisen soll. Die Frage, ob Mt die Perikope zu diesem Zweck aus eigenem umgestaltet hat, oder ob ihm der Text schon aus einer anderen Quelle vorlag, erörtert der Autor nicht.

X. Léon-Dufour nennt Mt 9,27-31 "einen 'verirrten' Text aus dem Sondergut des Mt" (98), der nach seiner Ansicht mit Hilfe des Schweigegebots die These des Messiasgeheimnisses beweisen soll. Die u. a. von Bultmann vertretene Annahme der Bildung dieses Textes nach mk Vorbild hält er für blosse "Ausflucht" (99).

E. Haenchen (100) schliesst sich der Mehrzahl der Exegeten an, die die Abhängigkeit der Mt-Perikope 20,29-34 von Mk betonen. Die Verdoppelung der Zahl schreibt er der Überlieferung zu, die Mt aufgegriffen habe. In dieser Linie liegt auch, dass Haenchen bei 9,27-31 vermutet, es handle sich "um eine in der mündlichen Überlieferung entstandene Variante". Ob und wie weit Mt diese Tradition dann bearbeitet hat, wird von ihm nicht mehr diskutiert (101).

Die interessanten und ausführlichen Bemerkungen G. Streckers (102) können, wie die vorausgehenden Fälle, hier nur referierend angeführt werden. Er schliesst sich der Meinung Kilpatricks (103) an, dass Mt verschiedentlich "Überlieferungen benutzt, die z. T. im vormatthäischen, mündlichen Stadium von der Markustradition abhängig sind". Diese Auffassung vertritt Strecker auch für Mt 9,27-31, obwohl er eine nachträgliche Überformung durch den Evangelisten zugibt. Als

---

(96) Gemeint ist Mt 8-9.

(97) SCHNIEWIND, *a.a.O.* 123.

(98) X. LÉON-DUFOUR, *Die synoptischen Evangelien*, in: ROBERT-FEUILLET, *Einleitung*, II, 123-305; 195.

(99) LÉON-DUFOUR, *a.a.O.* 195.

(100) E. HAENCHEN, *Der Weg Jesu. Eine Erklärung des Markus-Evangeliums und der kanonischen Parallelen*, Berlin 1966.

(101) HAENCHEN, *a.a.O.* 370-1.

(102) STRECKER, *Weg*, 199, Anm. 4.

(103) G. D. KILPATRICK, *The Origins of the Gospel according to St. Matthew*, Oxford ²1950, 41.70 u.ö.

für Mt typische Züge führt er an: die Konstruktion der Einleitung, die Ähnlichkeit mit 8,23 hat; die wiederholte Verwendung der Zweizahl (8,28; 20,29 und 26,60) und das Motiv des Glaubens, der bei 8,13 und 15,28 eigens hervorgehoben wird, wenn auch schon von den Vorlagen seine Bedeutung unterstrichen wurde (9,2.22 par; Mk 10,52). Weiters nennt Strecker als mt Ausdrücke noch παράγοντι, ἐκεῖθεν, προσῆλθον, ἥψατο, τότε, ἀνεῴχθησαν und ἐν ὅλῃ τῇ γῇ ἐκείνῃ, begründet aber seine Beurteilung nicht näher. Aus den zitierten Stellen schliesst er auf " starke Überarbeitung und schriftliche Fixierung durch den Redaktor " (104). Die " weitergehende Folgerung matthäischer Urheberschaft " (105) hält er dagegen für problematisch. Deswegen spricht er sich auch gegen die Meinung Helds (106) aus, dass Mt bei 9,27-31 die Perikope 20,29-34 als Ausgangspunkt nehme, wobei Mk 10,46-52 dann nur indirekt überarbeitet sein könnte. Im Fall einer literarischen Gestaltung der einen Perikope nach dem Vorbild der anderen, die Strecker nicht vertritt, möchte er eher umgekehrt " dem Gang der Komposition entsprechend " Mt 9,27-31 als Vorlage für 20,29-34 ansehen (107). Als Indizien, die gegen eine völlige textliche Gestaltung der Perikope durch Mt sprechen, bewertet er besonders die sprachliche Verwandtschaft mit Mk 10,46-52, stärker aber noch die davon unabhängigen mk Züge, die eine enge Bindung an Mk 1,40-45 verraten. Für wahrscheinlicher hält er deshalb schon die Ansicht Bultmanns (108), es handle sich um " sekundäre schriftstellerische Arbeit des Matthäus ", der Elemente aus fremden Traditionen miteinander verknüpft habe. Strecker lehnt aber auch diese Auffassung als unbefriedigend ab, weil es sich dabei um Motive handelt, " die der Redaktor an anderer Stelle zu tilgen sucht ", was z. B. aus Mt 8,1-4 verglichen mit Mk 1,40-45 ersichtlich sei. Weiters führt er an: " Schweigegebote... und οἰκία -Motiv... sind ursprüngliche Bestandteile der markinischen Messiasgeheimnistheorie, zu denen sich im matthäischen Redaktionsgut keine Entsprechungen finden; und auf Grund der spezifischen christologischen Konzeption wird das markinische ἐμβριμᾶσθαι (V.30) sonst von Matthäus vermieden. Das spricht gegen matthäische Verfasserschaft und für eine vormatthäische mündliche Tradition, die — wie die Markusparallelen erkennen lassen — dem Markustypus folgt " (109). Um das Schweigegebot Mt 9,30 als unmatthäisch zu erweisen, beruft er sich auf die Auslassung

(104) STRECKER, *a.a.O.* 199, Anm. 4.
(105) STRECKER, *a.a.O.* 199. Anm. 4.
(106) HELD, *Wundergeschichten*, 209.212-13.
(107) STRECKER, *a.a.O.* 199, Anm. 4.
(108) BULTMANN, *GsynTr*, 228.
(109) STRECKER, *a.a.O.*, Fortsetzung der Fussnote 4 auf Seite 200.

dieses Zuges bei Mt 9,26 (gegen Mk 5,43 par Lk 8,56) und Mt 17,22 (gegenüber Mk 9,30).

E. Lohmeyer hat weder bei 9,27-31 noch bei 20,29-34 eine Notiz, dass beide Blindenheilungen dasselbe Wunder darstellen könnten ([110]). Ihm liegt vor allem daran herauszustellen, welcher theologische Inhalt hinter den verschiedenen Formulierungen der beiden Perikopen verborgen ist. Seine Bemerkungen zu Mt 20,29-34 weichen aber von der Auffassung der meisten übrigen Exegeten ab. Während für gewöhnlich Lk 18,35-43 und Mt 20,29-34 als Parallelen aufgefasst werden, die von Mk 10,46-52 abhängen, ist Lohmeyer der Ansicht, dass Mt dabei eine von Mk verschiedene Tradition verwendet ([111]). Er führt für seine Unterscheidung eine Reihe von Gründen an: Neben den zwei Blinden bei Mt gegenüber einem bei Mk fällt ihm die stumme Art der Heilung bei Mt auf, die bei Mk durch ein Wort geschieht. Diesen Zug findet Lohmeyer besonders deswegen befremdlich, weil " sonst gerade das Umgekehrte gilt: bei Mt heilt Jesus durch das Wort, bei Mk durch Gebärden " ([112]). In V.30 erkennt er die Mk-fremde Vorlage " an der asyndetischen Häufung der Partizipien, die ihm sonst fremd ist "; die Formel " Jesus geht vorüber " schreibt er derselben Quelle zu ([113]). — Für Mt 9,27-31 ist diese Interpretation Lohmeyers zwar nur indirekt wichtig, aber wegen der Verknüpfung der vier Perikopen ist sie nicht ohne Bedeutung.

Eine sehr ausführliche, aber vor allem theologische Stellungnahme zum Stoff Mt 9,27-31 bietet H. J. Held. Summarisch spricht er zunächst von Mt 20,29-34 als Wiedererzählung von Mk 10,46-52 und von Mt 9,27-31 als einer neuen Darbietung desselben Stoffes ([114]), " für die keine direkte synoptische Parallele zu erkennen ist " ([115]). Als Grund der Kürzung, die man bei 9,27-31 gegenüber Mk 10,46-52 beobachtet, gibt er die von Mt beabsichtigten Glaubensaussagen an. Held stellt fest, dass Mt die Stücke 9,18-26 und 27-31 nur aufgrund des Themas " Glaube " zusammengestellt hat: " Es kommt in unserem jetzigen Zusammenhang nur auf die Heilungsformel Jesu an, durch die er das Wunder der Blindenheilung vollzieht (Mt 9,29): κατὰ τὴν πίστιν ὑμῶν γενηθήτω ὑμῖν. Dieser Ausspruch Jesu beschreibt genau den in den beiden Wundergeschichten Mt 9,18-26 dargestellten Sachverhalt " ([116]).

([110]) E. Lohmeyer-W. Schmauch (Hg), *Das Evangelium des Matthäus*, Göttingen [4]1967, 179-80; 292-3.

([111]) Lohmeyer, *a.a.O.* 292-3.

([112]) Lohmeyer, *a.a.O.* 292.

([113]) Lohmeyer, *a.a.O.* 293.

([114]) Held, *Wundergeschichten*, 168.

([115]) Held, *a.a.O.* 202.

Bei der Behandlung der Form der Wundergeschichten werden Mt 20,29-34 und 9,27-31 genauer erörtert ([117]). Über die schon von anderen festgestellten Gemeinsamkeiten beider Perikopen hinaus sieht der Verfasser darin einen verbindenden Zug, dass die Heilung nicht sofort stattfindet, " sondern erst nach einer erneuten Bitte der Blinden " ([118]), wie er die Einleitung von Mt 9,28 ἐλθόντι δὲ εἰς τὴν οἰκίαν προσῆλθον αὐτῷ οἱ τυφλοί interpretiert ([119]). Ausser παράγειν, ἀκολουθεῖν und ἅπτεσθαι hebt Held noch " ein eigentümliches Wechselgespräch mit den Bittstellern " als beiden Heilungswundern gemeinsames Element hervor ([120]). Abschliessend fasst er das Verhältnis beider Perikopen zu Mk folgendermassen zusammen: " ... Matthäus hat die Blindenheilung Mk 10,46-52 zweimal wiedererzählt, einmal in enger Anlehnung an das Vorbild des Markus (Mt 20) und das zweite Mal in grösserer Freiheit von diesem Vorbild (Mt 9). Die zweite Wiedererzählung ist dabei viel matthäischer ausgefallen als die erste, in der die Bindung an die Markusvorlage strenger gewahrt wurde " ([121]). Als Kennzeichen des Mt-Stils bewertet Held auch die Einleitung (verglichen mit 9,28 und 8,23), die Setzung des Davidssohntitels nach dem Anruf (wobei er für Mt 9,27; 15,22 und 20,30.31 auf den Gegensatz zu Mk 10,47.48 und Lk 18,38.39 hinweist) und die Gewährung der Heilung 9,29 (verglichen mit 8,13 und 15,28). Aufgrund dieser zahlreichen Merkmale mt Bearbeitung rechnet Held im Gegensatz zu Strecker gar nicht mehr mit der Möglichkeit, dass der Evangelist bloss eine vor-mt Quelle überarbeitet haben könnte.

Bei der Besprechung des theologischen Gehalts von 9,27-31 findet der Autor in 9,29 (κατὰ τὴν πίστιν ὑμῶν γενηθήτω ὑμῖν) den " Höhepunkt der ganzen Perikope " ([122]). Mt habe das " ganze Stück um das Thema des rettenden Glaubens " konzentriert und dafür auch das Gespräch umgestaltet ([123]). Diese theologische Zielsetzung der Perikope ist nach seiner Meinung eine völlig ausreichende Erklärung für ihre sprachliche Form: " Will man ein Urteil über die Form dieser Blindenheilung fällen, so muss man sagen, dass Matthäus hier keine Wundergeschichte bietet, sondern eine Art ideale Szene, in der er das Wesen des zum Wunder gehörigen Glaubens zur Anschauung bringt. Er lässt alle entbehrlichen Einzelheiten sorgfältig fort, um eine wirklich typische Geschichte zu erhalten.

---

(116) HELD, *a.a.O.* 170.
(117) HELD, *a.a.O.* 207-13.
(118) HELD, *a.a.O.* 208.
(119) HELD, *a.a.O.* 208, Anm. 1.
(120) HELD, *a.a.O.* 208.
(121) HELD, *a.a.O.* 208.
(122) HELD, *a.a.O.* 212.
(123) Vgl. HELD, *a.a.O.* 212.

Es ist also zwar richtig, dass er nicht mit Liebe erzählt; aber es ist unangemessen, hier ' lediglich ' eine sekundäre Variante zu Mt 20,29-34 zu sehen. Denn Matthäus hat mit grosser Sorgfalt diese Variante gestaltet, zwar nicht als Erzähler, wohl aber als Lehrer, der über den Glauben unterweist " ([124]).

Mit dieser Stellungnahme soll auch die theologisch-literarische Diskussion der Mt-Perikopen, in der es mehr um den prinzipiellen Stand der Diskussion als um Vollständigkeit ging, ihren Abschluss finden.

B. Lk 21,14-15 (12,11-12)

Der kurze Abschnitt Lk 21,14-15 zeigt eine Verwandtschaft mit mehreren Texten. Bei Mk entspricht ihm 13,11, bei Mt der Stoff von 10,19. Der in der Dublettenfrage interessanteste Text ist aber Lk 12,11-12. Von diesem gehen manche Beziehungen nicht bloss zu Lk 21,14-15, sondern auch zum Kontext der Parallelen dieses Abschnitts, sodass überhaupt Mk 13,9-13, Lk 21,12-19 und Mt 10,17-22 verglichen werden müssen. Überraschenderweise hat Mt dazu eine weitere Parallele in 24,9-13, wobei die beiden Mt-Stücke wiederum im Dublettenverhältnis stehen.

Die anschliessende Übersicht über den Stand der Frage soll zeigen, wie das literarische Verhältnis dieser Stellen interpretiert wird.

A. Fonseca, der der Zweiquellentheorie negativ gegenübersteht, bespricht zuerst Mt 24,9-14 und Lk 21,12-19 und hält diese Stücke für den Niederschlag mündlicher Traditionen, die untereinander und auch von Mk 13,9-13 verschieden seien ([125]). Um das Verhältnis der übrigen zwei Stellen Mt 10,17-22 und Lk 12,11-12 erklären zu können, scheint ihm ein gewisses Mass selbständiger Entwicklung innerhalb der Überlieferung notwendig zu sein ([126]). Die Ähnlichkeit, die zwischen dem Mt- und Mk-Text vorliegt, führt der Verfasser auf eine schriftliche Quelle zurück ([127]), bestreitet aber, dass der Evangelist Mt 10,17-22 aus der eschatologischen Rede genommen habe ([128]). Zur Begründung seiner Auffassung bezieht sich Fonseca auf den Platz der Einordnung, der mit Lk 12,11-12 parallel sei, und es bestärkt ihn in seiner Meinung, dass diese Verse auch bei Lk nicht

---

([124]) Held, *a.a.O.* 212-3.

([125]) "... supponunt traditionem oralem distinctam inter se et a Mco ". *Quaestio synoptica*, 197.

([126]) "... non videntur commode explicari nisi hae sententiae vitam aliquo modo propriam in traditione habuerint ". *A.a.O.* 197-8.

([127]) Fonseca, *a.a.O.* 197 (Mt 10,17-22 und Mk 13,9-13).

([128]) Fonseca, *a.a.O.* 186; ähnlich 207.

in der eschatologischen Rede stehen. Der Autor hält es für untragbar, alle diese Texte aus einer einzigen schriftlichen Quelle abzuleiten (129). Für die Eingliederung von Lk 12,11-12 in einem Sammelkapitel sieht er im vorausgehenden Logion von der Lästerung des Geistes mit dem Stichwort ἅγιον πνεῦμα den gegebenen Anlass. Fonseca vermerkt auch das Vorkommen von ἀπολογεῖσθαι in beiden Lk-Texten und gibt dazu die Statistik innerhalb des NT an, mit der er die lk Redaktion des Wortes herausstellen will (130). Bei seinem Urteil über das Abhängigkeitsverhältnis der Lk-Texte geht er von der Tatsache aus, dass 12,11-12 sprachlich enger mit Mk 13,11 und Mt 10,19-20 (hl. Geist) übereinstimmt als der eigentlich parallele Text 21,14-15 (131). Eine Abhängigkeit des einen wie des anderen Lk-Textes von Mk ist deswegen für ihn völlig ausgeschlossen. Zugleich findet er in dieser Sachlage einen klaren Beweis gegen die Zqth (132).

K. H. Rengstorf (133) macht bezüglich der Frage des gegenseitigen Verhältnisses der Lk-Texte nur spärliche Bemerkungen. Bei Lk 21,14-15 führt er einige sprachliche Parallelen an: Is 45,16 und Lk 13,17 für die "Gegner" und Apg 4,13; 6,10.15; 7,54; 26,32 für die "Machtlosigkeit"; er wertet jedoch diese Vergleiche nicht aus (134).

W. Grundmann (135) hat ebenfalls nur relativ unergiebige Angaben zu beiden Lk-Stellen. Bei 12,11-12 sieht er in πῶς ἢ τί eine Schwierigkeit und beurteilt diese drei Worte aufgrund der Handschriften als einen "Mischtext" (136).

Zur zweiten Stelle bringt der Verfasser verwandte Texte (137). στόμα und σοφία werden in Beziehung gesetzt mit Sir 31,8, σοφίαν διδόναι erinnert ihn an Lk 2,40.52; 7,35 und 11,31. Zur geschichtlichen Entstehung der beiden Texte bzw. ihrer Einordnung in den Rahmen, was aufgrund der verglichenen Texte nahegelegen wäre, äussert sich Grundmann aber nicht.

Die Bemerkungen P. Bonnards zum Thema sind gleichfalls nicht ausführlicher als die seiner Vorgänger. Der Verfasser hat nur bei der Besprechung von Mt 24,9 (10,17.22) einige Notizen (138). Ohne weitere Begründung vertritt er

(129) "Absonum esset haec omnia ex unico fonte scripto derivare". *A.a.O.* 186.
(130) Fonseca, *a.a.O.* 214.
(131) Fonseca, *a.a.O.* 215.
(132) "Duplicatum est evidenter contra theoriam dependentiae e Mco et duorum fontium". *A.a.O.* 215.
(133) K. H. Rengstorf, *Das Evangelium nach Lukas*, Göttingen [11]1966.
(134) Rengstorf, *a.a.O.* 235.
(135) W. Grundmann, *Das Evangelium nach Lukas*, Berlin [3]1965.
(136) Grundmann, *a.a.O.* 255.
(137) Grundmann, *a.a.O.* 381, Anm. 15.
(138) Bonnard, *Matthieu*, 350.

die Einfügung des Stoffes von Mt 10,17-21, der zu Mk 13,9-13 parallel sei, durch den Redaktor. Mt 24,10-13 ist nach seiner Meinung eine Formulierung des Evangelisten, die die Erfahrungen der Mt-Kirche widerspiegelt.

Die Diskussion der Stellen durch A. Plummer (139) bezieht sich hauptsächlich auf sprachliche Einzelheiten. Das präzise Wort προμελετᾶν Lk 21,14, das nur hier im NT vorkommt und der genau entsprechende Ausdruck ist, um das Ausarbeiten einer Rede zu bezeichnen, lässt ihn wegen seiner Exaktheit an lk Redaktion denken (140). Zu στόμα zitiert Plummer Ex 4,12 ἐγὼ ἀνοίξω τὸ στόμα σου und Jer 1,9 δέδωκα τοὺς λόγους μου εἰς τὸ στόμα σου, für σοφία weist er auf Apg 6, 10 hin (141). Obwohl diese Parallelen noch nicht streng die lk Redaktion erweisen, schreibt er V. 15 dem Evangelisten zu (141).

Der Verfasser erwähnt auch die schon bekannte Tatsache, dass Lk 12,11-12 mit Mk 13,11 par Mt 10,19-20 näher verwandt ist als Lk 21,14-15 (143). Eine teilweise Erklärung für diese überraschende Feststellung findet er in der Annahme, ἢ τί Lk 12,11 könne aus Mt 10,19 stammen und erst später eingefügt worden sein, wie die Auslassungen mehrerer Handschriften vermuten liessen.

A. Schlatter vertritt bei der kurzen Besprechung von Lk 12,11-12 einen interessanten Standpunkt. Er meint, Lk habe an der Parallelstelle zu Mk 13,11 den Mk-Text durch einen Text aus Q ersetzt (21,14-15) und dann den neu eingefügten Abschnitt stark umgeformt (144). Als Element dieser lk Redaktion führt Schlatter die indirekte Darstellung an, die der Evangelist auch bei Lk 12,58 (= Mk 5,25) zum Unterschied von seiner Vorlage verwendet habe.

Von W. Larfeld werden bei der Behandlung der synoptischen Dubletten auch beide Lk-Stellen besprochen. In diesem Zusammenhang ist von Bedeutung, dass der Verfasser μὴ μεριμνήσητε Lk 12,11 der Quelle Q zuschreibt, während er μὴ προμελετᾶν 21,14 für freie Wiederholung hält (145). Bezüglich des Ursprungs von Lk 12,11-12 und 21,14-15 haben also Larfeld und Schlatter genau entgegengesetzte Ansichten.

Th. Soiron geht bei der Beurteilung der beiden Lk-Stellen davon aus, dass Lk 12,11-12 nur in einem Stichwortzusammenhang mit V.10 (ἅγιον πνεῦμα) steht,

---

(139) A. Plummer, *A Critical and Exegetical Commentary on the Gospel according to Saint Luke*, Edinburg 1964 (= [5]1922).

(140) Plummer, *a.a.O.* 479.

(141) Plummer, *a.a.O.* 480.

(142) Plummer, *a.a.O.* 479.

(143) Plummer, *a.a.O.* 321.

(144) A. Schlatter, *Das Evangelium des Lukas. Aus seinen Quellen erklärt*, Stuttgart [2]1960, 530.

(145) Larfeld, *Evangelien*, 103.

der nicht ursprünglich ist. Der entsprechende Kontext sei nur bei Mk 13,11 gegeben [146]. Der Autor folgert dann: "Daraus geht klar hervor, dass Lk 12,11-12 eine Dublette zu Lk 21,14-15 ist und dass sie durch Stichwortdisposition zustandegekommen ist" [147]. Weil das Stichwort aber nur für die Einordnung ausschlaggebend sein kann, müsste das Dublettenverhältnis erst noch genauer festgelegt werden. Die oben erwähnten kontradiktorischen Behauptungen zeigen ja sehr gut, dass eine vorläufige Beurteilung nicht genügen kann.

T. W. Manson schreibt Lk 12,11-12 der Logienquelle Q zu [148]. Bei Lk 21,14-15 ist er ebenfalls nicht sicher, ob die Stelle vom dritten Evangelisten stammt [149]. Die Verwandtschaft zwischen Mt 10,19 und Lk 12,11-12, besonders in den Gliedern μεριμνήσητε und πῶς ἢ τί, sei vielleicht durch den Einfluss von Q (= Lk 12,11-12) auf Mt zu erklären [150].

Wie Fonseca, Plummer u. a. bemerkt auch M.J. Lagrange, dass Lk 12,11-12 besser zu Mk 13,11 par Mt 10,19-20 passe als Lk 21, 14-15. Der Verfasser lässt aber nicht als Erklärung gelten, Lk habe den Stoff 12,11-12 aus der Parallelstelle zu Mk 13,11 entnommen und die Lücke mit Worten aufgefüllt, die stark von Mk und Mt abweichen. In der Einordnung von Mt 10,19-20 erblickt Lagrange vielmehr eine Bestätigung dafür, dass der Evangelist die Worte als schon früher gesprochen einschätzte [151].

Neben dieser allgemeinen Charakterisierung der Lk-Perikope geben für den Standpunkt Lagranges in der literarkritischen Frage einige Einzelheiten weiteren Aufschluss. Ein zweimaliges Setzen von ἢ τί durch Lk scheint dem eleganten Stil des Evangelisten nicht zumutbar zu sein, und der Verfasser hält darum eine Auslassung des ersten für vertretbar. Nach seiner Ansicht geriet diese Partikel wahrscheinlich erst später in den Lk-Text hinein und könnte auch eine geläufige Redensart sein [152]. Aus Lk 12,12 analysiert Lagrange den literarischen Geschmack des Lk, der die kausative Darstellung der direkten Ausdrucksweise, wie sie Mk und Mt gebrauchen, vorziehe [153]. Bei der

---

(146) Soiron, *Logia*, 101.132.

(147) Soiron, *a.a.O.* 132.

(148) T. W. Manson, *The Teaching of Jesus. Studies of its Form and Content*, Cambridge 1963, 169.199, Anm.7.

(149) Manson, *a.a.O.* 169.

(150) Manson, *a.a.O.* 221.

(151) "Il pensait donc que ces mêmes paroles avaient déja été dites plus tôt". Lagrange, *Luc*, 356.

(152) "il est vraisemblable que ces mots ont été écrits d'apres Mt, ou comme une locution courante". *A.a.O.* 357.

(153) Lagrange, *a.a.O.* 357. Vgl. Seite 52, Anm. 5.

zweiten Perikope Lk 21,14-15 bringt der Autor für den Ausdruck τίθεσθαι ἐν ταῖς καρδίαις die Parallele Apg 5,4 und stellt fest, dass die Wendung im hebräischen (Dan 1,8) und griechischen Sprachgebrauch bezeugt sei (154). Die Quellenfrage, die dadurch schwierig wird, behandelt er aber nicht. Obgleich der Ausdruck sowohl einer Vorlage angehören als auch redaktionell sein kann, wird man ihn doch Lk zuschreiben, da ihn dieser in beiden Schriften verwendet.

J. Schmid nimmt ziemlich ausführlich zu den zwei Lk-Texten und im Zusammenhang damit auch zu Mt 10,17-22 und den Parallelen Stellung. Sein Ausgangstext ist Mk 13,9-13. Während Lk im allgemeinen diesem Mk-Text folge, habe Mt den Stoff in seine Jüngerrede vorausgenommen (10,17-22). Dabei sei der Mt-Text so eng an die Mk-Vorlage gebunden, " dass die literarische Beziehung ausser Zweifel steht " (155). Ein Indiz dafür findet Schmid auch im Inhalt: Die Verfolgungen, die in dem Abschnitt Mt 10,17-22 geschildert werden, sind nach seiner Meinung viel grösser, als dass sie zur Jüngermission passten (156). Mt 24,9-14 ist dann " an der Parallelstelle zu Mk eine knappere Fassung des gleichen Stükkes " (157), aber freier formuliert (158). Aufgrund dieses engen Textverhältnisses kritisiert Schmid die Ansicht Lagranges (159), die Verwandtschaft zwischen Mt und Mk erkläre sich aus derselben mündlichen Überlieferung, aus der beide Texte stammten (160).

Wie schon erwähnt, vertritt Schmid trotz des ziemlich grossen Unterschieds im Wortlaut auch für Lk 21,12-19 die Abhängigkeit von Mk. Dass " Mk und nicht eine Sonderüberlieferung die Vorlage des Lk war, geht mit aller Deutlichkeit daraus hervor, dass Vers für Vers sich bei Mk und Lk entsprechen " (161). Schmid empfindet es aber doch als Problem, dass sich Lk 12,11-12 fester an Mk 13,11 anschliesst als der Paralleltext 21,14-15 (162). Er meint dazu: " Diese Tatsache ist nicht dadurch zu erklären, dass Lk jene zwei Mk-Verse aus ihrem Zusammenhang herausgenommen hat, um sie an anderer Stelle einzufügen und an der ursprünglichen Stelle in etwas veränderter Fassung zu wiederholen. Für ein solches Verfahren, das eine vollkommene Analogie zu dem des Mt böte, findet sich bei Lk auch kein weiteres Beispiel. Vielmehr entstammt Lk 12,11f einer

---

(154) Lagrange, *a.a.O.* 357.
(155) Schmid, *Matthäus und Lukas*, 151.
(156) Vgl. Schmid, *a.a.O.* 269.
(157) Schmid, *a.a.O.* 151.
(158) Vgl. Schmid, *a.a.O.* 268.
(159) Lagrange, *Matthieu*, 203.
(160) Schmid, *a.a.O.* 269, Anm. 1.
(161) Schmid, *a.a.O.* 269.
(162) Schmid schreibt irrtümlich Mk 13,9f (269) statt Mk 13,11.

anderen Quelle, die ihm schon den Abschnitt 12,4-12 als eine literarische Einheit bot. Dass Lk hier nicht den geringsten Einfluss von Mk zeigt, ist sonnenklar "(163).

Schmid beobachtet auch die gemeinsamen Abweichungen des Lk und Mt von Mk, misst ihnen aber keine Bedeutung zu. Als solche Übereinstimmung nennt er ἐπὶ ἡγεμόνας... ἀχθήσεσθε (Mt) und ἀπαγομένους ἐπί... ἡγεμόνας (Lk), wofür Mk V. 9 ἐπὶ ἡγεμόνων... σταθήσεσθε hat. Ausserdem führt er die Ersetzung von καί (Mk V. 11) durch δέ (Mt und Lk) an (164). Dass προμεριμνᾶτε von den Seitenreferenten durch das Simplex μεριμνήσητε wiedergegeben wird, findet er ohne weiteres verständlich, ebenso die letztgenannte gemeinsame Änderung. Er beruft sich dabei auf die Seltenheit des Wortes προμεριμνᾶν, das im AT und NT nur an dieser Stelle vorkomme und im vor-mk Griechisch überhaupt nicht belegt sei (165). Schmid erwähnt auch die parallele Erweiterung πῶς ἢ τί ... bei Mt und Lk für τί ... bei Mk und empfindet nun eine gewisse Schwierigkeit. Weil die drei letzten Änderungen in einem sehr kurzen Text vorkommen, und auch wegen der Eigenart der Erweiterung durch πῶς sieht er hier keine Möglichkeit mehr, diese Übereinstimmungen auf eine jeweils unabhängige Redaktion durch Mt bzw. Lk zurückzuführen. Der Autor glaubt einen Ausweg zu finden, indem er mit Ausnahme von ἀπολογεῖσθαι, das nach der Statistik " unverkennbar lukanisch " ist, alle " Abweichungen des Lk vom Mk, einschliesslich derer, die auch Mt hat, auf die Quelle von Lk 12,4-12 " zurückführt (166). Von dieser hypothetischen Quelle nimmt Schmid an, dass sie auch Mt vorgelegen sei (167), sodass sich die Gemeinsamkeiten leicht erklären liessen. Zur Perkikope Lk 21,14-15 bemerkt er nur, dass der Text stark von Mk 13,11 abweicht (168).

Obwohl erst die stilistische Untersuchung der Texte eine genauere Antwort auf die eigenwillige These Schmids geben kann, soll doch schon hier vermerkt werden, dass seine Auffassung aus mehreren Gründen unwahrscheinlich ist und vor allem die Frage des Kontextes unbeantwortet lässt. Wenn sich Lk bei 21,12-19 trotz der relativ freien Textfassung Vers für Vers an Mk hält, wie Schmid behauptet (169), ist nicht begreiflich, warum er den mit Mk genauer

---

(163) SCHMID, *a.a.O.* 269-70.

(164) Hier ist bei Schmid καί von V.11 mit καί von V.13 verwechselt, denn καί bei Mk wird nur in den Parallelstellen zu V.11 ersetzt. In den Parallelen zu V.13 steht es auch bei Mt und Lk.

(165) SCHMID, *a.a.O.* 270, Anm. 3.

(166) SCHMID, *a.a.O.* 270, Anm. 4.

(167) SCHMID, *a.a.O.* 270-1.

(168) SCHMID, *a.a.O.* 271.

(169) SCHMID, *a.a.O.* 269.

übereinstimmenden Text Lk 12,11-12, der ihm aus der postulierten Quelle zur Verfügung stand, nicht anstelle von Lk 21,14-15 eingesetzt hat. Dass der letztgenannte Text stark von Mk abweicht, hat ja der Autor selber zugegeben (170). Es ist auch nicht berechtigt, gegen eine Vorverlegung des Textes Lk 12,11-12 und die Auffüllung der Lücke durch Lk selbst die Einmaligkeit eines solchen Vorgehens anzuführen. Ausserdem ist die Forderung einer eigenen Quelle für Lk 12,4-12 problematisch, wie die Einzeluntersuchung zeigen wird.

In seinem Lukaskommentar behandelt Schmid die literarkritische Frage nicht genauer und erwähnt nur die Anknüpfung des Textes Lk 12,11-12 an V. 10 mit dem Stichwort πνεῦμα ἅγιον (171). Zu Lk 21,14-15 hat der Verfasser, wie bei dem zuerst besprochenen Mt-Stück, seine Ansicht gegenüber früher geändert. Er meint nun: " In V. 14f formuliert Lk den Gedanken von Mk 13,11 vollständig neu, um nicht 12,11f fast wörtlich zu wiederholen " (172). Der verwandte Wortlaut von V. 15 und Apg 6,10 veranlasst den Autor zu dem Urteil, " dass Lk hier u.a. an die Steinigung des Stephanus denkt " (173). Zu ἀντιστῆναι und ἀντειπεῖν wird auf Apg 4,14; 6,10 und 26,28 verwiesen. Obwohl man diese Stellungnahme Schmids zu Lk 21,12-15 auch bloss als aussere Beobachtung auffassen kann und sie nicht genetisch gemeint sein muss, scheint sie doch teilweise das Gegenteil dessen zu sagen, was der Verfasser in der Abhandlung " Matthäus und Lukas " (174) ausgeführt hat.

R. Bultmann vertritt die Meinung, Mt 10, 17-22 sei vom Evangelisten aus dem Zusammenhang der eschatologischen Rede (Mk 13,9-13) entnommen und neu eingeordnet worden. Bei Mt 24 habe er aber dann nochmals " Mk reproduziert " (175). Ohne näher darauf einzugehen, erklärt er auch Lk 21,15 als Anfügung des Lk (176).

Nach der Auffassung W. G. Kümmels (177) gehören die zwei Lk-Stellen zu den Dubletten, die er im allgemeinen auf die zwei Quellen Mk und Q verteilt. Bei der fraglichen Lk-Dublette und ihren verwandten Texten führt der

---

(170) SCHMID, *a.a.O.* 271.
(171) J. SCHMID, *Das Evangelium nach Lukas*, Regensburg [4]1960, 217.
(172) SCHMID, *a.a.O.* 307.
(173) SCHMID *a.a.O.* 307.
(174) SCHMID, *Matthäus und Lukas*, 269. Trotz dieser Revision, die Schmid selber vollzogen hat, musste auch auf seine frühere Ansicht eingegangen werden, da bisher nirgends ausführlich dazu Stellung genommen wurde.
(175) BULTMANN, *GsynTr*, 129. Vgl. SCHMID, *Matthäus und Lukas*, 151.268-9.
(176) BULTMANN, *a.a.O.* 353.
(177) KÜMMEL, *Einleitung*, 35.

Verfasser Mt 24,9.13 und Lk 21,12.17.19 auf Mk zurück; die Stücke Mt 10,19-20.22 und Lk 12,11-12 schreibt er der Logienquelle zu (178).

H. Conzelmann äussert sich an mehreren Stellen vor allem zum Inhalt und zur Theologie der betreffenden Texte. Für das ganze Kapitel Lk 21 lehnt er eine nicht-mk Quelle zusätzlich zu Mk ab und beurteilt die starke Abweichung als Redaktion des Lk (179). Bei V. 14 spricht er von der Psychologisierung des Textes durch Lk und ist mit E. Grässer (180) der Meinung, dass sich die Verse 12-19 auf die in der Apg geschilderten Ereignisse beziehen (181). Wie vor ihm schon andere hält auch er die Änderung von der direkten zur indirekten Ausdrucksweise für lk (182).

Zusammenfassend ergibt sich: Die Stellungnahme der einzelnen Exegeten zu Lk 12,11-12 und 21,14-15 ist in ihrer Art ebenso vielfältig wie bei Mt 9,27-31 und 20,29-34 und verlangt gleichfalls eine quellenkritische Untersuchung, die über gelegentliche Bemerkungen hinausgeht. Die Auffassungen reichen ja von der Annahme einer eigenen Quelle für jeden der Lk-Texte bis zur gegenteiligen Behauptung redaktioneller Bildung, wobei beide Stellen in sehr verschiedener Weise zum Mk-Text in Beziehung gesetzt werden.

Methodisch muss auch bei dieser Dublette untersucht werden, ob und wie weit eine Verwandtschaft mit dem lk Stil nachweisbar ist. In dem Mass, als sich das feststellen lässt, ist indirekt auch über den Einfluss einer von Mk verschiedenen Quelle entschieden.

---

(178) KÜMMEL, *Einleitung*, 35.

(179) H. CONZELMANN, *Die Mitte der Zeit*, Tübingen ⁵1964, 116.

(180) E. GRÄSSER, *Das Problem der Parusieverzögerung in den synoptischen Evangelien und in der Apostelgeschichte*, Berlin ²1960, 160.

(181) CONZELMANN, *a.a.O.* 119 und Anm. 2.

(182) CONZELMANN, *a.a.O.* 196, Fortsetzung der Anm. 2 von Seite 195 und 211, Anm. 1.

III. STILISTISCHE UNTERSUCHUNG

A. *Mt* 9,27-31; *Mt* 20,29-34 *par Mk* 10,46-52 *par Lk* 18,35-43

Mt 20,29-34 par Mk 10,46-52 par Lk 18,35-43 stehen im Ablauf der Evangelien an paralleler Stelle. Mt 9,27-31 hat dem Rahmen nach einen besonderen Platz, und man wird darum von den beiden Mt-Texten zunächst eher diesen für sekundär halten als den anderen. Die Gleichheit der Einordnung der ersten drei Perikopen lässt sich leicht aus derselben Reihenfolge der unmittelbar vorausgehenden Stücke ablesen: Bei Mk gehen die dritte Leidensankündigung (10,32-34) und die Perikope von den Zebedäussöhnen (10,35-45) voran, die bei Mt 20,17-19.20-28 in gleicher Ordnung ihre Entsprechung haben. Die Leidensankundigung steht auch bei Lk am selben Platz (Lk 18,31-34), nur die Belehrung der Zebedäussöhne wird vom Evangelisten erst im Passionsbericht gebracht (1).

1. παράγειν

Das Wort kommt innerhalb der synoptischen Evangelien nur je dreimal bei Mt (9,9.27; 20,30) und Mk (1,16; 2,14; 15,21) vor. Im Lk-Ev und in der Apg fehlt es (2). Im folgenden werden nun die einzelnen Stellen synoptisch untersucht, um den Anteil des Mt herauszuarbeiten.

1) Mt 9,9: καὶ *παράγων* ὁ Ἰησοῦς ἐκεῖθεν εἶδεν ἄνθρωπον καθήμενον ἐπὶ τὸ τελώνιον, Μαθθαῖον λεγόμενον, καὶ λέγει αὐτῷ· ἀκολούθει μοι.

Mk 2,14: καὶ *παράγων* εἶδεν Λευὶν τὸν τοῦ Ἀλφαίου καθήμενον ἐπὶ τὸ τελώνιον καὶ λέγει αὐτῷ· ἀκολούθει μοι.

---

(1) Die in beiden Richtungen noch weiter reichende Parallelität der Stückfolge lässt sich bei SCHMID, *Synopse*, 7-8 gut ersehen.

(2) In den meisten Fällen wird die Statistik eines Wortes nur für die Synoptiker und die Apg angeben. Weitere Schriften werden nur dann einbezogen, wenn dadurch die charakteristische Verwendung des Wortes verdeutlicht wird oder wenn seine Eigenart eine Beschränkung auf die angegebenen Schriften nicht zulässt.

Lk 5,27: καὶ μετὰ ταῦτα ἐξῆλθεν, καὶ ἐθεάσατο τελώνην ὀνόματι Λευὶν καθήμενον ἐπὶ τὸ τελώνιον καὶ εἶπεν αὐτῷ· ἀκολούθει μοι.

Gegenüber dem gleichen Rahmen (3) bei Mk und Lk ist die Perikope bei Mt neu eingeordnet. — Das Wort παράγειν liegt schon bei Mk vor. Es lässt sich leicht nachweisen, dass die Änderung der Einleitung bei Lk auf den Evangelisten zurückgeht. μετὰ ταῦτα ist eine Formel, die bei Mt ganz fehlt, bei Mk nur im unechten Schluss (16,12) vorkommt, dagegen von Lk mehrfach verwendet wird; 5,27; 10,1 (δέ); 12,4; 17,8; 18,4. In der Apg steht sie noch 7,7 (Zitat aus Gen 15,14); 13,20; 15,16 und 18,1. Bei 5,27 wird der Ausdruck gegen Mk gesetzt. 10,1; 17,8 und 18,4 stehen im Sondergut. Bei 12,4 wäre eine Auslassung durch Mt ebenso möglich wie eine Einfügung durch Lk. Aufgrund der Statistik wird man aber eher eine Einfügung des Lk annehmen müssen. ἐθεάσατο ist gleichfalls redaktionell gegen εἶδεν bei Mt und Mk. — Mk 2,13 fehlt bei Mt wohl wegen der neuen Eingliederung des Stückes.

2) Mt 9,27: καὶ *παράγοντι* ἐκεῖθεν τῷ Ἰησοῦ ἠκολούθησαν δύο τυφλοὶ κράζοντες καὶ λέγοντες· ἐλέησον ἡμᾶς, υἱὸς Δαυίδ.

Dieser Text bildet zwar die Einleitung eines Stoffes, der in anderen Gliedern mit Mt 20,29-34 und Mk 10,46-52 par Lk 18,35-43 verwandt oder parallel ist, weicht aber in der ganzen Formulierung καὶ παράγοντι ἐκεῖθεν τῷ Ἰησοῦ so stark von der Einleitung der Paralleltexte ab, dass man ihn sprachlich nicht vergleichen kann. Mt 20,29 καὶ ἐκπορευομένων αὐτῶν ἀπὸ Ἰεριχώ..., Mk 10,46 καὶ ἔρχονται εἰς Ἰεριχώ. καὶ ἐκπορευομένου αὐτοῦ ἀπὸ Ἰεριχώ ... und auch Lk 18,35 ἐγένετο δὲ ἐν τῷ ἐγγίζειν αὐτὸν εἰς Ἰεριχώ... weisen dagegen eine deutliche Zusammengehörikeit auf. Mit ἠκολούθησεν und δύο τυφλοί Mt 20,29-30 hat Mt 9,27 aber das gleiche Vokabular und dieselbe Reihenfolge des Stoffes. Ausserdem besteht eine weitere Beziehung zu Mt 20,30, wo ὅτι Ἰησοῦς παράγει dem Text von Mt 9,27 sehr nahekommt. Zur Beurteilung von παράγοντι (9,27) muss also auch παράγει (20,30) herangezogen werden.

3) Mt 20,30: (καὶ ἰδοὺ δύο τυφλοὶ καθήμενοι παρὰ τὴν ὁδόν,) ἀκούσαντες ὅτι Ἰησοῦς *παράγει*, ἔκραξαν λέγοντες· κύριε, ἐλέησον ἡμᾶς, υἱὸς Δαυίδ.

Mk 10,47: καὶ ἀκούσας ὅτι Ἰησοῦς ὁ Ναζαρηνός *ἐστιν* ἤρξατο κράζειν καὶ λέγειν· υἱὲ Δαυὶδ Ἰησοῦ, ἐλέησόν με.

(3) Von einer ausdrücklichen Untersuchung der Parallelität des Rahmens wird für gewöhnlich abgesehen, da sie sich in den meisten Fällen leicht aus einer synoptischen Übersicht, z.B. in der Synopse von SCHMID, 1-10, erkennen lässt.

Lk 18,36-38: ἀκούσας δέ... ἐπυνθάνετο...
ἀπήγγειλαν δὲ αὐτῷ ὅτι Ἰησοῦς ὁ Ναζωραῖος *παρέρχεται*. καὶ ἐβόησεν λέγων· Ἰησοῦ υἱὲ Δαυίδ, ἐλέησόν με.

Im Mt-Text ist παράγει Ersatz für ἐστίν bei Mk, für das auch Lk einen verschiedenen Ausdruck (παρέρχεται) verwendet. Abgesehen von dieser Änderung ist wichtig, dass das Wort in beiden Mt-Stücken und nur in ihnen vorkommt. Weil Mt den Stoff 20,29-34 aus Mk 10,46-52 zu nehmen scheint, wo παράγειν aber nicht steht, wird auch seine wahrscheinliche Herkunft erkennbar: In 20,30 wird es von Mt gesetzt, wodurch dasselbe auch 9,27 naheliegt. Sollte Mt 9,27-31 aber eine von Mk völlig unabhängige Tradition gleichen Inhalts darstellen, die schon παράγοντι enthielt, müsste man annehmen, dass der aus Mk übernommene Stoff Mt 20,29-34 von der zweiten Überlieferung beeinflusst wurde und Mt παράγει (20,30) von dort übernommen habe.

Ausser der Verwendung des Wortes in beiden Stücken muss auch die Stellung beachtet werden. Es ist auffallend, dass παράγοντι im Dublettenstoff des Mt (9,27) zum Unterschied von den Parallelen 20,29 par Mk 10,46 par Lk 18,35 in der Einleitung des Verses steht, während nach der Erwähnung der bzw. des Blinden ein Verb fehlt, das ἐστίν (Mk), παρέρχεται (Lk) und παράγει (Mt) entspräche. Es liegt nahe, eine Umstellung durch den Evangelisten anzunehmen, die mit der Einordnung der Perikope in Zusammenhang steht. Nach der Darstellung des Wunderabschnittes (Mt 8-9) befindet sich Jesus in Galiläa ([4]), und Mt musste also, wenn er nicht den gesamten Aufbau stören wollte, eine Notiz streichen, die das Wunder in einer ganz anderen Gegend, in Jericho, lokalisiert. So erklärt sich, dass trotz des sonst weitgehend gleichen Stoffes der Text καὶ ἐκπορευομένου αὐτοῦ ἀπὸ Ἰεριχώ (Mk 10,46) bzw. καὶ ἐκπορευομένων αὐτῶν ἀπὸ Ἰεριχώ (Mt 20,29) weggelassen wurde und dafür καὶ παράγοντι ἐκεῖθεν geschrieben wird. Eine Untersuchung beider Mt-Perikopen zeigt also eindeutig, was der Vergleich jeweils einer mit den übrigen Synoptikern nicht erbracht hat: Zumindest die Stellung von παράγοντι in Mt 9,27 geht sicher auf die Redaktion des Evangelisten zurück. Ob darüber hinaus auch das Wort selbst in 9,27 von Mt stammt oder ob er es einer nicht-mk Tradition verdankt, ist noch nicht sicher, wenn sich auch für eine mt Redaktion Gründe anführen liessen.
Nach den Mt-Stellen, die eigentlich in Frage kommen, müssen auch die Mk-Stellen herangezogen werden, weil nur so die gesamte Behandlung des Wortes durch Mt festgestellt werden kann.

([4]) Vgl. besonders Mt 9,1 par Mk 2,1: Kapharnaum.

4) Mk 1,16: *καὶ παράγων* παρὰ τὴν θάλασσαν τῆς Γαλιλαίας εἶδεν Σίμωνα καὶ Ἀνδρέαν...

Mt 4,18: *περιπατῶν* δὲ παρὰ τὴν θάλασσαν τῆς Γαλιλαίας εἶδεν δύο ἀδελφούς, Σίμωνα...

Abgesehen von kleineren Abweichungen ist die Darstellung der Jüngerberufung bei Mt mit der des Mk gleich. Für Mt 4,18-22 ist also sicher Mk 1,16-20 die Grundlage. Demnach ist περιπατῶν sekundäre Mt-Redaktion für παράγων bei Mk. — Lk 5,1-11 lässt sich als sprachliche Parallele nicht heranziehen, da der Inhalt und damit auch die Formulierung zu stark von der Mt- und Mk-Perikope abweichen.

5) Mk 15,21: καὶ ἀγγαρεύουσιν *παράγοντά* τινα Σίμωνα Κυρηναῖον ἐρχόμενον ἀπ' ἀγροῦ, τὸν πατέρα...

Mt 27,32: ἐξερχόμενοι δὲ εὗρον ἄνθρωπον Κυρηναῖον, ὀνόματι Σίμωνα.

Lk 23,26: καὶ ὡς ἀπήγαγον αὐτόν, ἐπιλαβόμενοι Σίμωνά τινα Κυρηναῖον ἐρχόμενον ἀπ' ἀγροῦ...

Sowohl bei Mt als auch bei Lk ist der Mk-Ausdruck παράγοντά τινα durch andere Formulierungen verdrängt. Die stärkste Redaktion hat dabei Mt.

Insgesamt bringt der Überblick über den Gebrauch des Wortes bei Mt und Mk folgendes Ergebnis: Obwohl an den zwei Parallelstellen des Mt (4,18 und 27,32) zu Mk 1,16 und 15,21, wo dieser παράγειν verwendet, dieses Wort nicht aufscheint, lässt sich daraus keine Eliminierungstendenz ableiten, wie die Verwendung an drei anderen Stellen zeigt. Der Redaktor hat den Text also nicht deswegen geändert, weil er sich daran gestossen hat, sondern weil er einer anderen Formulierung den Vorzug gab. Mt 4,18 und 27,32 sind darum kein Argument gegen eine Mt-Redaktion bei 9,27.

2. *ἐκεῖθεν*

ἐκεῖθεν steht bei Mt 9,27 ohne Parallele in den verwandten Texten. Bei der Frage, ob es der Mt-Redaktion zugehört oder ob der Evangelist es einer Quelle entnahm, kann ausser dem Ergebnis, das sich bei παράγειν herausstellte, nur der statistische Wortgebrauch einen eventuellen Hinweis bieten. Dazu müssen die Einzelstellen wieder synoptisch behandelt werden, damit die schriftstellerische Eigenart des Mt erkennbar wird.

Unter den Synoptikern verwendet Mt das Wort am häufigsten. Er hat zwölf Stellen, Mk fünf, Lk drei; in der Apg steht es viermal. Da es im übrigen

NT nur noch dreimal vorkommt (Jo, Apk), kann man schon daraus die Vorliebe des Mt für dieses Wort erkennen.

1) Mt 4,21: *καὶ προβὰς ἐκεῖθεν* εἶδεν ἄλλους δύο ἀδελφούς, Ἰάκωβον...
   Mk 1,19: *καὶ* προβὰς ὀλίγον εἶδεν Ἰάκωβον...

Lk 5,1-11 weicht so stark ab, dass man die einzelnen Verse nur indirekt mit Mt und Mk vergleichen kann. Durch die Parallelität der Stoff- und Wortfolge zwischen Mk und Mt lässt sich aber die Änderung von ἐκεῖθεν für ὀλίγον bei Mk sicher als Mt-Redaktion bestimmen.

2) Mt 12,9: καὶ μεταβὰς *ἐκεῖθεν* ἦλθεν εἰς τὴν συναγωγὴν αὐτῶν.
   Mk 3,1: καὶ εἰσῆλθεν πάλιν εἰς συναγωγήν.
   Lk 6,6: ἐγένετο δὲ ἐν ἑτέρῳ σαββάτῳ εἰσελθεῖν αὐτὸν εἰς τὴν συναγωγὴν καὶ διδάσκειν.

Gegenüber dem Mk-Text ist ἐκεῖθεν wieder redaktionell. Es fällt auf, dass wie bei Mt 4,21 dem Adverb ein Aoristpartizip von βαίνω vorausgeht, wenn auch die Vorsilbe verschieden ist. Die Verbindung von ἐκεῖθεν mit προ- oder μεταβαίνειν ist zwar sachlich leicht begreiflich, andererseits macht aber die Parallelität der Ausdrucksweise trotz der Erweiterung bzw. Änderung der jeweiligen Mk-Formulierung den Ursprung des Stils umso leichter erkennbar.

3) Mt 15,29: καὶ μεταβὰς *ἐκεῖθεν* ὁ Ἰησοῦς ἦλθεν παρὰ τὴν θάλασσαν τῆς Γαλιλαίας
   Mk 7,31: καὶ πάλιν ἐξελθὼν ἐκ τῶν ὁρίων Τύρου ἦλθεν διὰ Σιδῶνος εἰς τὴν θάλασσαν τῆς Γαλιλαίας
   Lk: Ein paralleler Stoff fehlt.

In diesem Fall ist der Mt-Text stärker von Mk verschieden; trotzdem bleibt aber die Mk-Grundlage erkennbar. Wenn auch sprachlich abweichend gestaltet, ist der Grundgedanke derselbe, dass Jesus " von dort " bzw. " aus der Gegend von Tyrus " wegzieht und an das Galiläische Meer kommt. Die genaue Ortsangabe ἐκ τῶν ὁρίων Τύρου – διὰ Σιδῶνος ist dem allgemeinen Ausdruck ἐκεῖθεν gewichen.

Stärker als dieser Parallelenvergleich zwischen Mt und Mk zeigt eine Zusammenstellung von Mt 12,9; 15,29 (und 4,21) die Hand des Mt:

12,9:	*καὶ μεταβὰς*	*ἐκεῖθεν*		*ἦλθεν* εἰς τὴν...
15,29:	*καὶ μεταβὰς*	*ἐκεῖθεν*	ὁ Ἰησοῦς	*ἦλθεν*...
4,21:	*καὶ προβὰς*	*ἐκεῖθεν*		*εἶδεν*...

Die letzte Stelle weicht zwar textlich etwas ab, ist aber der Konstruktion nach völlig gleich aufgebaut.

Mt 15,29 darf aber nicht isoliert betrachtet werden, sondern nur im Zusammenhang mit 15,21.

4) Mt 15,21: καὶ ἐξελθὼν ἐκεῖθεν ὁ Ἰησοῦς ἀνεχώρησεν εἰς τὰ μέρη Τύρου καὶ Σιδῶνος.

Mk 7,24: ἐκεῖθεν δὲ ἀναστὰς ἀπῆλθεν εἰς τὰ ὅρια Τύρου. καί...

Lk: Eine Parallele fehlt.

Gegenüber Mk, der erst bei 7,31 von Tyrus und Sidon spricht, bringt Mt schon bei 15,21 die ausführlichere Ortsangabe und erweitert dadurch die Angabe des Mk, der bei 7,24 nur Tyrus erwähnt. Umso leichter drängt sich dafür ἐκεῖθεν an den freigewordenen Platz (15,29). Das Wort geht aber nicht auf Mt-Redaktion allein zurück. Bei 15,21 entnimmt es der Evangelist der Mk-Vorlage (7,24), und die Erinnerung daran hat bewirkt, dass er es auch in 15,29 nochmals verwendet. Da ἐξελθών 15,21 — ein drittes Bindeglied zwischen den beiden Stellen — wahrscheinlich wie der Name Sidon aus Mk 7,31 stammt, ist die gegenseitige Abhängigkeit beider Stellen kaum zu bestreiten.

Abgesehen von der Neueinfügung von ἐξελθὼν und Σιδών und der Verwendung von ἐκεῖθεν findet man hinter Mt 15,21 aber noch eine weitere Mt-Redaktion. Einmal ist ἐξελθών und ἐκεῖθεν eine passendere Verbindung als ἀναστάς und ἐκεῖθεν und damit eine Verbesserung des Mk-Textes, wie man sie bei Mt häufig findet. Andererseits stellt sich die verwendete Ausdrucksweise deswegen als typisch mt heraus, weil man beobachten kann, dass der Evangelist an allen Stellen ἐκεῖθεν mit einem Verb der Bewegung verbindet: προβαίνειν 4, 21; μεταβαίνειν 11,1; 12,9; 15,29; ἐξελθεῖν 5,26; 15,21; παράγειν 9, 9.27; ἀναχωρεῖν 12,15; 14,13 (15,21); μεταίρειν 13,53; πορεύεσθαι 19,15. Dazu kommt noch, dass in Mt 16,13 eine weitgehende Parallele zu 15,21 vorliegt, was wieder auf den Stil des Evangelisten hinweist:

15,21: καὶ *ἐξελθὼν* ἐκεῖθεν *ὁ Ἰησοῦς* ἀνεχώρησεν
εἰς τὰ μέρη Τύρου καὶ Σιδῶνος

16,13: *ἐλθὼν* δὲ *ὁ Ἰησοῦς*
εἰς τὰ μέρη Καισαρείας τῆς Φιλίππου

Der Text hat zwar für ἐλθών einen Ansatz bei Mk 8,27 (καὶ ἐξῆλθεν ὁ Ἰησοῦς καὶ οἱ μαθηταὶ αὐτοῦ εἰς τὰς κώμας Καισαρείας τῆς Φιλίππου), aber die Aufeinanderfolge von ἐλθών, ὁ Ἰησοῦς und εἰς τὰ μέρη stellt sich doch wieder als mt heraus.

Ein weiterer Teil von Mt 15,21 hat in 2,22 eine wortgleiche Parallele:

15,21: *ἀνεχώρησεν εἰς τὰ μέρη Τύρου καὶ Σιδῶνος*
2,22: *ἀνεχώρησεν εἰς τὰ μέρη τῆς Γαλιλαίας*

Man wird kaum schliessen dürfen, 15,21 sei nach 2,22 gestaltet, da die Stelle 15,21 in Mk 7, 24.31 verankert ist. Die gleiche Reihenfolge der einzelnen Glieder spricht also für die redaktionelle Gestaltung von 15,21 (und ebenfalls von 2,22).

Als zusätzliche Eigentümlichkeit des Mt-Stils, die hier zur weiteren Herausarbeitung der Redaktion helfen kann und den Unterschied zu Mk verdeutlicht, ergibt sich, dass der Evangelist ἐκεῖθεν ausnahmslos immer dem Verb nachstellt. Nur in 9,9 steht der Name ὁ Ἰησοῦς dazwischen. Bei Mk 7,24 und 10,1 geht ἐκεῖθεν dem Verb voraus, ebenso Lk 16,26.

Bevor die übrigen Einzelstellen und die zwischen ihnen bestehenden mt Stilparallelen untersucht werden, soll noch eine Eigenheit erwähnt werden, die sich bereits in den angeführten Beispielen gezeigt hat. An drei Stellen, in denen bei Mt der Name Jesus eingefügt ist, geschieht es in gleichartiger Wortreihung:

15,21: *καὶ ἐξελθὼν ἐκεῖθεν ὁ Ἰησοῦς ἀνεχώρησεν...*
15,29: *καὶ μεταβὰς ἐκεῖθεν ὁ Ἰησοῦς ἦλθεν...*
9,27: *καὶ παράγοντι ἐκεῖθεν τῷ Ἰησοῦ ἠκολούθησαν...*
(9,9: *καὶ παράγων ὁ Ἰησοῦς ἐκεῖθεν...*)

15,21.29 sind völlig parallel gebaut, bei 9,27 ist nur der Kasus verschieden. 9,9 dagegen hat eine geänderte Wortfolge ([5]). Da die Parallelität der Glieder und auch ihre Reihenfolge hier nochmals gegenüber Mt 4,21 und 12,9 erweitert sind, wird der Mt-Stil immer deutlicher erkennbar.

5) Mt 11,1: καὶ ἐγένετο ὅτε ἐτέλεσεν ὁ Ἰησοῦς διατάσσων τοῖς δώδεκα μαθηταῖς αὐτοῦ, μετέβη *ἐκεῖθεν* τοῦ διδάσκειν καὶ κηρύσσειν ἐν ταῖς πόλεσιν αὐτῶν.

Der Text enthält eine Abschlussformel, die hier wie auch bei Mt 7,28; 13, 53; 19,1 und 26,1 den jeweils vorausgehenden Abschnitt als Einheit zusammenfasst und sich in mehreren Punkten als mt Redaktion verrät. Am überzeugendsten wirkt wohl die sofort auffallende gleiche Formulierung:

([5]) Mehrere Hss bringen zwar die gleiche Lesart καὶ παράγων ἐκεῖθεν ὁ Ἰησοῦς (D Θ 565), aber die besseren Hss bezeugen die unregelmässige Reihung.

7,28: *καὶ ἐγένετο ὅτε ἐτέλεσεν ὁ Ἰησοῦς τοὺς λόγους τούτους ἐξεπλήσσοντο...*
11,1: *καὶ ἐγένετο ὅτε ἐτέλεσεν ὁ Ἰησοῦς* διατάσσων τοῖς δώδεκα μαθηταῖς αὐτοῦ, μετέβη ἐκεῖθεν...
13,53: *καὶ ἐγενετο ὅτε ἐτέλεσεν ὁ Ἰησοῦς τὰς παραβολὰς ταύτας,* μετῆρεν ἐκεῖθεν.
19,1: *καὶ ἐγένετο ὅτε ἐτέλεσεν ὁ Ἰησοῦς τοὺς λόγους τούτους,* μετῆρεν ἀπὸ τῆς Γαλιλαίας καὶ ἦλθεν...
26,1: *καὶ ἐγένετο ὅτε ἐτέλεσεν ὁ Ἰησοῦς πάντας τοὺς λόγους τούτους,* εἶπεν τοῖς μαθηταῖς αὐτοῦ.

Alle fünf Stellen haben die gleiche Gliederung: καὶ ἐγένετο, ὅτε ἐτέλεσεν ὁ Ἰησοῦς, Objekt, neuer Satz, beginnend mit dem Verb. Nur bei 11,1 weicht die Formulierung des Objektes etwas ab, was sich aus der Sache selbst ergibt, da Mt 10 nicht bloss Reden, sondern auch Aufträge enthält.

Der gleiche Wortlaut ist an diesen Stellen nicht unbewusster Mt-Stil, sondern absichtlich gewählt, um die Redeblöcke des Mt-Ev aus dem übrigen Text kräftig herauszuheben. Gerade dieses Vorgehen, das mit dem Gesamtkonzept des Evangeliums zusammenhängt, sichert in anderer Weise den Schluss noch stärker, der sich auch schon aus dem blossen stereotypen Text ergeben hatte: Mt 7, 28; 11,1; 13,53; 19,1 und 26,1 sind erst von Mt formuliert und in dieser Prägung keiner Quelle entnommen (6).

Da die erste Texthälfte von Mt 11, 1 sicher von Mt stammt, ist die gleiche Annahme für die Fortsetzung μετέβη ἐκεῖθεν äusserst naheliegend, auch wenn kein Vergleichstext bei Mk dies bestätigt. Tatsächlich stellt sich diese Vermutung auch als richtig heraus, weil es auch für den zweiten Teil des Satzes im Mt-Ev Parallelen gibt, die schon als Formulierungen des Evangelisten feststehen:

12,9: *καὶ μεταβὰς ἐκεῖθεν* *ἦλθεν...*
15,29: *καὶ μεταβὰς ἐκεῖθεν* ὁ Ἰησοῦς *ἦλθεν...*

6) Mt 13,53-54: καὶ ἐγένετο ὅτε ἐτέλεσεν ὁ Ἰησοῦς τὰς παραβολὰς ταύτας, μετῆρεν *ἐκεῖθεν*. καὶ ἐλθὼν εἰς τὴν πατρίδα αὐτοῦ ἐδίδασκεν....
Mk 6,1: καὶ ἐξῆλθεν *ἐκεῖθεν* καὶ ἔρχεται εἰς τὴν πατρίδα αὐτοῦ, καί...
Lk 4,16: καὶ ἦλθεν εἰς Ναζαρά, οὗ ἦν τεθραμμένος, καὶ εἰσῆλθεν κατὰ τὸ εἰωθός...

(6) Ein Vergleich der Perikopen, zu denen die angeführten Texte die Einleitung bzw. den Abschluss bilden, mit dem entsprechenden Mk- und Lk-Stoff würde das von dritter Seite in den meisten Fällen bestätigen.

Dieser Mt-Text wurde z. T. schon bei der vorausgehenden Stelle behandelt, wo sich der redaktionelle Charakter der Schlussformeln der Redeblöcke mit Sicherheit ergab. Abgesehen von diesen Formeln steht Mt 13,53 aber auch noch mit anderen Texten in Verbindung. Mit Mt 11,1 ist die Konstruktion der Fortsetzung gemeinsam:

13,53: *καὶ ἐγένετο ὅτε ἐτέλεσεν ὁ Ἰησοῦς τὰς παραβολὰς ταύτας,*
μετῆρεν ἐκεῖθεν.
11,1: *καὶ ἐγένετο ὅτε ἐτέλεσεν ὁ Ἰησοῦς* διατάσσων τοῖς δώδεκα μαθηταῖς αὐτοῦ,
μετέβη ἐκεῖθεν.

Eine weitere Beziehung besteht mit Mt 19,1, wenn auch an dieser Stelle ἐκεῖθεν gerade fehlt. Die Schlussformel wird gleichartig mit μετῆρεν fortgesetzt, was sich so wiederum als mt Stileigenart herausstellt:

13,53: *καὶ ἐγένετο ὅτε ἐτέλεσεν ὁ Ἰησοῦς* τὰς παραβολὰς ταύτας,
μετῆρεν ἐκεῖθεν.
19,1: *καὶ ἐγένετο ὅτε ἐτέλεσεν ὁ Ἰησοῦς* τοὺς λόγους τούτους,
μετῆρεν ἀπὸ τῆς Γαλιλαίας...

An beiden Stellen ist der Vergleich mit Mk aufschlussreich. In Mt 13,53 ist ἐκεῖθεν von Mk 6,1 übernommen. Da καὶ ἔρχεται εἰς τὴν πατρίδα αὐτοῦ Mk 6,1 und καὶ ἐλθὼν εἰς τὴν πατρίδα αὐτοῦ Mt 13,54 nur unwesentliche Unterschiede aufweisen, ergibt sich die Ersetzung von ἐξῆλθεν (Mk) durch μετῆρεν (Mt) umso klarer. — Bei der Parallelstelle Mt 19,1 par Mk 10,1 ist Mt ähnlich verfahren. ἔρχεται εἰς τὰ ὅρια τῆς Ἰουδαίας Mk 10,1 und καὶ ἦλθεν εἰς τὰ ὅρια τῆς Ἰουδαίας Mt 19,1 sind fast identisch, die wesentliche Änderung liegt im Vordersatz, wo καὶ ἐκεῖθεν ἀναστάς (Mk) durch μετῆρεν ἀπὸ τῆς Γαλιλαίας (Mt) verdrängt ist. μετῆρεν 13,53 und 19,1 ersetzt also zwei verschiedene Mk-Worte (ἐξῆλθεν, ἀναστάς). Schon darin liegt eine Bevorzugung des Wortes durch Mt. Weil μεταίρειν im gesamten NT überhaupt nur an den beiden angeführten Stellen vorkommt, hebt sich die Redaktion des Mt umso deutlicher vom übrigen Text ab (7). Das aus Mk übernommene ἐκεῖθεν (13,53) ist also mit einem Text verbunden, der auf Mt zurückgeht. Die Vorlage bietet nur das Stichwort, an dem Mt dann seinen eigenen Text verankert.

---

(7) Die Auslassung des sonst bevorzugten ἐκεῖθεν ist bei Mt 19,1 nicht zufällig, sondern mit Absicht geschehen. Mt setzt hier eine feste Ortsangabe ἀπὸ τῆς Γαλιλαίας und kann darum nicht zugleich einen so unbestimmten Ausdruck wie ἐκεῖθεν übernehmen. Verglichen mit 15,29 und 9,27 geht er hier also gerade umgekehrt vor.

7) Mt 19,15: καὶ ἐπιθεὶς τὰς χεῖρας αὐτοῖς ἐπορεύθη *ἐκεῖθεν*.

Mk 10,16: καὶ ἐναγκαλισάμενος αὐτὰ κατευλόγει τιθεὶς τὰς χεῖρας ἐπ' αὐτά.

Lk: Ein Paralleltext bei Lk zu diesem Vers fehlt, obwohl der übrige Stoff der Mk-Perikope 10,13-16 von ihm 18,15-17 übernommen ist.

Die Textparallelität zwischen Mt und Mk ist so eng, dass ἐπορεύθη ἐκεῖθεν sich deutlich als Mt-Ergänzung zum Mk-Text abhebt.

8) Mt 12,15: ὁ δὲ Ἰησοῦς γνοὺς ἀνεχώρησεν *ἐκεῖθεν*. καὶ ἠκολούθησαν αὐτῷ πολλοί...

Mk 3,7: καὶ ὁ Ἰησοῦς μετὰ τῶν μαθητῶν αὐτοῦ ἀνεχώρησεν πρὸς τὴν θάλασσαν· καὶ πολὺ πλῆθος ἀπὸ τῆς Γαλιλαίας ἠκολούθησεν· καὶ ἀπὸ τῆς Ἰουδαίας...

Lk 6,17: καὶ καταβὰς μετ' αὐτῶν ἔστη ἐπὶ τόπου πεδινοῦ, καὶ ὄχλος πολὺς μαθητῶν αὐτοῦ, καὶ πλῆθος πολὺ τοῦ λαοῦ ἀπὸ πάσης τῆς Ἰουδαίας.

Trotz der radikalen Kürzung durch Mt zeigt eine Synopse der Perikopen, dass Mk 3,7-12 par Mt 12,15-16 (und Lk 6,17-19) sachlich zusammengehören, und dass Mt 12,15 doch Mk zur Grundlage hat, auch wenn diese Basis vom Redaktor ziemlich stark umgeformt wurde. Dieser Zusammenhang ergibt sich vor allem aus dem Kontext von ἐκεῖθεν. ὁ δὲ Ἰησοῦς, ἀνεχώρησεν, ἠκολούθησαν und ἐθεράπευσεν Mt 12,25 sind fast identisch mit ὁ Ἰησοῦς, ἀνεχώρησεν, ἠκολούθησεν und ἐθεράπευσεν Mk 3,7.10. Aufgrund dieser starken Parallelität lässt sich erkennen, dass ἐκεῖθεν den mt Ersatz für πρὸς τὴν θάλασσαν bei Mk darstellt.

In dem Ausdruck γνούς kommt wie in ἐκεῖθεν wieder die Redaktion des Mt zum Vorschein, wie Mt 16,8; 22, 18 und 26,10 — verglichen mit den synoptischen Parallelen — beweisen:

16,8: *γνοὺς δὲ ὁ Ἰησοῦς εἶπεν*

Mk 8,17: καὶ γνοὺς λέγει αὐτοῖς
Lk hat keinen Paralleltext.

22,18: *γνοὺς δὲ ὁ Ἰησοῦς* τὴν πονηρίαν αὐτῶν *εἶπεν*

Mk 12,15: ὁ δὲ εἰδὼς αὐτῶν τὴν ὑπόκρισιν...
Lk 20,23: κατανοήσας δὲ αὐτῶν τὴν πανουργίαν...

26,10: *γνοὺς δὲ ὁ Ἰησοῦς εἶπεν* αὐτοῖς

Mk 14,6: ὁ δὲ Ἰησοῦς εἶπεν
(Lk 7,44: καὶ στραφεὶς πρὸς τὴν γυναῖκα τῷ Σίμωνι ἔφη... (8)

12,15: ὁ δὲ Ἰησοῦς *γνοὺς* ἀνεχώρησεν ἐκεῖθεν (9)

(8) Dieser Text lässt sich nur entfernt zu einem Vergleich heranziehen.
(9) Synoptische Parallelen siehe oben.

Gerade die typischen Wiederholungen, die für γνούς mit Ausnahme von Mt 16,8 keinen Ansatz haben, weisen auf den Wiederholungsstil des Mt und schliessen die Annahme einer Mk-fremden Quelle aus.

9) Mt 14,13: ἀκούσας δὲ ὁ Ἰησοῦς ἀνεχώρησεν ἐκεῖθεν ἐν πλοίῳ εἰς ἔρημον τόπον κατ' ἰδίαν.

Mk 6,32: καὶ ἀπῆλθον ἐν τῷ πλοίῳ εἰς ἔρημον τόπον κατ' ἰδίαν.

Lk 9,10: καὶ παραλαβὼν αὐτοὺς ὑπεχώρησεν κατ' ἰδίαν εἰς πόλιν καλουμένην Βηθσαϊδά.

'Ακούσας δὲ ὁ Ἰησοῦς(ἀνεχώρησεν) ἐκεῖθεν bei Mt ist eine einleitende Ergänzung gegenüber dem Mk-Text. Bei der Besprechung von Mt 15,21 wurde schon erwähnt, dass die Verbindung von ἐκεῖθεν + Verb der Bewegung eine mt Eigenart darstellt. Aus diesem Grund scheint auch hier der Schluss auf Mt-Redaktion angemessen zu sein. Die Verwandtschaft des Ausdrucks ὑπεχώρησεν (Lk) mit ἀνεχώρησεν (Mt) legt aber eine Beziehung zwischen beiden Texten nahe, besonders wenn man den Unterschied zu ἀπῆλθον bei Mk beachtet. Bevor ἐκεῖθεν mit Sicherheit Mt zugeschrieben werden darf, muss erst diese Frage befriedigend gelöst sein. Zur Erklärung könnte man sich auf Textangleichung berufen. Gerade hier ist aber eine solche Hypothese nur eine Ausflucht, weil die Einleitungen bei Mt und Lk eine starke sprachliche Selbständigkeit zeigen. Gegen eine Benützung des Mt durch Lk bzw. umgekehrt sprechen die schon in der Einleitung genannten Gründe (10). Es liegt darum nahe, eine literarische Vorlage zu vermuten, die mit Mk stark verwandt, aber doch vom kanonischen Text verschieden war. Falls dort ἀνεχώρησεν bzw. ὑπεχώρησεν stand, würde sich die gemeinsame Abweichung von Mk (ἀπῆλθον) leicht erklären.

Tatsächlich finden sich in der Perikope von der ersten Brotvermehrung Mk 6,32-44 par Mt 14,13-21 par Lk 9,10-17, zu der die untersuchte Stelle die Einleitung bildet, noch weitere Gemeinsamkeiten des Mt und Lk gegen Mk, die die Annahme einer vom vorliegenden Mk-Text abweichenden Fassung nahelegen.

a) Die umständliche Schilderung von Mk 6,33 wird von Mt 14,13 par Lk 9,11 durch eine einfachere ersetzt. οἱ ὄχλοι ἠκολούθησαν αὐτῷ (Mt) und οἱ δὲ ὄχλοι (γνόντες) ἠκολούθησαν αὐτῷ (Lk) sind textlich fast gleich und in der Stellung völlig parallel gegen Mk, bei dem der Satz fehlt. Die Seitenreferenten schreiben ὄχλοι statt πολλοί bei Mk, das Verb ἐπέγνωσαν wird überhaupt für ein neues (ἠκολούθησαν) vertauscht.

---

(10) Vgl. Seite 7 und Anm. 24.

b) Mt 14,14 par Lk 9,11 erwähnen beide, dass Jesus heilte: καὶ ἐθεράπευσεν τοὺς ἀρρώστους αὐτῶν (Mt), καὶ τοὺς χρείαν ἔχοντας θεραπείας ἰᾶτο (Lk). Der Text ist zwar sprachlich verschieden, aber der Inhalt ist identisch. Es muss auffallen, dass Mt und Lk dieselbe sachliche Ergänzung an paralleler Stelle bringen, in der bei Mk (vor 6,35) kein Ansatz dafür vorhanden ist.

c) Statt ἀπόλυσον αὐτούς Mk 6,36 heisst es Mt 14,15 ἀπόλυσον οὖν τοὺς ὄχλους, par Lk 9,12: ἀπόλυσον τὸν ὄχλον.

d) οἱ δὲ (λέγουσιν) Mt 14,17 und οἱ δὲ (εἶπαν) Lk 9,13 sind parallel gegen καὶ γνόντες λέγουσιν Mk 6,38.

e) Im gleichen Vers hat die Antwort bei Mt und Lk eine negative Einleitung: οὐκ ἔχομεν ὧδε εἰ μὴ πέντε ἄρτους (Mt); οὐκ εἰσὶν ἡμῖν πλεῖον ἢ ἄρτοι πέντε (Lk). Bei den Seitenreferenten hebt die Antwort die verschwindende Menge hervor gegenüber der einfachen Angabe bei Mk, um dadurch die Grösse des folgenden Wunders eindrucksvoller hervortreten zu lassen.

f) Das Wort ἄρτους (Mt) bzw. ἄρτοι (Lk) ist unmittelbar zu πέντε gezogen, während es bei Mk Bestandteil der Frage ist (6,38), die bei Mt und Lk wieder fehlt.

g) Die z.T. auch sprachlich gleichlautende Antwort Jesu ὁ δέ εἶπεν Mt 14,18 par Lk 9,14 εἶπεν δέ fehlt bei Mk 6,38.

h) Das Objekt (παρατιθῶσιν) αὐτοῖς Mk 6,41 heisst bei Mt 14,19 konkret τοῖς ὄχλοις und parallel bei Lk 9,16 τῷ ὄχλῳ.

j) Der Satzteil καὶ τοὺς δύο ἰχθύας ἐμέρισεν πᾶσιν Mk 6,41 fehlt bei Mt und Lk. Man wird diese Auslassung nicht als zufälliges Zusammentreffen unabhängiger Redaktion des Lk und Mt hinstellen dürfen, da der vorausgehende und folgende Kontext bei allen Synoptikern sachlich gleich ist und sich eine Streichung des Textes nicht unbedingt aus dem Inhalt nahelegt.

k) Statt des Akkusativs κλάσματα Mk 6,43 haben Mt 14,20 und Lk 9,17 den Genetiv Plural κλασμάτων. In beiden Fällen hängt er ab von einer Form des Wortes περισσεύειν, das bei Mk gar nicht vorhanden ist:

Mt: καὶ ἦραν τὸ περισσεῦον τῶν κλασμάτων
Lk: καὶ ἤρθη τὸ περισσεῦσαν αὐτοῖς κλασμάτων
Mk: καὶ ἦραν κλάσματα

l) Die feste Ausdrucksweise πεντακισχίλιοι bei Mk 6,44 wird bei Mt 14,21 par Lk 9,14, bei dem der Versteil vorausgestellt ist, durch ὡσεί abgeschwächt. ἄνδρες steht bei Mt und Lk vor der Zahl, bei Mk nach ihr.

m) Möglicherweise ist die Auslassung von καί vor λαβὼν τούς... Mt 14,19 bzw. λαβὼν δὲ τούς... Lk 9,16 gegen Mk 6,41 ebenfalls ein Rest dieser Vorlage. Wegen der ungleichartigen Behandlung des vorausgehenden Mk-Satzes durch Mt und Lk lässt sich das aber nicht festellen.

Diese Reihe von Gemeinsamkeiten der Grossevangelisten gegen Mk wird man kaum als Zufall nehmen dürfen. Gegen eine solche Annahme spricht die grosse Zahl der Übereinstimmungen innerhalb einer einzigen Perikope und auch die Art der Änderungen. Sie auf den Einfluss der mündlichen Tradition zurückzuführen, scheitert an der Parallelität jener Übereinstimmungen, in denen die neue Wortwahl oder Wortfolge nicht so eng mit der Sache verbunden ist, dass sie sich von selbst aufgedrängt hätte (11). Als Spuren einer vom kanonischen Mk verschiedenen Vorlage lassen sie sich aber gut verstehen. Aus dem Charakter der Änderungen kann man auch ersehen, dass die von Mt und Lk benützte Schrift kein Proto- oder Ur-Mk, sondern eine Bearbeitung des vorliegenden Mk-Textes ist. Besonders die mehrfachen Einfügungen von ὄχλος (Sg. oder Pl.) anstelle des Pronomens oder auch für πολλοί stehen auf derselben Ebene wie die Hervorhebung, dass es *nur* fünf Brote waren. Diese Redaktion verrät katechetische Tendenz, der es um die Grösse des Wunders zu tun ist. Eine solche lehrhafte Bearbeitung gehört aber in der Entwicklung der Christologie sicher einer späteren Stufe an und kann nicht als früheres Stadium des kanonischen Mk aufgefasst werden.

Auf dieser Basis muss auch ἀνεχώρησεν ἐκεῖθεν Mt 14,13 und der Kontext samt den Parallelen nochmals behandelt werden. ἐν πλοίῳ, εἰς ἔρημον τόπον und κατ' ἰδίαν standen mit Sicherheit schon in dem überarbeiteten Text (= Mk II). Wenn nämlich Mk II eine Entwicklungsstufe darstellt zwischen Mk und Mt bzw. Mk und Lk, muss auch in dieser Quelle gestanden sein, was bei Mk *und* einem der Drittevangelisten zugleich vorhanden ist (Mt, Lk). Demgegenüber ist die geänderte Stellung von κατ' ἰδίαν bei Lk und εἰς πόλιν καλουμένην Βηθσαϊδά lk Redaktion. Das ergibt sich auch aus der Verwendung des Partizips καλούμενος (12) in den Evangelien und in der Apg. Während diese Form bei Mt und Mk ganz fehlt, kommt sie bei Lk und in der Apg gehäuft vor: Lk 1,36; 6,15; 7,11; 8,2; 9,10; 10,39; 19,2.29; 21,37; 22,3; 23,33; Apg 1,12.23; 3,11; 7,58; 8,10; 9,11; 10,1; 13,1; 15,22.37; 27,8.14.16. Von 18 Stellen der Apg, in denen eine Form von καλέω vorkommt, steht in 13 Fällen ein Partizip.

Die Tendenz des Lk, aus kleinen Orten " Städte " zu machen (1,26; 2,4.39; 7,11.12; 23,51; 5,12; 8,4; 10,1.8.10; 13,22 usw.), wurde schon öfter beobachtet (13). Ob Unkenntnis des Landes die Ursache ist oder ob der Evangelist Lk damit die

---

(11) Vgl. das stilisierende ἀκολουθεῖν statt συντρέχειν, die Erwähnung der Heilungen, τὸ περισσεῦον (-σαν) τῶν κλασμάτων.

(12) Alle drei Formen.

(13) Vgl. z. B. ZEHRER, *Einführung*, 124-5.

Bedeutung Palästinas unterstreichen wollte (14), braucht hier nicht entschieden zu werden.

Von der Einleitung bei Lk scheint παραλαβών ebenfalls redaktionell zu sein. Wiederum zeigt die Statistik, dass der Evangelist diese Form gern verwendet: Er setzt sie Lk 9,10.28; 18,31 (aus Mk) und Apg 15,39; 16,33; 21,24.26.32; 23,18, während sie bei Mk nur 10,32, bei Mt 26,37 und 27,27 vorkommt.

Für ὑποχωρεῖν bringt die Statistik kein eindeutiges Ergebnis. Dieses Wort steht zwar nur Lk 5,16 und 9,10 im NT, ist aber gerade deswegen zweideutig. Es kann ebensogut lk Redaktion zulassen wie vorhandene Quellen anzeigen. Aus dem Wortgebrauch von ἀναχωρεῖν (Mt) lässt sich aber vielleicht auch ὑποχωρεῖν bei Lk bestimmen. Während Mk das Wort nur bei 3,7 hat und Lk es im Evangelium überhaupt nicht verwendet, steht es bei Mt zehnmal: 2,12.13.14.22; 4,12; 9,24; 12,15; 14,13; 15,21 und 27,5. Mit Ausnahme von 2,12.13 und 9,24, wo es der Zusammenhang nicht zulässt, wird immer die Aoristform ἀνεχώρησεν verwendet, was sich als sprachliches Merkmal des Mt besser als durch Zufall erklärt.

An der fraglichen Stelle hat also vielleicht eher Mt als Lk geändert. Wenn Lk ausserdem in der Apg 23,19 und 26,31 ἀναχωρεῖν setzt, bei 23,19 sogar in der Verbindung ἀναχωρήσας κατ' ἰδίαν (vgl. 9,10 ὑπεχώρησεν κατ' ἰδίαν, wo die Wortverbindung von Mk par Mt abweicht), und das Wort also nicht meidet, wird auch dadurch nochmals die Annahme gestärkt, dass mit ὑπεχώρησεν eher Lk den Text von Mk II bewahrt hat als Mt mit ἀνεχώρησεν. Das stimmt mit der Vermutung zusammen, die sich schon am Beginn der Untersuchung von Mt 14,13 aufgrund anderer Zusammenhänge ergab.

Als letztes sei noch vermerkt, dass ἀνεχώρησεν ἐκεῖθεν ausser 14,13 nur noch Mt 12,15 (ἐκεῖθεν in den Mk-Text eingefügt) im NT vorkommt:

14,13: ἀκούσας δὲ ὁ Ἰησοῦς *ἀνεχώρησεν ἐκεῖθεν*
12,15: ὁ δὲ Ἰησοῦς γνοὺς *ἀνεχώρησεν ἐκεῖθεν*

Obwohl Mt (zumindest in dieser Perikope) nicht vom kanonischen Mk-Text ausgeht und dieser Text darum auch nicht als direkte Vergleichsbasis für die Abhebung der Mt-Redaktion dienen kann, stellt sich doch heraus, dass ἐκεῖθεν (Mt 14,13) nicht bereits in Mk II vorhanden war und dann von Lk gestrichen wurde, sondern der schriftstellerischen Tätigkeit des Mt zugehört und seinen Stil offenbart.

10) Mt 5,26: ...οὐ μὴ ἐξέλθῃς *ἐκεῖθεν* ἕως ἂν ἀποδῷς τὸν ἔσχατον κοδράντην.
Lk 12,59: ...οὐ μὴ ἐξέλθῃς *ἐκεῖθεν* ἕως καὶ τὸ ἔσχατον λεπτὸν ἀποδῷς.

---

(14) Vgl. ZEHRER, *Einführung*, 124-5.

Der Text gehört zur Q-Überlieferung, und ἐκεῖθεν ist bei Mt und Lk von dort übernommen.

Zuletzt müssen in diesem Zusammenhang die schon bei παράγειν untersuchten Stellen Mt 9,9.27 noch einmal angeführt werden.

11) Mt 9,9: *καὶ παράγων ὁ Ἰησοῦς ἐκεῖθεν εἶδεν*... (15)

Die Verbindung von παράγειν + ἐκεῖθεν kommt im NT nur bei Mt (9,9.27) vor und legt schon dadurch seine Bearbeitung nahe. Für Mt 9,9 lässt sich auch aus dem synoptischen Vergleich die Einfügung von ἐκεῖθεν als mt erweisen. Die Parallelität der Ausdrücke καὶ παράγων... εἶδεν bei Mk und Mt und die Übereinstimmung des weiteren Textes bei beiden Evangelisten machen ὁ Ἰησοῦς und ἐκεῖθεν sofort als Einschub kenntlich, der auf Mt zurückgeht (16).

12) Mt 9,27: *καὶ παράγοντι ἐκεῖθεν τῷ Ἰησοῦ ἠκολούθησαν*...

Die Untersuchung von παράγειν (17) hat gezeigt, dass dieses Wort, das mit ἐκεῖθεν eng verbunden ist, von Mt innerhalb des Stoffes der Blindenheilung einen anderen Platz erhielt (18), als diese vom Evangelisten in einen neuen Zusammenhang gestellt wurde. Diese Einordnung der Perikope in einen Kontext, der Galiläa zum Schauplatz hat und der die Streichung der Ortsangabe Jericho zur Folge hatte, verlangte aber gerade eine allgemeine Formulierung wie ἐκεῖθεν, wenn Mt nicht einen konkreten Ort Galiläas nennen wollte.

Ausser dieser Überlegung und der Feststellung, dass παράγειν + ἐκεῖθεν im NT nur bei Mt 9,9.27 vorkommt, weist noch eine weitere Verwandtschaft zwischen diesen beiden Stellen auf mt Bearbeitung. Abgesehen vom Dativ und der Stellung von ἐκεῖθεν kommen nämlich sämtliche Glieder in beiden Stellen vor:

9,9: καὶ παράγων ὁ Ἰησοῦς ἐκεῖθεν (εἶδεν...)
9,27: καὶ παράγοντι ἐκεῖθεν τῷ Ἰησοῦ...

---

(15) Synoptischer Text bei παράγειν, Seite 45-6.

(16) Die teilweise Auslassung und Umänderung (ἐθεάσατο) dieser Stelle durch Lk ist für den Mt-Text ohne Belang, da die ganze Mt-Perikope Mk zur Vorlage hat. Vgl. dazu Seite 46.

(17) Siehe Seite 45-48.

(18) Die alte Stelle erwähnt nur das Vorbeigehen Jesu ohne genauere Ortsangabe (Mt 20,30: ὅτι Ἰησοῦς παράγει; Mk 10,47: ὅτι Ἰησοῦς ὁ Ναζαρηνός ἐστιν; Lk 18,37: ὅτι Ἰησοῦς ὁ Ναζωραῖος παρέρχεται), der Paralleltext der neuen Stelle spricht konkret von Jericho (Mt 20,29; καὶ ἐκπορευομένων αὐτῶν ἀπὸ Ἰεριχώ; Mk 10,46: καὶ ἐκπορευομένου αὐτοῦ ἀπὸ Ἰεριχώ; Lk 18,35: ἐν τῷ ἐγγίζειν αὐτὸν εἰς Ἰεριχώ).

Die Mk-Basis von Mt 9,9 verhindert die Annahme, dieser Text sei von 9,27 beeinflusst. Weil sich ausserdem die Umstellung von παράγοντι als mt herausgestellt hat, kann eine Beeinflussung nur in umgekehrter Richtung gehen. Die Parallele wird dabei rein sprachlich als unbewusste Wiederholung aufzufassen sein, der keine inhaltliche Bedeutung zukommt.

Für ἐκεῖθεν bei 9,27 ist also das Ergebnis ziemlich deutlich: Das ausschliessliche Vorkommen der Verbindung von παράγειν + ἐκεῖθεν bei Mt, die regelmässige Verknüpfung von ἐκεῖθεν mit einem Verb der Bewegung und die redaktionelle Stellung von παράγοντι, die durch die Eingliederung in einen neuen Zusammenhang veranlasst wurde, führen alle zu der Annahme, dass das Wort vom Evangelisten stammt und nicht einer Quelle entnommen wurde.

Für Mt ergibt die Zusammenfassung der ἐκεῖθεν Texte, dass das Wort nur in drei von zwölf Stellen, an denen es bei Mt vorkommt, aus Quellen übernommen ist: 13,53 (Mk); 15,21 (Mk); 5,26 (Q). Sonst wird es von Mt aus eigenem gesetzt. Dabei ist es aber auch an den von Mk übernommenen Stellen 13,53 (Mk 6,1) und 15,21 (Mk 7,24) Teil einer längeren Formulierung, die mt Kennzeichen hat. ἐκεῖθεν stellt also aufgrund der häufigen Verwendung und besonders wegen der Ähnlichkeit bzw. Identität des Kontextes, mit dem es an den einzelnen Stellen verbunden ist, ein typisches Element des Mt-Stils dar.

Um ein vollständiges Bild der sprachlich-stilistischen Verwendung von ἐκεῖθεν zu erhalten, müssen auch die nicht-mt ἐκεῖθεν - Stellen behandelt werden. Ein Fehlen des Wortes bei Mt muss ja nicht seine Auslassung sein, sondern kann schon auf Mk II zurückgehen.

13) Mk 6,10: ὅπου ἐὰν εἰσέλθητε εἰς οἰκίαν, ἐκεῖ μένετε ἕως ἂν ἐξέλθητε *ἐκεῖθεν*.

Lk 9,4: *καὶ εἰς ἣν ἂν οἰκίαν εἰσέλθητε, ἐκεῖ μένετε καὶ ἐκεῖθεν ἐξέρχεσθε.*

Mt 10,11: εἰς ἣν δ' ἂν πόλιν ἢ κώμην εἰσέλθητε, ἐξετάσατε τίς ἐν αὐτῇ ἄξιός ἐστιν κἀκεῖ μείνατε ἕως ἂν ἐξέλθητε.

In den vorliegenden Texten ist bei zwei Teilen ziemlich wahrscheinlich, dass sie auch schon in der Vorlage des Mt standen. ἕως ἂν ἐξέλθητε (Mk, Mt) und ἐκεῖθεν (Mk, Lk) sind jeweils bei Mk und einem Drittevangelisten vorhanden und müssen darum auch für die Zwischenredaktion Mk II angenommen werden ([19]). Demgegenüber ist die Auslassung von ἐκεῖθεν bei Mt dessen eigene Redaktion ([20]). Sie hat aber nur stilistische Bedeutung.

([19]) Vgl. zu Mk 6,11.

([20]) Auf den Vers wird in grösserem Zusammenhang bei der Besprechung von οἰκία (Mt 10,12) näher eingegangen werden. Bei Lk ist die Umstellung καὶ ἐκεῖθεν ἐξέρχεσθε für ἕως ἂν ἐξέλθητε (Mk, Mt) ἐκεῖθεν Redaktion des Evangelisten.

14) Mk 6,11: καὶ ὃς ἂν τόπος μὴ δέξηται ὑμᾶς μηδὲ ἀκούσωσιν ὑμῶν, ἐκπορευόμενοι *ἐκεῖθεν* ἐκτινάξατε τὸν χοῦν τὸν ὑποκάτω τῶν ποδῶν ὑμῶν εἰς μαρτύριον αὐτοῖς.

Lk 9,5: καὶ ὅσοι ἂν μὴ δέχωνται ὑμᾶς, ἐξερχόμενοι ἀπὸ τῆς πόλεως ἐκείνης τὸν κονιορτὸν ἀπὸ τῶν ποδῶν ὑμῶν ἀποτινάσσετε εἰς μαρτύριον ἐπ' αὐτούς.

Mt 10,14: καὶ ὃς ἂν μὴ δέξηται ὑμᾶς μηδὲ ἀκούσῃ τοὺς λόγους ὑμῶν, ἐξερχόμενοι ἔξω τῆς οἰκίας ἢ τῆς πόλεως ἐκείνης ἐκτινάξατε τὸν κονιορτὸν τῶν ποδῶν ὑμῶν.

Die synoptischen Parallelen zu Mk 6,11 haben auffallende gemeinsame Veränderungen gegenüber Mk: τόπος in Mk 6,11 wird bei den Seitenreferenten Mt 10,14 par Lk 9,5 ausgelassen. Statt einer geographischen Angabe haben Mt und Lk eine persönliche und legen damit das Gewicht auf den persönlichen Glauben. Die Verbesserung der holperigen Mk-Konstruktion schliesst jedenfalls diese Möglichkeit nicht aus. Weiters schreiben sie ἐξερχόμενοι für ἐκπορευόμενοι bei Mk. ἐκεῖθεν wird ersetzt durch eine konkrete Angabe, die wieder teilweise bei Mt und Lk parallel ist: ἔξω τῆς οἰκίας ἢ τῆς πόλεως ἐκείνης (Mt) und ἀπὸ τῆς πόλεως ἐκείνης (Lk). Als vierte Gemeinsamkeit im gleichen Vers haben sie τὸν κονιορτόν anstelle von τὸν χοῦν bei Mk. Es ist unmöglich, diese gemeinsamen Änderungen gegen Mk als zufälliges Zusammentreffen eigenständiger und unabhängiger Redaktion des Lk und Mt zu beurteilen (21). Gegen Harmonisierung spricht wieder, dass die Parallelen zur ganzen Perikope Mk 6,6-13 auch eine grosse Zahl von redaktionellen Änderungen haben, die nur bei Mt oder Lk stehen.

Als einfachste Lösung scheint sich auch hier wieder die Annahme einer schriftlichen Quelle anzubieten, in der die parallelen Änderungen des Mt und Lk gegenüber Mk schon vorhanden waren. Das muss man umso eher annehmen, als sich zur Perikope Mk 6,6-13 noch eine relativ grosse Zahl weiterer gemeinsamer Abweichungen der Seitenreferenten findet. Sie werden hier nur kurz ohne nähere Untersuchung aufgezählt (22).

a) Mt 10,1 προσκαλεσάμενος par Lk 9,1 συγκαλεσάμενος haben Partizipialform gegen Mk 6,7 προσκαλεῖται. Der Wechsel der Vorsilbe (σύν statt πρός) ist dabei offensichtlich lk Redaktion. Das ergibt sich daraus, dass Lk allein σύν verwendet gegen προσ-καλεῖται und προσ-καλεσάμενος bei Mk und

(21) Es ist völlig unglaubwürdig, dass jeder z.B. τῆς πόλεως ἐκείνης statt ἐκεῖθεν unbeeinflusst vom anderen geschrieben haben sollte, u. ä.

(22) Die Zusammengehörigkeit von Mk 6,7-13, Lk 9,1-6 und der entsprechenden Verse Mt 10,1.9-11.14 wird erst bei der Besprechung von οἰκία Mt 10,12 näher behandelt werden.

Mt, ebenso aber aus der Sprachstatistik. συγκαλεῖν steht von acht Stellen, an denen es im NT vorkommt, siebenmal in den Lk-Schriften: Lk 9,1; 15,6.9; 23,13; Apg 5,21; 10,24; 28,17, (Mk 15,16).

b) Der Satz καὶ ἤρξατο αὐτοὺς ἀποστέλλειν δύο δύο (Mk 6,7) ist vor ἔδωκεν (Mt, Lk) weggelassen ([23]). Da die Umrahmung der Mk-Stelle auch bei Mt und Lk genauso gegeben ist (Zusammenrufen der Zwölf, Macht über die Dämonen und für Heilungen), ist die Parallelität der Auslassung sicher. Das Ausmass der Übereinstimmung des Wortlautes und der Wortfolge des Rahmentextes drängen sehr stark dazu, auch die Streichung schon der gemeinsamen Quelle zuzuschreiben.

c) Die postulierte Quelle des Mt und Lk schreibt ἔδωκεν statt ἐδίδου (Mk).

d) καὶ θεραπεύειν πᾶσαν νόσον (Mt 10,1) und καὶ νόσους θεραπεύειν (Lk 9,1) ist z.T. wörtlich gleich und bei Mk in V. 7 nicht vorhanden.

e) Statt des Finalsatzes ἵνα... Mk 6,8 haben Mt 10,9 par Lk 9,3 ein direktes Verbot μὴ κτήσησθε... (Mt) und μηδὲν αἴρετε (Lk). Obwohl verschiedene Verben verwendet werden (κτᾶσθαι, αἴρειν), ist die gleiche, von Mk abweichende Konstruktion nicht selbstverständlich.

f) μηδὲ ἄργυρον (Mt 10,9) ist parallel mit μήτε ἀργύριον (Lk 9,3) und ohne Parallele bei Mk 6,8.

g) Der Stab, der bei Mk 6,8 für die Reise erlaubt wird: μηδὲν... εἰ μὴ ῥάβδον μόνον, ist den Jüngern bei Mt und Lk nicht erlaubt: μηδὲ ῥάβδον Mt 10,10 par Lk 9,3 μήτε ῥάβδον.

h) καὶ μὴ ἐνδύσησθε δύο χιτῶνας Mk 6,9 ist bei Mt und Lk kürzer wiedergegeben ohne das Verb: μηδὲ δύο χιτῶνας Mt 10,10 par μήτε ἀνὰ δύο χιτῶνας Lk 9,3.

j) Die Einleitung der Verallgemeinerung εἰς ἣν δ' ἄν... Mt 10,11 und καὶ εἰς ἣν ἄν... Lk 9,4 ist parallel geändert gegen ὅπου ἐάν... Mk 6,10.

k) Das Objekt des Verbs ist bei Mk 6,10 nachgestellt (εἰσέλθητε εἰς οἰκίαν), bei Mt 10,11 (πόλιν ἢ κώμην εἰσέλθητε) und Lk 9,4 (... οἰκίαν εἰσέλθητε) geht es voran ([24]).

([23]) Ein ähnlicher Text ist erst später Lk 9,2 (vgl. Mt 10,5-7) eingeordnet.

([24]) Für eine genauere Kennzeichnung der benützten Quelle gibt es auch in diesem Abschnitt wieder Hinweise: Neben der sprachlichen Glättung des Textes von Mk 6,11, die später anzusetzen ist als der vorliegende Mk-Text, bietet vielleicht auch die sachliche Änderung eine Handhabe. Die stärkere Betonung der persönlichen Glaubensbereitschaft (die sich in der Aufnahme der Glaubensboten zeigt), legt Wert auf das Wesentliche gegenüber einer Formulierung, die das noch nicht so hervorhebt. Die Quelle des Mt und Lk scheint also ein überarbeiteter Mk-Text gewesen zu sein.

Für Mk 6,11 ergibt sich also, dass das untersuchte Wort ἐκεῖθεν mit ziemlicher Sicherheit schon vor Mt aus dem Mk-Text gestrichen und nicht von Mt übergangen wurde.

15) Lk 16,26: ...χάσμα μέγα ἐστήρικται, ὅπως οἱ θέλοντες διαβῆναι ἔνθεν πρὸς ὑμᾶς μὴ δύνωνται, μηδὲ ἐκεῖθεν πρὸς ὑμᾶς διαπερῶσιν.

Die Stelle gehört zum Sondergut des Lk und ist darum für die Beurteilung des Mt-Stils ohne Belang.

Dieser Überblick über den nicht-mt Sprachgebrauch von ἐκεῖθεν zeigt, dass das Wort nur an der Parallelstelle zu Mk 6,10 von Mt ausgelassen sein dürfte. Dort ist es wahrscheinlich gestrichen, weil es nach der konkreten Angabe πόλις und κώμη nicht mehr nötig ist. Das Ergebnis der Untersuchung des mt Sprachgebrauchs mit seinen Konsequenzen für Mt 9,27 bleibt also völlig aufrecht.

3. *ἀκολουθεῖν*

Die Statistik zeigt, dass Mt das Wort häufiger verwendet als Mk und Lk: Mt 25, Mk 19, Lk 17, Apg 4. Es wäre aber methodisch falsch, schon aus einer grösseren Zahl von Stellen, an denen das Wort in einem Evangelium erscheint, auf Stileigenarten des Evangelisten zu schliessen. Es besteht ja die Möglichkeit, dass die nicht aus Mk genommenen Stellen einer Vorlage entstammen, die der zweite Seitenreferent nicht kannte. Ohne Untersuchung der Einzelstellen und Beachtung der Quellenfrage ist also das statistische Ergebnis zweideutig und kann zu Fehlschlüssen Anlass geben.

Aus den vorausgegangenen Untersuchungen von παράγειν und ἐκεῖθεν steht fest, dass diese beiden Worte zum Mt-Stil gehören und dass darum auch παράγοντι ἐκεῖθεν Mt 9,27 redaktionell ist. Wegen der engen Verbindung mit den genannten Worten möchte man dasselbe auch für ἠκολούθησαν annehmen. Andererseits ist aber der mt Charakter der gesamten Perikope keine erwiesene Tatsache. Man muss mit der Möglichkeit rechnen, dass einer fremden Überlieferung eine mt Einleitung aufgeprägt wurde. Es ist also methodisch nur erlaubt, den Sprachgebrauch des Wortes zu untersuchen und dann zu fragen, wie weit Wortform und stilistische Eingliederung von ἠκολούθησαν bei Mt 9,27 mit diesem Ergebnis übereinstimmen.

Obwohl sich der Stil des Evangelisten schon nach der Untersuchung einer geringen Zahl von Stellen abzeichnen kann, werden doch bei diesem und bei den meisten folgenden Worten sämtliche Stellen untersucht, weil nur so ein abgerundetes Bild zu erhalten ist. Ausserdem ergibt sich erst aus einer Gesamtuntersuchung, in welchem Grad ein Wort dem Stil des Evangelisten entspricht.

1) Mt 4,20: οἱ δὲ εὐθέως ἀφέντες τὰ δίκτυα ἠκολούθησαν αὐτῷ.
Mk 1,18: καὶ εὐθὺς ἀφέντες τὰ δίκτυα ἠκολούθησαν αὐτῷ.

Lk hat eine verwandte Stelle in 5,11. Sprachlich ist diese aber enger verknüpft mit Mk 1,20 par Mt 4,22 durch τὰ πλοῖα, das bei Mt 4,20 par Mk 1,18 nicht steht. Trotzdem kann Lk 5,11 auch nicht Mt 4,22 par Mk 1,20 zugeordnet werden, weil diese Stelle in einem bringt, was bei Mt und Mk auf zwei Texte verteilt ist. Bei Lk ist 5,11 der Abschluss der ganzen Geschichte 5,1-10 und nicht nur auf 5,10 bezogen.

Unabhängig von der genauen Zugehörigkeit der Lk-Parallele steht der mk Ursprung von ἀκολουθεῖν bei Mt 4,20 fest aufgrund des fast identischen Textes in beiden Evangelien.

2) Mt 4,22: οἱ δὲ εὐθέως ἀφέντες τὸ πλοῖον καὶ τὸν πατέρα αὐτῶν ἠκολούθησαν αὐτῷ.
Mk 1,20: καὶ ἀφέντες τὸν πατέρα αὐτῶν Ζεβεδαῖον ἐν τῷ πλοίῳ μετὰ τῶν μισθωτῶν ἀπῆλθον ὀπίσω αὐτοῦ.
Lk 5,11: καὶ καταγαγόντες τὰ πλοῖα ἐπὶ τὴν γῆν ἀφέντες πάντα ἠκολούθησαν αὐτῷ.

Zum Text von Lk 5,11 wurde bei Mt 4,20 Stellung genommen. Mt setzt statt ἀπῆλθον ὀπίσω αὐτοῦ das viel deutlichere ἠκολούθησαν αὐτῷ. Während bei Mk die Betonung noch mehr auf den in der Perikope genannten Jüngern liegt, hat der Ausdruck bei Mt eine Form, die einen grösseren Kreis anspricht: Die Nachfolge der Berufenen wird nicht nur sachlich, sondern auch dem Ausdruck nach typisiert und zum Vorbild für alle Christen (25). Im übrigen ist dieser Vers parallel zu 4,20 gestaltet, wie das in beiden Stellen völlig identische οἱ δὲ εὐθέως ἀφέντες und ebenso die gleichartig gebaute Konstruktion zeigen. Für Mt 4,20 besteht zwar ebenso wie für 4,22 ein Ansatz bei Mk, aber der genau übereinstimmende Wortlaut und darin ἠκολούθησαν αὐτῷ gehen auf Mt zurück:

4,30: *οἱ δὲ εὐθέως ἀφέντες τὰ δίκτυα*
ἠκολούθησαν αὐτῷ.
4,22: *οἱ δὲ εὐθέως ἀφέντες τὸ πλοῖον καὶ τὸν πατέρα αὐτῶν*
ἠκολούθησαν αὐτῷ.

3) Mt 12,15: ὁ δὲ Ἰησοῦς γνοὺς ἀνεχώρησεν ἐκεῖθεν καὶ ἠκολούθησαν αὐτῷ πολλοί, καί...

(25) Vgl. STRECKER, *Weg*, 193-4, und HELD, *Wundergeschichten*, 220, Anm. 6.

Mk 3,7: καὶ πολὺ πλῆθος ἀπὸ τῆς Γαλιλαίας ἠκολούθησεν.

Lk 6,17: καὶ καταβὰς μετ' αὐτῶν ἔστη ἐπὶ τόπου πεδινοῦ, καὶ ὄχλος πολὺς μαθητῶν αὐτοῦ, καὶ πλῆθος πολὺ τοῦ λαοῦ... (26).

Mt hat wieder dieselbe Ausdrucksweise ἠκολούθησαν αὐτῷ wie schon 4,20.22. ἀκολουθεῖν ist zwar schon bei Mk vorhanden, aber die Wiederholung derselben Form ist mt (27).

Zur vollen Beurteilung von Mt 12,15 muss auch noch Mt 4,25 verglichen werden.

4) Mt 4,25: καὶ ἠκολούθησαν αὐτῷ ὄχλοι πολλοὶ ἀπὸ τῆς Γαλιλαίας καὶ Δεκαπόλεως καὶ Ἱεροσολύμων καὶ Ἰουδαίας καὶ πέραν τοῦ Ἰορδάνου.

Dieser Vers steht in engem Zusammenhang mit dem eben besprochenen Text 12,15 und den Parallelen. Besonders mit Mk 3,7-8 hat er eine starke Verwandtschaft:

3,7: καὶ πολὺ πλῆθος ἀπὸ τῆς Γαλιλαίας ἠκολούθησεν· καὶ ἀπὸ τῆς Ἰουδαίας

8: καὶ ἀπὸ Ἱεροσολύμων καὶ ἀπὸ τῆς Ἰδουμαίας καὶ πέραν τοῦ Ἰορδάνου καὶ περὶ Τύρον...

Mit Ausnahme von Δεκαπόλεως stehen alle geographischen Angaben auch bei Mk. Es ist unzweifelhaft, dass Mt den Text 4,25 ebenfalls wie den von 12,15 aus Mk 3,7-8 genommen hat. Wie ein Vergleich des Stoffes von Mk 2,23-3,12 mit Mt 12, 1-16 (21) zeigt, ist dabei Mt 12,15 und nicht 4,25 die eigentliche Rahmenstelle. Mt hat also einen Text seiner Quelle aufgespalten und den einen Teil bei 12,15, den anderen bei 4,25 verwendet. ἀκολουθεῖν wird in beiden Texten gesetzt.

Der Grund für die Transponierung nach 4,25 lässt sich aus dem Kontext klar erkennen. Mt wollte für die folgende Bergpredigt einen günstigen Ansatzpunkt, und die Aufzählung der Massen in Mk 3,7-8, die aus allen Teilen Palästinas kommen, bot ihm dazu eine gute Möglichkeit.

Für die Mt-Redaktion ergibt sich hier dasselbe wie bei den vorausgehenden Stellen: In Mk findet sich zwar ein Ansatz, aber die vorliegende Form ἠκολούθησαν αὐτῷ verrät die Hand des Mt.

---

(26) Die Zusammengehörigkeit der Texte wurde schon bei ἐκεῖθεν Mt 12,15 besprochen.

(27) Dass Lk, wie in der Einleitung erwähnt wurde, nicht als Quelle für Mt in Frage kommt, wird u.a. aus diesem Text klar bestätigt. Mt hält sich deutlich an Mk, ohne aus dem zitierten Lk-Text auch nur ein einziges Element zu übernehmen.

5) Mt 8,1: καταβάντος δὲ αὐτοῦ ἀπὸ τοῦ ὄρους *ἠκολούθησαν αὐτῷ* ὄχλοι πολλοί.

Diese Einleitung zur Perikope von der Heilung eines Aussätzigen ist Eigentum des Mt. Erst in V. 2 hat sein Stoff eine Parallele bei Mk (1,40). Dass auch die Einleitung der zugehörigen Lk-Perikope Lk 5,12 redaktionell ist, lässt sich leicht erweisen. καὶ ἐγένετο am Satzanfang ist bei Lk (24) häufiger als bei Mk (3) und Mt (6). Die Fortsetzung dieses Satzanfanges mit einem substantivierten Infinitiv steht bei ihm ebenfalls weit öfter als bei den übrigen Synoptikern: Mt kennt diese Fortsetzung überhaupt nicht, Mk hat sie nur einmal (4,4), Lk dagegen 13 mal: 5,12; 9,18.29.33; 11,1; 14,1; 17,11.14; 19,15; 24,4.15.30.51. Unter diesen Stellen sind 5,12; 9,18 und 11,1 nochmals bemerkenswert, weil bei ihnen nicht nur dieselbe Konstruktion vorliegt, sondern auch der Text gleich lautet: καὶ ἐγένετο ἐν τῷ εἶναι αὐτόν.

ἠκολούθησαν αὐτῷ (Mt) ist wieder genau gleich mit den vier vorausgehenden Stellen und verrät so nochmals seine Herkunft.

6) Mt 8,23: καὶ ἐμβάντι αὐτῷ εἰς τὸ πλοῖον *ἠκολούθησαν αὐτῷ* οἱ μαθηταὶ αὐτοῦ.

Mk 4,36: καὶ ἀφέντες τὸν ὄχλον παραλαμβάνουσιν αὐτὸν ὡς ἦν ἐν τῷ πλοίῳ, καὶ ἄλλα πλοῖα ἦν μετ' αὐτοῦ.

Lk 8,22: ἐγένετο δὲ ἐν μιᾷ τῶν ἡμερῶν καὶ αὐτὸς ἀνέβη εἰς πλοῖον καὶ οἱ μαθηταὶ αὐτοῦ, ...

Abgesehen von der Verwandtschaft mit Mk steht der Mt-Text auch mit Lk in Verbindung. ἐμβάντι (Mt) entspricht ἐνέβη (Lk) und weiters steht in beiden Texten οἱ μαθηταὶ αὐτοῦ gegen Mk. Es muss also auch hier wieder zunächst die sprachliche Beziehung zwischen Mt und Lk geklärt werden, bevor der Ursprung von ἠκολούθησαν αὐτῷ beurteilt werden kann. Dazu muss eine eventuelle Drittredaktion als erstes abgehoben werden.

Bei Lk zeigt gleich die Einleitung von 8,22 eine starke Bearbeitung durch den Evangelisten. ἐγένετο δέ als Satzanfang findet sich nicht bei Mt, ebenfalls nicht bei Mk, dafür aber umso häufiger bei Lk: 1,8: 2,1.6; 3,21; 5,1; 6,1.6.12; 8,22; 9,28.37.51; 11,14.27; 16,22 und 18,35. Der folgende Ausdruck ἐν μιᾷ τῶν ἡμερῶν ist wieder für Lk sehr bezeichnend. Er fehlt ebenfalls bei Mt und Mk und ausserdem in der Apg; im Evangelium verwendet ihn Lk jedoch viermal: 5,17; 8,22; 20,1; 17,22. Unter diesen Texten gehören besonders 5,17 und 20,1 eng zu 8,22:

20,1: καὶ ἐγένετο ἐν μιᾷ τῶν ἡμερῶν...
5,17: καὶ ἐγένετο ἐν μιᾷ τῶν ἡμερῶν...
8,22: ἐγένετο δὲ ἐν μιᾷ τῶν ἡμερῶν... [28]

---

[28] In 5,17 und 8,22 besteht bei Mk ein Ansatz für die Formel.

Καὶ ἐγένετο und ἐν μιᾷ τῶν ἡμερῶν stehen in beiden Stellen und sind ohne ein Zwischenglied miteinander verknüpft, was nur wenig von ἐγένετο δὲ ἐν μιᾷ τῶν ἡμερῶν (8,22) verschieden ist. Die Fortsetzung des Textes bei Lk 5,17 und 8,22 zeigt neuerdings ein Stilelement des Lk auf: Als drittes Glied der Formel setzt er καὶ αὐτός, worauf das Prädikat folgt:

8,22: ἐγένετο δὲ ἐν μιᾷ τῶν ἡμερῶν καὶ αὐτὸς ἀνέβη...
5,17: καὶ ἐγένετο ἐν μιᾷ τῶν ἡμερῶν καὶ αὐτὸς ἦν διδάσκων...

Nach ἐγένετο δέ als Satzeinleitung, ἐν μιᾷ τῶν ἡμερῶν und der Fortsetzung καὶ αὐτός + Verb ist καὶ εἶπεν πρὸς αὐτούς ein weiteres lk Merkmal. Auch dieses Element fehlt bei Mt und Mk ganz, während es Lk mehrmals verwendet. Die genaue Form καὶ εἶπεν πρὸς αὐτούς steht Lk 2,49; 4,23; 9,3; 11,5 und 22,15 jeweils am Satzanfang, bei 8,22 und 19,13 am Satzende. Bei 14,5 ist nur die Wortfolge umgestellt. Ähnliche Formeln mit nur kleinen Ergänzungen oder Einschüben finden sich bei Lk noch in relativ grosser Zahl.

Nach Beseitigung dieser redaktionellen Zusätze fallen die Übereinstimmungen des Mt und Lk gegen Mk umso deutlicher auf. Wie schon mehrfach, wird man auch hier eine von Mk verschiedene Quelle als Grundlage für Mt und Lk in Betracht ziehen, die das Phänomen gut erklären würde. Als Spuren dieser Schrift, die sich als spätere Bearbeitung des Mk-Ev verstehen lassen, sind die folgenden erhalten geblieben:

a) Während es bei Mk 4,36 heisst: παραλαμβάνουσιν αὐτὸν ὡς ἦν ἐν τῷ πλοίῳ, wird diese wenig ehrfurchtsvolle Formulierung in Mk II durch eine " gläubigere " ersetzt. Jesus selbst steigt ins Boot, von ihm geht die Initiative aus (Mt 8,23: καὶ ἐμβάντι αὐτῷ... ἠκολούθησαν par Lk 8,22: καὶ αὐτὸς ἀνέβη). Sprachlich ist diese Umgestaltung mit einer Änderung des Verbs verbunden (παραλαμβάνειν-ἐμβαίνειν). Der Text ist also bereits ins Vorbildhafte stilisiert.

b) Das zeigt auch die Einfügung von οἱ μαθηταὶ αὐτοῦ, die das Verhalten der Jünger bereits zum Vorbild für die Christen macht, während es bei Mk mehr um eine realistische Darstellung geht. In Mk II werden Petrus und die übrigen nicht aus historischem Interesse genannt, sondern in pastoraler Absicht als Vorbilder christlichen Verhaltens (μαθηταί) typisiert (29).

c) Aus der genannten typisierenden Absicht wird alles weggelassen, was die Klarheit dieses Eindrucks stören könnte. Darum ist καὶ ἄλλα πλοῖα ἦν μετ' αὐτοῦ (Mk 4,36) in der Vorlage des Lk und Mt nicht mehr enthalten. Dieser Satz

---

(29) Im Zusammenhang mit dieser Änderung könnte wegen der engen sprachlichen Verknüpfung auch Mk 4,36 καὶ ἀφέντες τὸν ὄχλον weggefallen sein.

lenkt die Aufmerksamkeit auf Nebensächlichkeiten und bringt ab vom pastoralen Hauptziel.

d) Die genauere sachliche Schilderung Mk 4,38 καὶ αὐτὸς ἦν ἐν τῇ πρύμνῃ ἐπὶ τὸ προσκεφάλαιον ist möglicherweise aus demselben Grund gestrichen.

e) Mt 8,25 par Lk 8,24 haben den Aorist statt des historischen Präsens bei Mk 4,38 und erweitern den Ausdruck parallel durch προσελθόντες. Mt hat προσελθόντες ἤγειραν, Lk προσελθόντες δὲ διήγειραν gegen Mk καὶ ἐγείρουσιν αὐτόν.

f) Im selben Vers ist die parataktische Ausdrucksweise des Mk καὶ λέγουσιν mit dem eigenen Objekt αὐτῷ durch das Partizip λέγοντες ersetzt ohne Wiederholung des Objekts.

g) Der Vorwurf οὐ μέλει σοι ist bei der Zweitauflage weggelassen. In ein Beispiel vorbildhafter Nachfolge passt er nicht. Er ist zu einem Ruf um Hilfe umgestaltet.

h) εἶπεν vor τῇ θαλάσσῃ in Mk 4,39 fehlt in Mk II, wo das Objekt θαλάσσῃ Mt 8,26 bzw. τῷ κλύδωνι τοῦ ὕδατος Lk 8,24 noch vom gleichen Verb ἐπετίμησεν abhängt.

j) Die genauere und dem Redaktor von Mk II wahrscheinlich zu menschlich erscheinende Schilderung σιώπα, πεφίμωσο Mk 4,39 lässt er weg.

k) ἐθαύμασαν Mt 8,27 und Lk 8,25 sind parallel ohne eine solche Form bei Mk 4,41. Diese Einfügung dient als positives Element demselben Motiv der Nachfolge, weil es im Hörer ein Gefühl der Sympathie erweckt.

l) λέγοντες ersetzt im gleichen Vers bei Mt und Lk wieder die Parataxe καὶ ἔλεγεν des Mk.

m) Der Singular ὑπακούει Mk 4,41 trotz des doppelten Subjektes ist verbessert durch den Plural ὑπακούουσιν Mt 8,27 par Lk 8,25.

Aus der Summe dieser Änderungen ergibt sich, dass die Mk II-Redaktion auf eine Stufe weiter entfalteten Glaubens zurückgeht, die an Jesus, Petrus und den übrigen nicht so sehr historisch interessiert ist (was auch schon bei Mk nicht im Vordergrund steht), sondern die aus dem Konkret-Einmaligen das Allgemeingültige und pastoral Brauchbare heraushebt. Die Fassung Mk II dieser Wundererzählung zeigt damit deutlich die seelsorgliche Absicht des Autors und die Situation der Gemeinde.

Dieser Sachverhalt wird von G. Bornkamm offensichtlich nicht in Betracht gezogen, wenn er meint, Mt sei " nicht nur Tradent der Erzählung, sondern auch ihr ältester Exeget " (30). Dass Mt den Nachfolgegedanken noch stärker

---

(30) G. Bornkamm, *Die Sturmstillung im Matthäus-Evangelium*, in: Bornkamm, *Überlieferung*, 48-53; 51.

herausstellt, ist richtig, aber Bornkamm hat übersehen, dass diese paränetisch-pastorale Tendenz schon vor Mt bestand und von diesem nur weitergeführt wurde. Beeindruckt von der Redaktion des ersten Evangelisten spricht der Verfasser nur von " unwesentlichen Differenzen zwischen Markus und Lukas " und übersieht dabei auch die Gemeinsamkeiten zwischen Mt und Lk gegen Mk (31).

Sprachlich ist nach dem Angeführten klar, dass ἠκολούθησαν αὐτῷ als Ergänzung des Mk II-Textes von Mt stammt. Inhaltlich liegt das ebenfalls nahe, weil man kaum annehmen kann, dass Lk die auch in seiner Darstellung gegebene Typisierung des Mk-Textes durch Weglassung eines der wirksamsten Motive wieder teilweise rückgängig gemacht hätte. Positiv spricht neben anderer redaktioneller Bearbeitung des Stückes von gleicher Tendenz für mt Einfügung noch besonders die Voranstellung der Nachfolgesprüche Mt 8,19-22, die durch das Wunder illustriert werden und es umgekehrt erläutern (32).

7) Mt 14,13: καὶ ἀκούσαντες οἱ ὄχλοι *ἠκολούθησαν αὐτῷ* πεζῇ ἀπὸ τῶν πόλεων.

Mk 6,33: καὶ εἶδον αὐτοὺς ὑπάγοντας καὶ ἐπέγνωσαν πολλοί, καὶ πεζῇ ἀπὸ πασῶν τῶν πόλεων συνέδραμον ἐκεῖ καὶ προῆλθον αὐτούς.

Lk 9,11: οἱ δὲ ὄχλοι γνόντες *ἠκολούθησαν αὐτῷ*.

Diese Stelle wurde schon bei der Besprechung von ἐκεῖθεν näher behandelt (33), wobei sich Mk II als Grundlage der ganzen Mt-Perikope herausstellte. Auch den hier untersuchten Text ἠκολούθησαν αὐτῷ konnte Mt schon dieser Quelle (Mk II) entnehmen (34).

8) Mt 19,2: (1) ...καὶ ἦλθεν εἰς τὰ ὅρια τῆς Ἰουδαίας πέραν τοῦ Ἰορδάνου, (2) καὶ *ἠκολούθησαν αὐτῷ* ὄχλοι πολλοί, καὶ ἐθεράπευσεν αὐτοὺς ἐκεῖ.

---

(31) Vgl. Bornkamm, *a.a.O.* 49, Anm. 1.

(32) Vgl. zur Redaktion des Stückes besonders den Artikel von Bornkamm.

(33) Vgl. Seite 55-58.

(34) Als weiteres Merkmal für Mk II ausser οἱ ὄχλοι und ἠκολούθησαν αὐτῷ muss man vielleicht das Partizip ἀκούσαντες (Mt) und γνόντες (Lk) werten. Die Vokabeln sind zwar verschieden, aber in beiden Texten steht das Partizip in so enger Beziehung zu den übrigen Mk II-Elementen, dass man ein Partizip auch schon für diese Quelle annehmen muss. In der Drittredaktion wurde dann das Wort geändert, wobei Mt sekundär sein wird. Bei ihm ist ἀκούσας wie überhaupt der Beginn von V. 13 redaktionell (s.o.). Ausserdem hat Lk in dem Wort γνόντες (9,10) noch etwas vom Mk-Ausdruck ἐπέγνωσαν (6,33) erhalten und ist damit auch der Vorlage näher als Mt.

Mk 10,1: καὶ ἐκεῖθεν ἀναστὰς ἔρχεται εἰς τὰ ὅρια τῆς Ἰουδαίας καὶ πέραν τοῦ Ἰορδάνου, καὶ συμπορεύονται πάλιν ὄχλος πρὸς αὐτόν, καὶ ὡς εἰώθει πάλιν ἐδίδασκεν αὐτούς.

Lk 9,51: ἐγένετο δὲ ἐν τῷ συμπληροῦσθαι τὰς ἡμέρας τῆς ἀναλήμψεως αὐτοῦ καὶ αὐτὸς τὸ πρόσωπον ἐστήρισεν τοῦ πορεύεσθαι εἰς Ἰερουσαλήμ.

Obwohl die Lk-Stelle nach dem Aufbau der Evangelien sehr weit vom zugehörigen Text des Mk und Mt entfernt zu sein scheint, lässt sich die Parallelität des Rahmens verhältnismässig leicht erweisen. Lk 9,51-18,14 ist redaktionelle Komposition des Evangelisten (Reisebericht). Nach Herauslösung des Blockes Lk 9,52-18,14 steht der Lk-Text genau an dem zu Mk 10,1 par Mt 19,1-2 parallelen Platz.

Die Stelle ist von Lk sehr stark bearbeitet. ἐγένετο δέ am Satzanfang, die Fortsetzung mit substantiviertem Infinitiv und καὶ αὐτός als weiteres Glied haben sich schon als Stil des Evangelisten herausgestellt. Weiters kommt στηρίζω in den Evangelien nur bei Lk vor (9,51; 16,26; 22,32), der es auch noch Apg 18,23 verwendet. Im Zusammenhang damit geht auch τὸ πρόσωπον auf ihn zurück. Ἰερουσαλήμ wird von Lk besonders bevorzugt. Ausser Mt 23,37 steht das Wort innerhalb der Evangelien nur bei Lk, der es 27mal setzt. In der Apg steht es nochmals an 39 Stellen.

Für einen Textvergleich mit Mk und Mt bleibt also nur πορεύεσθαι [35], für dessen Verknüpfung mit Mk eine doppelte Möglichkeit zu bestehen scheint. Der Sache nach gehört πορεύεσθαι εἰς Ἰερουσαλήμ (Lk) möglicherweise mit Mk ἔρχεται εἰς τὰ ὅρια τῆς Ἰουδαίας par Mt καὶ ἦλθεν εἰς τὰ ὅρια τῆς Ἰουδαίας zusammen, dem Wortlaut nach erinnert es mehr an συμπορεύονται bei Mk. Wenn man die sachliche Beziehung für ausschlaggebend hält, muss man πορεύεσθαι für sekundär halten gegenüber dem bei Mk und Mt parallelen Ausdruck ἔρχεσθαι. Falls man die sprachliche Verwandtschaft zwischen πορεύεσθαι und συμπορεύονται für gewichtiger einschätzt und den Lk-Text von diesem Mk-Stück herleitet, muss man einen der zweiten Hälfte des Mk-Verses ähnlichen Text auch für die Quelle des Lk annehmen, der dann die erste Hälfte mit dem Vokabular der zweiten ausgedrückt hätte. Im zweiten Fall wäre ἠκολούθησαν mt Redaktion. — Für diese letzte Annahme sprechen auch noch andere Beobachtungen. Während nämlich bei Lk nur noch ein einziges Wort an den Mk-Text erinnert, ist das Verhältnis zwischen Mk und Mt umgekehrt und der Kontext

---

(35) καὶ ἐγένετο Mt 19,1 kann als Parallele zu Lk 9,51 nicht unbedingt genannt werden, da es formelhaft ist und bei Mt, mit Ausnahme von 9,10, nur in den Abschlussformeln 7,28; 11,1; 13,53; (19,1) und 26,1 vorkommt.

des fraglichen Wortes (ἠκολούθησαν) bei Mt derselbe wie bei Mk (εἰς τὰ ὅρια τῆς Ἰουδαίας, πέραν τοῦ Ἰορδάνου, ὄχλοι). ἠκολούθησαν scheint also mt Ursprung zu haben.

Zu dem gleichen Ergebnis kommt man auch noch durch innermatthäischen Sprachvergleich. Nur bei Mt findet sich die Aufeinanderfolge von ἠκολούθησαν αὐτῷ und ὄχλοι πολλοί:

4,25: *καὶ ἠκολούθησαν αὐτῷ ὄχλοι πολλοί*
8,1: *ἠκολούθησαν αὐτῷ ὄχλοι πολλοί*
19,2: *καὶ ἠκολούθησαν αὐτῷ ὄχλοι πολλοί*

Mt 20,29 hat Singularform (ἠκολούθησεν αὐτῷ ὄχλος πολύς), sonst aber die gleiche Konstruktion wie die drei angeführten Stellen. Redaktioneller Ursprung liegt also nahe.

9) Mt 20,34: καὶ εὐθέως ἀνέβλεψαν καὶ *ἠκολούθησαν* αὐτῷ.
Mk 10,52: καὶ εὐθὺς ἀνέβλεψεν καὶ *ἠκολούθει* αὐτῷ ἐν τῇ ὁδῷ.
Lk 18,43: καὶ παραχρῆμα ἀνέβλεψεν, καὶ ἠκολούθει αὐτῷ δοξάζων τὸν θεόν.

Ἀκολουθεῖν wird von allen drei Synoptikern verwendet, wobei Mk und Lk auch die gleiche Form haben. Nur Mt weicht ab, der dafür den von ihm bevorzugten Ausdruck ἠκολούθησαν (αὐτῷ) setzt. Der Plural ist mit der Zweizahl der Blinden gegeben, aber die Verwendung des Aorists ist mt Redaktion.

10) Mt 27,55: ἦσαν δὲ ἐκεῖ γυναῖκες πολλαὶ ἀπὸ μακρόθεν θεωροῦσαι αἵτινες *ἠκολούθησαν* τῷ Ἰησοῦ ἀπὸ τῆς Γαλιλαίας διακονοῦσαι αὐτῷ.
Mk 15,41: ...αἳ ὅτε ἦν ἐν τῇ Γαλιλαίᾳ *ἠκολούθουν* αὐτῷ καὶ διηκόνουν αὐτῷ, καί...
Lk 23,49: εἱστήκεισαν δὲ πάντες οἱ γνωστοὶ αὐτῷ ἀπὸ μακρόθεν, καὶ γυναῖκες αἱ *συνακολουθοῦσαι* αὐτῷ ἀπὸ τῆς Γαλιλαίας, ὁρῶσαι ταῦτα.

Wie im vorigen Fall findet sich ἀκολουθεῖν bei allen Synoptikern. Zumindest das Wort entstammt also bei Mt einer Quelle, wenn auch die Formen bei allen Evangelisten jeweils verschieden sind. Dass das Kompositum (συνακολουθεῖν) auf Rechung des Lk geht, ist bei der Übereinstimmung von Mk und Mt, die das Simplex haben, klar. Da er allein gegenüber Mk und Mt in der Einleitung ein Vollverb setzt (εἱστήκεισαν), geht auch die Partizipialform συνακολουθοῦσαι auf ihn zurück.

Für die Quellenfrage ist aber eine andere Beobachtung interessanter. Parallel wird bei Mt 27,55 und Lk 23,49 von den Frauen, die beim Kreuz Jesu stehen, sofort gesagt, dass sie Jesus *von* Galiläa gefolgt sind (αἵτινες ἠκολούθησαν, Mt; αἱ συνακολουθοῦσαι, Lk; ἀπὸ τῆς Γαλιλαίας, Mt und Lk). Bei Mk 15,41 lautet der entsprechende Ausdruck ἐν τῇ Γαλιλαίᾳ und ist nicht auf die Frauen, sondern auf Jesus bezogen. Ausserdem nennt Mk 15, 40 gleich am Anfang einige Frauen namentlich, die bei Mt erst nach der Erwähnung der Nachfolge aufgezählt werden. Bei Lk fehlt zwar diese Aufzählung, aber die mit Mt parallele Stoffolge zeigt, dass ihre Nennung in seiner Vorlage ebenfalls nur an dem Platz erfolgen konnte, an dem sie bei Mt geschieht. Bezüglich ἀκολουθεῖν ergibt sich also, dass das Wort in Mk II einen neuen Platz erhielt. Den genauen Text dieser Quelle kann man wegen der von Lk stammenden Partizipialform nicht mehr eruieren. Weil Mt aber, wie aus den bisherigen Stellen ersichtlich ist, ἠκολούθησαν αὐτῷ gern verwendet und weil er häufig ein Pronomen durch einen Namen ersetzt (Jesus), wird der gesamte Ausdruck ἠκολούθησαν τῷ Ἰησοῦ Redaktion des Evangelisten sein (36).

11) Mt 9,9: καὶ λέγει αὐτῷ· *ἀκολούθει μοι*. καὶ ἀναστὰς *ἠκολούθησεν αὐτῷ*.
Mk 2,14: καὶ λέγει αὐτῷ· *ἀκολούθει μοι*. καὶ ἀναστὰς *ἠκολούθησεν αὐτῷ*.
Lk 5,27-28: καὶ εἶπεν αὐτῷ· *ἀκολούθει μοι*. (28) καὶ καταλιπὼν πάντα ἀναστὰς *ἠκολούθει αὐτῷ*.

Die Form ἀκολούθει μοι ist in allen drei Überlieferungen gleich. Es ist dabei mit Sicherheit anzunehmen, dass Mt sie in seiner Vorlage fand. Auch die zweite Formel ἠκολούθησεν αὐτῷ liegt schon bei Mk vor, ist also von Mt nur übernommen. Lk allein weicht ab.

12) Mt 26,58: ὁ δὲ Πέτρος *ἠκολούθει* *αὐτῷ* ἀπὸ μακρόθεν.
Mk 14,54: καὶ ὁ Πέτρος ἀπὸ μακρόθεν *ἠκολούθησεν αὐτῷ*.
Lk 22,54: ὁ δὲ Πέτρος *ἠκολούθει* μακρόθεν.

Trotz der Kürzung und Umänderung des Textes von Mk 14,53-54 bei Lk ist diese Stelle für den Vergleich mit den übrigen Synoptikern gut geeignet. Das Wort ἀκολουθεῖν konnte Mt aus Mk entnehmen. Interessant ist aber wieder die konkrete Form, die sofort auf das Quellenproblem verweist. Mt weicht nämlich gemeinsam mit Lk durch ἠκολούθει von Mk ἠκολούθησεν ab. Man könnte auf die Aktionsart des Verbums hinweisen und behaupten, dass jeder Evangelist

---

(36) Nach den Stellen mit ἠκολούθησαν αὐτῷ bzw. τῷ Ἰησοῦ, wo immer der Plural des Prädikats mit Ἰησοῦς als Objekt verbunden ist, folgen nun die anderen Formen, in denen das Objekt gleich ist, aber das Prädikat Unterschiede aufweist.

eigenständig die nicht ganz entsprechende Ausdrucksweise des Mk geändert habe. Dieser schreibt ja, dass Petrus von weitem Jesus bis in den Vorhof des Hohenpriesters folgte. Anstelle des punktuellen Aorists hätte sich dafür sicher das Imperfekt besser geeignet, das eine Dauer ausdrückt. Man kann dabei aber nicht von der übrigen Textbearbeitung absehen.

Mt und Lk haben nämlich im selben Vers noch weitere von Mk abweichende Gemeinsamkeiten. Statt καὶ ὁ Πέτρος (Mk) leiten sie den Staz mit ὁ δὲ Πέτρος ein. Für sich genommen beweist die Stelle nichts, weil grammatikalisch jede der beiden Formulierungen verwendet werden und die tatsächliche Parallelität zwischen Mt und Lk in diesem Punkt Zufall sein könnte. Ausserdem ist aber das Prädikat ἠκολούθει gemeinsam nach vorn gezogen und folgt sofort auf den Namen Petrus, während bei Mk ἀπὸ μακρόθεν dazwischen steht. Bei Lk ist weiters zu beachten, dass die Parallelität mit Mt vorliegt, obwohl der Evangelist sonst den Stoff stark kürzt und umarbeitet. Eine zufällige Textgleichheit kommt gerade deswegen als Erklärung nicht in Frage. So drängt sich auch hier wiederum ein Ausgehen beider von einer gemeinsamen Redaktion des Mk-Ev als Lösung auf (Mk II). Dabeit lässt sich auch an dieser Stelle ein Argument für die zeitliche Einstufung gewinnen. Da ἠκολούθει (Mt, Lk) gegenüber ἠκολούθησεν eine grammatikalische Verbesserung darstellt, ist auch hier die gemeinsame Vorlage für Mt und Lk später als der kanonische Mk anzusetzen ([37]).

13) Mt 8,19: καὶ προσελθὼν εἷς γραμματεὺς εἶπεν αὐτῷ· διδάσκαλε, *ἀκολουθήσω σοι ὅπου ἐὰν ἀπέρχῃ.*

Lk 9,57: καὶ πορευομένων αὐτῶν ἐν τῇ ὁδῷ εἶπέν τις πρὸς αὐτόν· *ἀκολουθήσω σοι ὅπου ἐὰν ἀπέρχῃ.*

Die Stelle findet sich in einem Q-Text, aus dem Mt und Lk die Worte des Bittstellers unverändert übernehmen.

Wegen des Kontextes muss auch Mt 8,22 gleich anschliessend behandelt werden.

14) Mt 8,22: ὁ δὲ Ἰησοῦς λέγει αὐτῷ· *ἀκολούθει μοι,* καὶ ἄφες τοὺς νεκροὺς θάψαι τοὺς ἑαυτῶν νεκρούς.

Lk 9,60: εἶπεν δὲ αὐτῷ· ἄφες τοὺς νεκροὺς θάψαι τοὺς ἑαυτῶν νεκρούς, σὺ δὲ ἀπελθὼν διάγγελλε τὴν βασιλείαν τοῦ θεοῦ.

([37]) Auf weitere Indizien für Mk II, die sich aus einer Perikope gewinnen lassen, wird nur mehr hingewiesen, wenn ein Text für sich genommen auch als Zusammentreffen der unabhängigen Redaktion des Mt und Lk aufgefasst werden könnte.

Ein Vergleich dieser zwei Stellen lässt zunächst unentschieden, ob Mt das betreffende Wort eingefügt oder Lk es ausgelassen hat. Abgesehen von der Stoffverlängerung des Lk (VV. 61-62), in der nochmals dasselbe Wort vorkommt (ἀκολουθήσω σοι), steht dieselbe Form aber auch Lk 9,59: εἶπεν δὲ πρὸς ἕτερον· ἀκολούθει μοι. ὁ δὲ εἶπεν. Diesem Text des Lk steht ein anderer bei Mt gegenüber, V. 21: ἕτερος δὲ τῶν μαθητῶν εἶπεν αὐτῷ, wo das Wort fehlt. Man kann kaum annehmen, dass bei Mt 8,22 und Lk 9,59 der Imperativ ἀκολούθει μοι jeweils redaktionell eingefügt und dass er in Mt 8,21 und Lk 9,60 ebenfalls wieder vom jeweiligen Evangelisten ausgelassen wurde, besonders da es sich um denselben Stoff handelt. Einer von beiden hat den Ausdruck, der schon in Q stand, an eine andere Stelle verschoben, wobei hier nicht darauf eingegangen werden muss, wem die Redaktion zufällt. Der Ausdruck ist also bei Mt der Sache nach sicher nicht ursprünglich.

15) Mt 16,24: ...καὶ ἀράτω τὸν σταυρὸν αὐτοῦ, καὶ *ἀκολουθείτω μοι*
Mk 8,34: ...καὶ ἀράτω τὸν σταυρὸν αὐτοῦ, καὶ *ἀκολουθείτω μοι*
Lk 9,23: ...καὶ ἀράτω τὸν σταυρὸν αὐτοῦ, καθ' ἡμέραν, καὶ *ἀκολουθείτω μοι*

Da die Überlieferung des Textes, abgesehen von der lk Interpretation καθ' ἡμέραν, bei allen Synoptikern völlig gleich ist, steht damit auch fest, dass Mt die Form nicht aus eigenem schuf, sondern sie einer Quelle entnahm.

16) Mt 19,21: ...καὶ ἕξεις θησαυρὸν ἐν οὐρανοῖς, καὶ δεῦρο *ἀκολούθει μοι.*
Mk 10,21: ...καὶ ἕξεις θησαυρὸν ἐν οὐρανῷ, καὶ δεῦρο *ἀκολούθει μοι.*
Lk 18,22: ...καὶ ἕξεις θησαυρὸν ἐν τοῖς οὐρανοῖς, καὶ δεῦρο *ἀκολούθει μοι.*

Die Quellenlage ist gleich mit der der vorigen Stelle. Wort und Form von ἀκολούθει μοι fand Mt schon in einer Vorlage.

17) Mt 19,27: ἰδοὺ ἡμεῖς ἀφήκαμεν πάντα καὶ *ἠκολουθήσαμέν σοι.*
Mk 10,28: ἰδοὺ ἡμεῖς ἀφήκαμεν πάντα καὶ *ἠκολουθήκαμέν σοι.*
Lk 18,28: ἰδοὺ ἡμεῖς ἀφέντες τὰ ἴδια *ἠκολουθήσαμέν σοι.*

Der synoptische Vergleich zeigt sofort, dass Mt das Wort schon in der ihm vorliegenden Überlieferung fand. Interessant ist dagegen wieder die genaue Form des Wortes. Mt und Lk verwenden eine andere Zeit (ἠκολουθήσαμεν) als

Mk (ἠκολουθήκαμεν) ([38]). Dabei lenkt der Text des Mt und Lk die Aufmerksamkeit mehr auf den Anfang bzw. den Entschluss zur Nachfolge, bei Mk ist mehr der bleibende Charakter betont. Für sich genommen könnte in diesem Fall jeder der Evangelisten Mt und Lk die Mk-Form geändert haben. Andererseits kann die Parallelität des Textes aber auch durch ein überarbeitetes Mk-Ev (Mk II), das schon an ein paar Stellen sichtbar wurde, verursacht sein. Eine Entscheidung ist nur aufgrund des Kontextes möglich.

Wenn man die Perikope Mk 10,23-31 par Mt 19,23-30 par Lk 18,24-30 auf Elemente untersucht, die einen Hinweis auf Mk II bieten können, finden sich mehrere. Wie bei ἠκολουθήκαμεν bzw. der entsprechenden Form des Mt und Lk geht es aber dabei z.T. wieder um Beispiele, die *für sich* betrachtet nichts beweisen. Es handelt sich ja manchmal nur um Partikel, die gesetzt oder ausgelassen werden können je nach dem Sprachempfinden eines Evangelisten und die aus sich keinen Rückschluss auf eine Quellenbenützung gestatten. Änderungen wie λέγει zu εἶπεν gehören zu ihnen. Daneben haben Mt und Lk aber auch Textfassungen, die sich nicht so selbstverständlich nahelegen und für deren Parallelität darum eine gemeinsame schriftliche Quelle Voraussetzung ist. Im Zusammenhang mit ihnen ergibt sich dann aber auch, dass die " zufälligen " Übereinstimmungen gegen Mk ebenfalls dieser Quelle angehören können. Je mehr Möglichkeiten der Formulierung bestehen, desto mehr muss ein tatsächliches und noch mehr ein wiederholtes Zusammentreffen begründet werden. Man darf nicht bloss sehen, dass λέγει z. B. sich leicht ersetzen lässt durch εἶπεν, weil beide Formen sehr geläufig sind; man muss auch beachten, dass von εἰπών, λέγων, ἀποκριθείς, ἀπεκρίθη, ἀπεκρίνατο, ἔλεγεν und all den übrigen Formen, die sich leicht verwenden lassen, Mt und Lk gerade die gleichen Möglichkeiten wählen. Wenn das innerhalb eines relativ kurzen Stückes mehrmals geschieht, wird die Wahrscheinlichkeit des Zufalls immer geringer und immer mehr eine positive Erklärung nötig.

An gemeinsamen Abweichungen des Mt und Lk von Mk finden sich in der Perikope die folgenden:

a) Mt 19,23 par Lk 18,24 setzen εἶπεν anstelle von λέγει Mk 10,23.

b) Es ist auffallend, dass Mk 10,24 nach Mt 19,23 fast völlig, nach Lk 18,24 ganz fehlt. Der starke Ausdruck der Verwunderung der Jünger ist also bei beiden Evangelisten beseitigt, und das entspricht einer Tendenz, die sich im Evangelium noch öfter feststellen lässt ([39]).

([38]) Obwohl eine grössere Zahl von Hss für Mk dieselbe Lesart haben wie Mt und Lk, ist doch die tatsächlich gewählte weniger zu erwarten und als die schwierigere vorzuziehen, abgesehen davon, dass sie in B C D W erscheint.

([39]) πάλιν δὲ λέγω ὑμῖν Mt (24) steht in Beziehung mit Mk (24) ὁ δὲ Ἰησοῦς πάλιν ἀποκριθεὶς λέγει αὐτοῖς und scheint gegen Mk II zu sprechen. Dieser Text

c) Mt (24) par Lk (25) haben διὰ τρήματος ῥαφίδος bzw. βελόνης gegen Mk (25) διὰ τῆς τρυμαλιᾶς τῆς ῥαφίδος. Dass βελόνη lk Redaktion ist, ergibt sich schon daraus, dass das Wort Hapaxlegomenon im NT ist (40).

d) Gegenüber διελθεῖν Mk (25) ist εἰσελθεῖν bei Mt und Lk eine weitere gemeinsame Änderung. Aufmerksamkeit verdient sie auch vom Inhalt her. Die Seitenreferenten haben keinen Wechsel des Verbs, der bei Mk einen sprachlichen Gegensatz hervorruft (διελθεῖν - εἰσελθεῖν). Dadurch wird aber die Gegenüberstellung von κάμηλον und πλούσιον noch verstärkt und der Rest einer sprachlichen Formulierung beseitigt, die — wenn auch nur sehr äusserlich und mehr unbewusst als ausdrücklich — davon ablenken könnte. Die Weglassung des zweiten εἰσελθεῖν durch Mt ändert daran nichts.

e) Mt (25) und Lk (26) setzen das Partizip ἀκούσαντες, wobei wegen der Kürzung des Lk die Parallelität besonders ins Gewicht fällt (41).

---

ist aber auch bei einer Annahme von Mk II als Grundlage des Mt verständlich. Für die Erklärung des synoptischen Verhältnisses dieser Stelle gibt es zwei Möglichkeiten: In Mk II könnte ein Text wie der des Mt oder Mk gestanden sein, den dann Lk übergangen hätte, weil er überhaupt πάλιν selten verwendet (Mt 17, Mk 28, Lk 3, Apg 5). Es ist aber auch noch denkbar, dass vom Mk-Text (24) τέκνα, πῶς δύσκολόν ἐστιν εἰς τὴν βασιλείαν τοῦ θεοῦ εἰσελθεῖν ein Teil in Mk II stand. Dann hätte Lk die Einleitung und das Wort Jesu ausgelassen, während Mt die Einleitung als Verbindung zum Folgenden stehen liess. Ob die Auslassung des wiederholten Jesuswortes schon in Mk II geschah oder — was weniger wahrscheinlich ist — von den Drittevangelisten stammt, bleibt deswegen unentschieden.

(40) Dass auch γάρ lk Einfügung ist, steht fest aus dem Vergleich mit Mk und Mt.

(41) Für die Rekonstruktion von Mk II muss die enge Verbindung zwischen Mt und Mk beachtet bzw. die Bearbeitung des Textes durch Mt abgehoben werden. σφόδρα lässt sich ganz eindeutig als dessen Redaktion herausstellen. Während das Wort bei Mk (16,4) und Lk (18,23) nur einmal vorkommt, bei Jo überhaupt nicht, steht es bei Mt siebenmal. Dass fünf von den sieben Stellen (2,10; 17,6.23; 18,31; 27,54) dabei mit einer Passivaoristform auf -ησαν verbunden sind, verstärkt noch den Eindruck seiner Bearbeitung.

Hinsichtlich der Quelle ist also nur οἱ μαθηταί fraglich. Dieser Ausdruck wird zwar gegen Mk und Lk eingefügt, muss damit aber noch nicht von Mt stammen, da Lk ihn aus der Vorlage Mk II gestrichen haben kann, falls er dort stand. Mt hat aber eine andere Stelle in seinem Evangelium, die in der Quellenfrage weiterhilft. In Mt 17,6 καὶ ἀκούσαντες οἱ μαθηταὶ ἔπεσαν ἐπὶ πρόσωπον αὐτῶν καὶ ἐφοβήθησαν σφόδρα finden sich mehrere Vergleichspunkte mit Mt 19,25. σφόδρα ist in beiden Stellen mit einem Verb verbunden, das einen Affekt ausdrückt; ἀκούσαντες ist genau gleich; an beiden Stellen wird οἱ μαθηταί verwendet und ausserdem in der gleichen Folge innerhalb des Satzes. Da 17,6 ein Einschub des Mt ist, wird der mt Ursprung von οἱ μαθηταί in 19,25 umso sicherer. Für Mk II (Mt 19,25) bleibt dann eine Form übrig, die οἱ δὲ ἀκούσαντες ἐξεπλήσσοντο περισσῶς λέγοντες gelautet haben könnte. Wenn Lk die affektvolle Schilderung der Jünger wegliess, erhielt er leicht den in V. 26 stehenden Text.

f) πρὸς ἑαυτούς Mk (26) wird von Mt und Lk gemeinsam übergangen. Es wird schon von Mk II ausgelassen worden sein, weil der gesamte Kontext dieser Worte in dieser Schrift noch vorhanden war (ἐξεπλήσσοντο... λέγοντες, Mk und Mt; καὶ τίς δύναται, Mk und Lk).

g) Mt 19,26 par Lk 18,27 ist wieder εἶπεν statt λέγει Mk (27) gesetzt (wie 10,23).

h) Weiters ist der Text ἀλλ' οὐ παρὰ θεῷ Mk 10,27, der inhaltlich wiederholt wird, bei Mt und Lk gestrichen; ebenso die Begründung γάρ.

j) ἤρξατο λέγειν Mk 10,28 wird ersetzt durch εἶπεν bei Mt 19,27 par Lk 18,28. Obwohl τότε ἀποκριθεὶς ὁ Πέτρος εἶπεν αὐτῷ (Mt 27) und εἶπεν δὲ ὁ Πέτρος (Lk 28) zu den Formulierungen gehören, die jeder unabhängig von einer Quelle setzen konnte, geht εἶπεν vielleicht doch auf Mk II zurück. Die redaktionellen Zusätze, die diese Schicht überdecken, lassen sich leicht unterscheiden. τότε wird von Mt 90 mal verwendet und ist von vornherein als seine Redaktion verdächtig. Im Vergleich zu Mk und Lk gehört auch ἀποκριθείς seiner Bearbeitung an. Weil Satzanfänge mit Aorist oder Imperfekt von λέγω (ἔλεγεν, εἶπεν) + δέ ausser in Zitaten (innerhalb der Evangelien nur) bei Lk begegnen, ist zumindest die Wortfolge von εἶπεν δὲ ὁ Πέτρος lk. Gegen ein Vorhandensein von ἤρξατο in Mk II spricht, dass Lk ἤρξατο λέγειν mehrmals unabhängig von einer Quelle setzt, sodass er den Ausdruck wahrscheinlich hier nicht vermieden hätte, wenn er noch in seinem Mk-Exemplar gestanden wäre. Mk II wird also ähnlich wie ὁ (δὲ) Πέτρος εἶπεν (αὐτῷ) gelautet haben, woraus dann Mt und Lk ihre Textform entwickeln konnten.

k) Gegen Mk 10,29 ἔφη ὁ 'Ιησοῦς haben Mt 19,28 und Lk 18,29 wieder ὁ δὲ εἶπεν. Auch die Einfügung von δέ und αὐτοῖς bei Mt und Lk ist neu.

l) Die Setzung von ὅτι nach ἀμὴν λέγω ὑμῖν (Mt 28, Lk 29) fällt ebenfalls auf, besonders da Mt anschliessend einen Text einfügt, durch den die Fortsetzung unterbrochen ist ([42]).

m) Statt Mk 10,30 ἑκατονταπλασίονα haben Mt 19,29 par Lk 18,30 πολλαπλασίονα.

Die Untersuchung der Stelle führt also zu dem selben Ergebnis, das sich schon wiederholt herausgestellt hat. Mt und Lk haben mehrere Übereinstimmungen, die auf eine von Mk verschiedene Grundlage deuten. Durch die grosse Zahl dieser Übereinstimmungen legt sich das besonders nahe. — Aufgrund dieses Resultates

---

([42]) Dass es ein mt *Einschub* ist und nicht eine lk Auslassung, lässt die gleiche Textfolge bei Mk und Lk erkennen. Lk hat zwar einen ähnlichen Text (22,28-30), aber in verschiedener Einordnung.

muss man auch ἠκολοθήσαμεν (Mt, Lk) gegenüber ἠκολουθήκαμεν (Mk) für Mk II annehmen, von wo es dann die Drittevangelisten übernommen haben.

18) Mt 19,28: ἀμὴν λέγω ὑμῖν ὅτι ὑμεῖς οἱ *ἀκολουθήσαντές* μοι, ἐν τῇ παλιγγενεσίᾳ, ὅταν καθίσῃ ὁ υἱὸς τοῦ ἀνθρώπου...

Lk 22,28: ὑμεῖς δὲ ἔστε οἱ *διαμεμενηκότες* μετ' ἐμοῦ ἐν τοῖς πειρασμοῖς μου.

Die von Mt in die Perikope Mk 10,23-31 eingefügte Stelle ist sehr stark unterschieden vom Text des Lk, und aus dem Vergleich der beiden Texte lässt sich die Quellenfrage für ἀκολουθήσαντες nicht ohne weiteres entscheiden. Andererseits ist aber der neue Stoff wohl wegen des gleichen Themas eingefügt worden ([43]). Der vorausgehende V. 27 bot dafür einen günstigen Anknüpfungspunkt (ἠκολουθήσαμεν). Es ist also wahrscheinlicher, dass Mt ἀκολουθήσαντες an die Stelle von διαμεμενηκότες (Lk 22,28) oder eines ähnlichen Wortes gesetzt hat, als anzunehmen, Lk habe den bei Mt noch vorhandenen Ausdruck der Vorlage durch einen neuen ersetzt.

19) Mt 21,9: οἱ δὲ ὄχλοι οἱ προάγοντες αὐτὸν καὶ οἱ *ἀκολουθοῦντες* ἔκραζον λέγοντες.

Mk 11,9: καὶ οἱ προάγοντες καὶ οἱ *ἀκολουθοῦντες* ἔκραζον.

Lk 19,37: ...ἤρξαντο ἅπαν τὸ πλῆθος τῶν μαθητῶν χαίροντες αἰνεῖν τὸν θεὸν φωνῇ μεγάλῃ περὶ πασῶν ὧν εἶδον δυνάμεων λέγοντες...

Die Redaktion des Lk kann hier ausser Betracht bleiben, da Mt im untersuchten Wort ganz mit Mk gleich ist und dadurch auch feststeht, dass er das Wort und die Form nicht aus eigenem geprägt hat.

20) Mt 8,10: ἀκούσας δὲ ὁ Ἰησοῦς ἐθαύμασεν καὶ εἶπεν τοῖς *ἀκολουθοῦσιν*.

Lk 7,9: ἀκούσας δὲ ταῦτα ὁ Ἰησοῦς ἐθαύμασεν αὐτόν, καὶ στραφεὶς τῷ *ἀκολουθοῦντι* αὐτῷ ὄχλῳ εἶπεν.

Ob Mt oder Lk den Text der Quelle geändert hat, lässt sich in diesem Fall schwer entscheiden, kann aber auch auf sich beruhen bleiben, da die wesentliche Quellenfrage feststeht. Das Wort ἀκολουθεῖν fand Mt hier schon in Q.

Als Hinweis kann man werten, dass θαυμάζειν mit direktem Objekt bei Mk und Mt nicht vorkommt, bei Jo nur 5,28, jedoch dreimal in den Lk-Schriften:

([43]) Vgl. dazu SCHMID, *Matthäus*, 282-3.

(Lk 7,9), 24,12 (θαυμάζων τὸ γεγονός), Apg 7,31 (ἐθαύμασεν τὸ ὅραμα). — Weiters ist στραφείς eine bei Lk sehr beliebte Form (7,9,44; 9,55; 10,22.23; 14,25; 22,61; 23,28), während sie bei Mk nicht, bei Mt nur (7,6 -έντες) 9,22; 16,23 vorkommt (Jo 1,38; 20,16 -εῖσα). Es fällt besonders auf, dass das Wort στρέφειν bei Lk überhaupt nur in der Form στραφείς (ohne Abwandlung) vorkommt. Man wird also eher den Singular des Lk für sekundär halten müssen als den Plural bei Mt.

21) Mt 9,19: καὶ ἐγερθεὶς ὁ Ἰησοῦς *ἠκολούθει αὐτῷ* καὶ οἱ μαθηταὶ αὐτοῦ.

Mk 5,24: καὶ *ἠκολούθει αὐτῷ* ὄχλος πολύς, καὶ συνέθλιβον αὐτόν.

Lk 8,42: ἐν δὲ τῷ ὑπάγειν αὐτὸν οἱ ὄχλοι συνέπνιγον αὐτόν.

Lk hat einen stark geänderten Text, aber die enge Verwandtschaft zwischen Mt und Mk macht klar, dass das Wort ἠκολούθει bei Mt wieder aus der Vorlage stammt.

22) Mt 10,38: καὶ ὃς οὐ λαμβάνει τὸν σταυρὸν αὐτοῦ καὶ *ἀκολουθεῖ ὀπίσω μου*, οὐκ ἔστιν μου ἄξιος.

Lk 14,27: ὅστις οὐ βαστάζει τὸν σταυρὸν ἑαυτοῦ καὶ *ἔρχεται ὀπίσω μου*, οὐ δύναται εἶναί μου μαθητής.

Wegen der Ähnlichkeit muss auch Mk 8,34 samt den Parallelstellen verglichen werden:

Mk 8,34: εἴ τις θέλει *ὀπίσω μου ἐλθεῖν*, ἀπαρνησάσθω ἑαυτὸν καὶ ἀράτω τὸν σταυρὸν αὐτοῦ,
καὶ *ἀκολουθείτω μοι*.

Mt 16,24: εἴ τις θέλει *ὀπίσω μου ἐλθεῖν*, ἀπαρνησάσθω ἑαυτὸν καὶ ἀράτω τὸν σταυρὸν αὐτοῦ
καὶ *ἀκολουθείτω μοι*.

Lk 9,23: εἴ τις θέλει *ὀπίσω μου ἔρχεσθαι*, ἀρνησάσθω ἑαυτὸν καὶ ἀράτω τὸν σταυρὸν αὐτοῦ καθ' ἡμέραν
καὶ *ἀκολουθείτω μοι*.

Wie sich aus dem synoptischen Vergleich dieser zweiten Stelle ergibt, hat Lk die bei Mk und Mt gleiche Formel ὀπίσω μου ἐλθεῖν in ὀπίσω μου ἔρχεσθαι geändert. Aber das Verb selbst ist noch das gleiche. Dieselbe Verbindung ὀπίσω μου ἔρχεσθαι findet sich auch im Text Lk 14,27, wenn auch in anderer Reihenfolge und durch den Kontext geringfügig verändert (ἔρχεται ὀπίσω μου). " Hinter mir nachfolgen " Mt 10,38 ist im Vergleich zu diesen Ausdrücken (ὀπίσω μου ἔρχεσθαι bzw. ἐλθεῖν) pleonastisch und eine Vermengung der beiden Formeln " hinter mir hergehen " und " nachfolgen ", die jeweils schon für sich genügen.

Obwohl das Nachfolgewort Mt 10,38 (Lk 14,27) aus Q stammt und von der Mk-Überlieferung eine gewisse Unabhängigkeit hat (wie z. B. schon die Einleitung καὶ ὃς οὐ Mt 10,38; ὅστις οὐ... Lk 14,27 statt εἴ τις θέλει Mk 8, 34 parr zeigt), sodass keine direkten Folgerungen gezogen werden können, ist wohl wegen der Vorliebe des Mt für ἀκολουθεῖν seine Redaktion anzunehmen. Auf ähnliche Weise ging Mt schon in 4,22 vor, wo er gegen Mk 1,20 ἀπῆλθον ὀπίσω αὐτοῦ ebenfalls ἠκολούθησαν αὐτῷ setzt und den Gedanken der Nachfolge hervorhebt.

Zusammenfassung: Schon aus der verhältnismässig häufigen Verwendung von ἀκολουθεῖν im Mt-Ev lässt sich teilweise ermessen, dass das Wort für Mt nicht unbedeutend ist. Sprachlich ist interessant, dass von den 25 Stellen neun die Form ἠκολούθησαν αὐτῷ haben. Auf dem Hintergrund des wechselnden Wortlautes der Vorlagen ist diese stereotype Wiederholung sehr auffällig und gewinnt noch dadurch an Gewicht, dass die erwähnte Formulierung — vereinzelt mit geringfügigen Abweichungen — auch dort erscheint, wo in den Quellen überhaupt kein Ansatz dafür besteht. Weiters lässt die innerhalb des NT nur bei Mt vorliegende Wortverbindung ἠκολούθησαν αὐτῷ ὄχλοι πολλοί (4,25; 8,1; 19,2; vgl. 20,29) den Stil des ersten Evangelisten gut erkennen. Für 9,27 ist damit die Frage nach den Quellen schon sehr weitgehend beantwortet (44).

(44) Die stilistischen Einzelergebnisse können folgendermassen zusammengefasst werden: In 4,20 sind das Wort und die Form ἠκολούθησαν (αὐτῷ) aus Mk übernommen, 14,13 beides aus Mk II; in 4,22; 8,1.23 und 19,2 stammt dagegen die ganz gleiche Ausdrucksweise von Mt [bei 4,22 ist die Quellenfrage wegen der Lk-Redaktion nicht ganz eindeutig]. Bei 12,15; 4,25 und 20,34 hat Mt das Wort im Mk-Text schon vorfinden können, die Pluralform stammt jedoch von ihm.

Diesen Formen steht Mt 27,55 ἠκολούθησαν τῷ Ἰησοῦ am nächsten. Das Wort ἀκολουθεῖν setzt zwar schon Mk, die Form ἠκολούθησαν hat dagegen nur Mt. Da sie mit den eben untersuchten Formen gleich ist, muss man sie Mt zuschreiben. — In Mt 9,9 (ἠκολούθησεν αὐτῷ) steht der gesamte Ausdruck schon bei Mk, bei 19,27 (ἠκολουθήσαμεν) stammt die Aoristform aus Mk II. Im anschliessenden V. 28 ist das Wort und der Aorist von ἀκολουθήσαντες zwar von V. 27 beeinflusst, aber die Wahl dieses Wortlautes ist doch für Mt bezeichnend. — 10,38 (ἀκολουθεῖ) hat sich als Mt-Redaktion ergeben, das Präsens entspricht dabei ἔρχεται Lk 14,27. — Ausser der gerade zitierten Stelle 10,38, für die der Grund der Abweichung von den sonstigen Aoristformen leicht ersichtlich ist, haben alle übrigen Stellen bei Mt eine nicht-aoristische Zeit: Präsens: (ἀκολουθεῖ) 8,22; 9,9; 19,21; (ἀκολουθείτω) 16,24; (οἱ ἀκολουθοῦντες) 21,9; (τοῖς ἀκολουθοῦσιν) 8,10; Futur: (ἀκολουθήσω) 8,19; Imperfekt: (ἠκολούθει) 9,19; 26,58.

Dieser Überblick lässt also erkennen, dass alle nicht-aoristischen Formen mit einer Ausnahme aus einer Vorlage entnommen sind. Aus Mk: 9,9.19; 16,24; 19,21; 21,9; aus Q: 8,10.19.22; aus Mk II: 26,58. Die Aoristformen stammen zwar auch an mehreren Stellen dem Wort oder zugleich der Form nach aus einer Quelle, aber bei

Nach Mt müssen ergänzend noch die ἀκολουθεῖν -Stellen bei Mk und Lk behandelt werden.

23) Mk 2,15: καὶ γίνεται κατακεῖσθαι αὐτὸν ἐν οἰκίᾳ αὐτοῦ, καὶ πολλοὶ τελῶναι καὶ ἁμαρτωλοὶ συνανέκειντο τῷ Ἰησοῦ καὶ τοῖς μαθηταῖς αὐτοῦ. ἦσαν γὰρ πολλοί, καὶ *ἠκολούθουν* αὐτῷ.

Der letzte Satz des Verses Mk 2,15 fehlt bei Mt und Lk, obwohl der vorausgehende und nachfolgende Stoff der Sache nach von beiden gebracht wird. Es ist verständlich, dass diese Verdoppelung (nach πολλοὶ τελῶναι καὶ ἁμαρτωλοί und συνανέκειντο) gestrichen wurde (47).

24) Mk 6,1: καὶ ἐξῆλθεν ἐκεῖθεν καὶ ἔρχεται εἰς τὴν πατρίδα αὐτοῦ, καὶ *ἀκολουθοῦσιν αὐτῷ* οἱ μαθηταὶ αὐτοῦ.

Lk 4,16: καὶ ἦλθεν εἰς Ναζαρά, οὗ ἦν τεθραμμένος, καὶ εἰσῆλθεν κατὰ τὸ εἰωθὸς αὐτῷ ἐν τῇ ἡμέρᾳ τῶν σαββάτων.

Mt 13,54: καὶ ἐλθὼν εἰς τὴν πατρίδα αὐτοῦ ἐδίδασκεν αὐτούς...

Nach τὴν πατρίδα αὐτοῦ, für das bei Lk Ναζαρά, οὗ ἦν τεθραμμένος steht, ist bei Mt und Lk die Erwähnung der Nachfolge der Jünger weggelassen. Ohne auf die quellenkritische Frage näher einzugehen, ob der Ausdruck schon in Mk II fehlte, was wegen des stark verschiedenen Lk-Textes der Perikope schwer feststellbar ist, steht fest, dass das Stück eigentlich nur von Jesus und den Nazarethanern handelt und darum die dazu überflüssige Erwähnung der Jünger leicht gestrichen werden konnte.

25) Mk 9,38: διδάσκαλε, εἴδομέν τινα ἐν τῷ ὀνόματί σου ἐκβάλλοντα δαιμόνια, ὃς οὐκ *ἀκολουθεῖ* ἡμῖν, καὶ ἐκωλύομεν αὐτόν, ὅτι οὐκ *ἠκολούθει* ἡμῖν.

Lk 9,49: ἐπιστάτα, εἴδομέν τινα ἐν τῷ ὀνόματί σου ἐκβάλλοντα δαιμόνια, καὶ ἐκωλύομεν αὐτόν, ὅτι οὐκ *ἀκολουθεῖ* μεθ᾽ ἡμῶν.

---

ihnen macht sich doch eine starke Mt-Redaktion bemerkbar. Dazu kommt, dass Mt zwar mehrmals den Aorist an die Stelle einer anderen Zeit setzt (Mt 19,2: συμπορεύονται Mk 10,1; 20,34: ἠκολούθει Mk 10,52 par Lk 18,42; 27,55: ἠκολούθουν 15,41), aber umgekehrt keine Aoristform auslässt, die in seiner Quelle steht [26,58 widerspricht dem nicht, da ἠκολούθησεν Mk 14,54 schon von Mk II (vgl. Lk 22,54) geändert worden war]. Aoristformen werden also, zumindest bei ἀκολουθεῖν, von Mt bevorzugt.

(47) Selbst wenn die Streichung nicht in Mk II geschah, sondern von jedem der Seitenreferenten extra vorgenommen wurde, was aber wegen der sachlich gleichen Weiterführung nicht wahrscheinlich ist, wäre die Auslassung kein Argument gegen die Verwendung des Wortes ἀκολουθεῖν durch Mt, da er ja nicht dieses Wort konservieren will, sondern es verwendet, wo es ihm günstig scheint. Hier ist aber die Vereinfachung wichtiger als das Haften am Text.

Mit der Auslassung des ganzes Stückes Mk 9,38-41 durch Mt ist auch die ἀκολουθεῖν -Stelle einer Diskussion entzogen.

26) Mk 10,32: ἦσαν δὲ ἐν τῇ ὁδῷ ἀναβαίνοντες εἰς Ἱεροσόλυμα, καὶ ἦν προάγων αὐτοὺς ὁ Ἰησοῦς, καὶ ἐθαμβοῦντο, οἱ δὲ *ἀκολουθοῦντες* ἐφοβοῦντο.

Nach Mk 10,23 ist die dritte Leidensankündigung an die μαθηταί gerichtet. Im letzten Teil des Verses 10,32 nennt Mk ausserdem noch die Zwölf als Begleiter Jesu, von denen auch Mt 20,17 par Lk 18,31 reden. Wahrscheinlich wurden ihretwillen wieder die für sie als Vorbilder der Christen unpassenden Züge entfernt. Zugleich mit der Übergehung der Bestürzung (ἐθαμβοῦντο) und der Furcht (ἐφοβοῦντο) der Jünger fiel auch ἀκολουθεῖν weg. Da die Vermeidung dieser Züge sicher zum sonstigen Vorgehen des Mt passt und wegen der engen grammatikalischen Verbindung von ἀκολουθεῖν mit θαμβεῖσθαι und φοβεῖσθαι dieses Wort auch dann wegfällt, wenn die Eliminierung der erzählerischen Einzelheiten von Mt stammt, kann die weitere Frage unerörtert bleiben, ob die Auslassung tatsächlich auf ihn zurückgeht oder schon in seiner Vorlage gegeben war.

27) Mk 14,13: ... ἀπαντήσει ὑμῖν ἄνθρωπος κεράμιον ὕδατος βαστάζων· *ἀκολουθήσατε αὐτῷ*, καὶ ὅπου ἐὰν εἰσέλθῃ...

Lk 22,10: *ἀκολουθήσατε αὐτῷ* εἰς τὴν οἰκίαν εἰς ἣν εἰσπορεύεται.

Die gesamte parallele Perikope Mt 26,17-20 ist gegenüber dem Mk-Text stark bearbeitet. Es fällt auf, dass bei Mt alle konkreten Züge vermieden sind. Dass der Mann einen Wasserkrug trägt (Mk 14,13 par Lk 22,10) und die Beschreibung des Obergemachs (Mt 14,15 par Lk 22,12) ist weggelassen. Dieser Umänderung und Kürzung ist auch ἀκολουθεῖν zum Opfer gefallen.

28) Lk 9,61 und 23,27:

εἶπεν δὲ καὶ ἕτερος· *ἀκολουθήσω* σοι, κύριε.
ἠκολούθει δὲ αὐτῷ πολὺ πλῆθος τοῦ λαοῦ.

Die Verse Lk 9,61-2 sind ebenso wie 23,27-32 lk Sondergut und darum für den mt Sprachgebrauch ohne Belang.

29) Lk 22,39: *ἠκολούθησαν* δὲ αὐτῷ καὶ οἱ μαθηταί.

Der Text des Lk weicht stark vom untereinander fast völlig identischen Mk- und Mt-Text ab. Die Verschiedenheiten berühren also nicht den Sprachgebrauch des Mt (48).

(48) Die Nichtübernahme der Formel ἠκολούθησαν (δὲ) αὐτῷ durch Mt, die sonst zu seiner bevorzugten Ausdrucksweise gehört, legt einmal mehr nahe, dass Mt nicht von Lk abhängig ist und dessen Evangelium nicht gekannt hat.

Zusammenfassend ergibt sich, dass die nicht-mt Stellen von ἀκολουθεῖν das Ergebnis des mt Sprachgebrauchs nicht beeinflussen. Für Mk 2,15 stellte sich die sprachliche Verbesserung als Grund der Auslassung heraus, bei 6,1 und 10,32 verhindern inhaltliche und theologische Gründe die Setzung des Textes, in dem ἀκολουθεῖν bei Mk steht. In allen drei Fällen kann aber die Auslassung auch schon in Mk II geschehen sein, sodass Mt überhaupt unbeteiligt wäre. Mk 9,38 bleibt wegen der Streichung der ganzen Perikope ausser Betracht. 14,13 ist die einzige Stelle, in der die Auslassung des Wortes mit ziemlicher Sicherheit auf Mt zurückgeht, der das Stück stark bearbeitet hat. Mit der Kürzung der konkreten Züge ist aber auch die Streichung des Wortes ἀκολουθεῖν gegeben.

Von den lk Stellen sind 9,61 und 23,27 Sondergut des Evangelisten und können deswegen nicht zu einem sprachlichen Vergleich herangezogen werden. Für den Stil des Mt ist auch Lk 22,39 ohne Belang, weil sich dieser von den Parallelen stark abweichende Text als Bearbeitung des Evangelisten herausstellt.

Von diesem Resultat aus lassen sich gute Folgerungen ziehen für die zwei Untersuchungsstellen Mt 9,27 und 20,29:

9,27: *καὶ παράγοντι ἐκεῖθεν τῷ Ἰησοῦ ἠκολούθησαν δύο τυφλοί.*

Die Form ἠκολούθησαν 9,27 steht in einer Reihe mit den übrigen ἠκολούθησαν -Stellen des Mt, unterscheidet sich aber durch das Fehlen des Pronomens αὐτῷ, an dessen Platz τῷ Ἰησοῦ getreten ist (49). Man kann leicht erkennen, dass diese Änderung durch die neue Einordnung der Perikope 9,27-31 im Wunderzyklus Mt 8-9 verursacht ist, von der schon die Rede war und die gerade am Beginn des Stückes zu Umstellungen führen musste. In der vorausgehenden Erzählung von der Tochter des Jairus (Mt 9,18-26) ist ja τὸ κοράσιον (9,25) die zuletzt genannte Person, und Mt musste, um einen missverständlichen Text zu vermeiden, bei 9,27 den Namen erwähnen. αὐτῷ (nach ἠκολούθησαν) wäre grammatikalisch irreführend gewesen. Zusammen mit παράγοντι, besonders in der Kombination mit ἐκεῖθεν und dem eingefügten Namen τῷ Ἰησοῦ, ist deshalb auch ἠκολούθησαν mt Formulierung.

Im Zusammenhang mit diesem Ergebnis ist auch die Herkunft des Wortes bei Mt 20,29 entschieden. Weil ἀκολουθεῖν nicht in Mk 10,46 par Lk 18,35 vorhanden ist und bei Mt 9,27 nicht aus einer von Mk unabhängigen Überlieferung stammt, ist der redaktionelle Charakter für 20,29 gesichert.

---

(49) Wenn die Schreibung der Hss, die αὐτῷ haben (Hesychius, Koine, W Θ), gegen jene, die das Wort auslassen (B D k) richtig sein sollte, wäre die Parallelität mit der übrigen Ausdrucksweise des Mt vollständig. Dagegen spricht aber die redaktionelle Einfügung.

4. *δύο*

In beiden Mt-Perikopen werden zwei Blinde statt eines einzigen bei Mk und Lk genannt.

Mt 9,27: ἠκολούθησαν *δύο* τυφλοί...

Mt 20,30: καὶ ἰδοὺ *δύο* τυφλοὶ καθήμενοι...

Mk 10,46: ὁ υἱὸς Τιμαίου Βαρτιμαῖος, *τυφλός* προσαίτης, ἐκάθητο...

Lk 18,35: *τυφλός τις* ἐκάθητο...

Hinter dieser Beschränkung der Zweizahl auf Mt kann die Redaktion des Evangelisten stehen. Methodisch ist es in diesem Fall aber unangebracht, das Vorkommen von δύο statistisch zu untersuchen und aus dem Ergebnis 9,27 und 20,30 zu beurteilen. Hier wird ja ein *sachliches* Element zur literarischen Darstellung verwendet, und eine sprachliche Untersuchung von δύο würde diese Tatsache eher verwischen als klarstellen. Zu einem Vergleich dürfen also nur Zweiergruppen von Personen als Sachparallelen herangezogen werden, unabhängig davon, in welcher sprachlichen Form sie dargestellt werden. Eine solche Verdoppelung der Personen kommt jedoch ausser an den genannten Stellen nur noch Mt 8,28 vor, wo von zwei Besessenen die Rede ist, während Mk und Lk nur einen nennen.

Mt 8,28: ὑπήντησαν αὐτῷ *δύο δαιμονιζόμενοι* ἐκ τῶν μνημείων ἐξερχόμενοι...

Mk 5,2: ...εὐθὺς ὑπήντησεν αὐτῷ ἐκ τῶν μνημείων *ἄνθρωπος* ἐν πνεύματι ἀκαθάρτῳ...

Lk 8,27: ...ὑπήντησεν *ἀνήρ τις* ἐκ τῆς πόλεως ἔχων δαιμόνια.

Wenn man nicht für Mt 8,28-34 eine nicht-mk Quelle annimmt, was wegen der engen Textbeziehung zwischen Mt und Mk 5,1-20 unhaltbar ist, wird man zur Erklärung der dreimaligen Verdoppelung der Personen 9,27; 20,30 und 8,28 den Stil bzw. die Eigenart des Mt heranziehen müssen (50). Strecker (51) wird recht haben, wenn er sich auf "volkstümliche Erzählungskunst" beruft, in der Zweiergruppierungen häufig verwendet werden (52). Wie es bei einem volkstümlichen Element natürlich ist, muss es nicht auf einen Schriftsteller beschränkt sein (53). Gerade deshalb ist die Erwähnung von zwei Besessenen bzw. zwei Blinden *im*

(50) Vgl. Strecker, *Weg*, 199, Anm. 4.

(51) Strecker, *Weg*, 39, Anm. 2.

(52) Vor ihm hat darauf schon Bultmann, *GsynTr*, 335-7.345-6 hingewiesen.

(53) Über das Vorkommen bei den übrigen Synoptikern informiert Bultmann, *a. a. O.*

Gegensatz zu Mk und Lk eine mt Besonderheit und muss seinem Stil zugeschrieben werden ([54]).

5. *κράζειν*

Nach τυφλός, das wegen des parallelen Vorkommens in allen Perikopen (Mk 10,46 par Lk 18,35 par Mt 20,30; 9,27) für die Bestimmung des mt Stils innerhalb der Perikope 9,27-31 nichts beiträgt und darum auch nicht untersucht zu werden braucht, wird als nächstes Wort κράζειν behandelt. Dieses Vokabel ist zwar auch im Parallelstoff des Mk (10,47) und des Mt (20,30) vorhanden und an derselben Stelle innerhalb der Perikope (vor dem Davidssohnanruf) eingefügt. Das Wort selbst lag also schon in der Tradition vor und ist nicht von Mt ausgesucht. Die Einordnung und die Form werden aber gerade nach dem mt Anfang des Textes (καὶ παράγοντι ἐκεῖθεν τῷ Ἰησοῦ ἠκολούθησαν) redaktionell beeinflusst sein. In welchem Mass dies zutrifft, muss wieder der Gesamtvergleich zeigen.

Die Statistik weist eine fast gleich grosse Zahl von Stellen bei Mt (12) und Mk (11) auf, dagegen ein deutliches Zurückbleiben des Lk im Evangelium (4), der das Wort aber in der Apg (11) öfter verwendet.

1) Mt 20,30: ...ἀκούσαντες ὅτι Ἰησοῦς παράγει, *ἔκραξαν λέγοντες*· κύριε, ἐλέησον ἡμᾶς ([55]).

Mk 10,47: καὶ ἀκούσας ὅτι Ἰησοῦς ὁ Ναζαρηνός ἐστιν *ἤρξατο κράζειν καὶ λέγειν*· υἱέ...

Lk 18,36-38: ἀκούσας δὲ... ὅτι Ἰησοῦς ὁ Ναζωραῖος παρέρχεται. *καὶ ἐβόησεν λέγων*· Ἰησοῦ υἱὲ Δαυίδ...

Lk ändert den Text am stärksten durch die Setzung eines neuen Wortes (ἐβόησεν), das er mehr als die übrigen verwendet (Mt 1 + 1 Zitat, Mk 1 + 1

([54]) Dass Mt an mehreren Stellen aus einer Dreiergruppe von Hohenpriestern, Schriftgelehrten und Pharisäern nur zwei Parteien nennt oder umgekehrt zu einer einzelnen Gruppe eine weitere hinzufügt, um eine Zweiergruppe zu erhalten, lässt sich zwar vielfach nachweisen, ist aber vom Vorgehen des Evangelisten an den drei angeführten Stellen stark verschieden. Zu den übrigen Zweiergruppen im Mt-Ev vgl. W. Trilling. Das wahre Israel. Studien zur Theologie des Matthäus-Evangeliums, München [3]1964, 90-91 und Bultmann, *GsynTr*, 54-56.

([55]) Zum Unterschied von ἀκολουθεῖν (9,27;20,29), das innerhalb der Vergleichsperikope nur bei Mt vorkommt, darf bei κράζειν die Untersuchung mit 20,30 beginnen, weil dieses Wort auch im Grundtext Mk 10,47 vorkommt.

Zitat, Lk 3 + 1 Zitat; Apg 3). Von beiden Seitenreferenten wird ausserdem die parataktische Formulierung des Mk (κράζειν καὶ λέγειν) aufgegeben. Dafür ist bei Mt und Lk die sehr gebräuchliche unterordnende Konstruktion (ἔκραξαν λέγοντες, Mt; ἐβόησεν λέγων, Lk) getreten. Weiters meidet Mt hier und an mehreren anderen Stellen die Konstruktion mit ἤρξατο. [56]. Bei Lk lässt der Text 18,36-37, der zum Grossteil neu eingefügt ist, diese Ausdrucksweise nicht zu.

2) Mt 20,31: οἱ δὲ μεῖζον *ἔκραξαν λέγοντες*· κύριε, ἐλέησον ἡμᾶς, υἱὸς Δαυίδ.
Mk 10,48: ὁ δὲ πολλῷ μᾶλλον *ἔκραζεν*· υἱὲ Δαυίδ, ἐλέησόν με.
Lk 18,39: αὐτὸς δὲ πολλῷ μᾶλλον *ἔκραζεν*· υἱὲ Δαυίδ, ἐλέησόν με.

Die Pluralform des Textes, die bei Mt allein vorkommt, bleibt hier ausser Betracht, da sie von δύο abhängt. Man kann aber sehr leicht feststellen, dass Mt den Mk-Text darüber hinaus beabeitet hat. μεῖζον tritt an die Stelle von πολλῷ μᾶλλον, und statt des Vokativs υἱὲ Δαυίδ hat der Nominativ υἱὸς Δαυίδ dieselbe Funktion. Während diese Elemente des Mt eine Entsprechung bei Mk haben, ist κύριε neu vom Evangelisten eingefügt. Bei κράζειν verwendet Mt den Aorist statt des Imperfekts bei Mk (und Lk) und ergänzt durch λέγειν. Es ist dabei nicht zu übersehen, dass Mt den Ausdruck des vorausgehenden Verses trotz verschiedener Mk-Grundlage genau beibehält.

3) Mt 8,29: καὶ ἰδοὺ *ἔκραξαν λέγοντες*· τί ἡμῖν...
Mk 5,6: καὶ ἰδὼν τὸν Ἰησοῦν ἀπὸ μακρόθεν ἔδραμεν καὶ προσεκύνησεν αὐτὸν, καὶ *κράξας* φωνῇ μεγάλῃ λέγει· τί ἐμοί...
Lk 8,28: ἰδὼν δὲ τὸν Ἰησοῦν *ἀνακράξας* προσέπεσεν αὐτῷ καὶ φωνῇ μεγάλῃ εἶπεν...

Mt hat allein die Pluralform ἔκραξαν, was mit der schon erwähnten mt Bevorzugung von Zweiergruppen zusammenhängt [57]. Er hat den gesamten Text gekürzt, und dadurch ist das Partizip zum Hauptverb geworden, an das λέγοντες angehängt wird. Lk macht aus dem Wort, das schon bei Mk steht, ein Kompositum. Im gesamten hebt sich die Formulierung des Mt deutlich ab von der des Mk und Lk, die viel mehr miteinander übereinstimmen. Durch die Auslassung

---

[56] Von den Mk-Stellen fehlen bei Mt: 1,45; 4,1; 5,17.20; 6,2.7.34.55; 8,11; 10,32.41.47; 11,15; 12,1; 13,5; 14,65.69; 15,8.18. Auf die Quellenfrage kann nicht genauer eingegangen werden. Mt 4,17; 11,20; 14,30; 18,24 und 20,8 heben diese Tatsache nicht auf.

[57] Vgl. δύο, Seite 84-85.

der Glieder φωνῇ μεγάλῃ und προσκυνεῖν (vgl. προσέπεσεν bei Lk), die er übergeht, obwohl er gerade das zweite Wort sonst häufig verwendet (58), ergibt sich die Bevorzugung der gewählten Formulierung. Das wird weniger auf bewusste Wahl des Textes zurückgehen, es erklärt sich eher als Ausdrucksweise, die sich aus dem Mt-Stil unmittelbar ergibt.

Durch den Vergleich von Mt 20,30.31 und 8,29 lässt sich die Vermutung noch verstärken, dass die verwendeten Formulierungen mt sind. Obwohl der Mk-Text, von dem Mt ausgeht, jeweils verschieden ist und besonders Mt 8,29 stärker von Mk 5,6 abweicht, steht an allen drei Stellen der genau gleiche Text ἔκραξαν λέγοντες. Der Schluss, dass der Ausdruck von derselben Hand stammt, drängt sich notwendigerweise auf.

Ein solches stereotypes Verhalten hat sich schon im Lauf der ganzen bisherigen Untersuchung immer wieder (bei παράγειν, ἐκεῖθεν und ἀκολουθεῖν) bemerkbar gemacht, und man muss es überhaupt als mt Stilmerkmal nehmen, dass der Evangelist nicht nur einen Text häufig ändert, sondern sich dabei in der Art der Änderung mehrfach wiederholt. Bei Mk und Lk ist ein solcher Wiederholungsstil nicht im selben Ausmass vorhanden. Für die Quellenfrage bietet gerade er ein gutes Unterscheidungsmittel, da sich diese stereotype Ausdrucksweise sowohl in Mk- als auch in Q-Texten des Mt und in seinem Sondergut vorfindet und darum vom letzten Bearbeiter stammen muss.

4) Mt 21,9: *οἱ δὲ ὄχλοι οἱ προάγοντες αὐτὸν καὶ οἱ ἀκολουθοῦντες ἔκραζον λέγοντες· ὡσαννά...*

Mk 11,9: *καὶ οἱ προάγοντες καὶ οἱ ἀκολουθοῦντες ἔκραζον· ὡσαννά...*

Lk 19,37-38: ...*ἤρξαντο ἅπαν τὸ πλῆθος τῶν μαθητῶν χαίροντες αἰνεῖν τὸν θεὸν φωνῇ μεγάλῃ περὶ πασῶν ὧν εἶδον δυνάμεων, λέγοντες· εὐλογημένος...*

Lk weicht hier stark vom Mk-Text ab, seine Redaktion kann aber für die Mt-Stelle zum Grossteil ausser acht gelassen werden, da sich Mt sehr eng mit Mk berührt. Verglichen mit Mk ist λέγοντες bei Mt dessen Einfügung. Lk 19,38 hat zwar dasselbe Wort, man kann aber daraus keine Abhängigkeit herleiten. Diese in den Evangelien sehr geläufige hebraisierende Ausdrucksweise (59), die aber nicht auf Übersetzung aus dem Hebräischen zurückgeht, sondern von der Septuaginta herrührt, legt sich nahe, auch ohne dass dafür ein Anlass in einer Quelle besteht. Gerade wegen der Geläufigkeit von Ausdrücken wie λέγων, ἀποκρι-

---

(58) προσκυνεῖν: Mk 2, Lk 3, Apg 4, Mt 12 + 1 Zitat.
(59) Vgl. BLASS-DEBRUNNER, *Grammatik*, § 420.

θείς, εἰπών u. ä. lässt sich aus einer sochen Einzelstelle kein Beweis für die Verwendung einer Quelle führen. Weil aber Mt verschiedene Möglichkeiten zu Gebote standen, fällt umso mehr auf, dass er wie an den drei vorausgehenden Stellen auch hier wieder gegen Mk an derselben Konstruktion festhält (ἔκραξαν λέγοντες 20,30.31; 8,29; ἔκραζον λέγοντες 21,9). ἔκραζον weicht zwar von ἔκραξαν der Form nach ab, im übrigen haben die vier Stellen aber doch das gleiche Gepräge. Für die Beibehaltung des Imperfekts war wahrscheinlich der Inhalt massgeblich, der vom wiederholten Hosannarufen der Menge spricht.

5) Mt 27,23: οἱ δὲ περισσῶς *ἔκραζον λέγοντες*· σταυρωθήτω.

Mk 15,14: οἱ δὲ περισσῶς *ἔκραξαν*· σταύρωσον αὐτόν.

Lk 23,23: οἱ δὲ ἐπέκειντο φωναῖς μεγάλαις αἰτούμενοι αὐτὸν σταυρωθῆναι, *καὶ κατίσχυον αἱ φωναὶ αὐτῶν.*

Die bedeutende Verschiedenheit des Lk-Textes gegenüber Mk lässt klar erkennen, wie eng sich Mt an die Mk-Grundlage hält. Der für ihn typische Zug liegt wieder in der Ergänzung von ἔκραζον durch λέγοντες. Da Mt das Partizip in den Text der Vorlage neu einfügt, steht diese Stelle in einer Reihe mit den vier untersuchten Fällen. Das Imperfekt bei Mt gegen den Aorist bei Mk könnte dabei die Hartnäckigkeit der Forderung zum Ausdruck bringen, während Mk vor allem den Inhalt berichten wollte. In der Formulierung und auch in den Gründen, die für sie massgeblich gewesen sein werden, sind also diese und die vorausgehende Stelle parallel.

6) Mt 14,26: οἱ δὲ μαθηταὶ ἰδόντες αὐτὸν ἐπὶ τῆς θαλάσσης περιπατοῦντα ἐταράχθησαν λέγοντες ὅτι φάντασμά ἐστιν, καὶ ἀπὸ τοῦ φόβου *ἔκραξαν.*

Mk 6,49: οἱ δὲ ἰδόντες αὐτὸν ἐπὶ τῆς θαλάσσης περιπατοῦντα ἔδοξαν ὅτι φάντασμά ἐστιν, καὶ *ἀνέκραξαν.*

Lk lässt die gesamte Perikope aus.

Mt entnimmt das Wort aus Mk, setzt aber das Simplex, weil er das Kompositum zum Unterschied von Mk (1,23; 6,49) und Lk (4,33; 8,28; 23,18) meidet.

7) Mt 14,30: βλέπων δὲ τὸν ἄνεμον ἐφοβήθη, καὶ ἀρξάμενος καταποντίζεσθαι *ἔκραξεν λέγων.*

Dieser Text steht im Sondergut des Mt. Da die Vergleichsmöglichkeiten mit anderen Quellen fehlen, ist schwieriger festzustellen, ob der Stoff von ihm nur bearbeitet wurde oder überhaupt von ihm stammt. ἔκραξεν λέγων hat aber, mit Ausnahme des Singulars, die gleiche Form wie ἔκραξαν λέγοντες,, die von Mt stammt, und wird darum seine Bearbeitung sein.

8) Mt 15,22: καὶ ἰδοὺ γυνὴ Χαναναία ἀπὸ τῶν ὁρίων ἐκείνων ἐξελθοῦσα *ἔκραζεν λέγουσα*

Mk 7,25: ἀλλ' εὐθὺς ἀκούσασα γυνὴ περὶ αὐτοῦ, ἧς εἶχεν τὸ θυγάτριον αὐτῆς πνεῦμα ἀκάθαρτον...

Bei Lk ist die Perikope nicht vorhanden.

Ein Vergleich des gesamten Stückes bei Mt und Mk zeigt das Mk-Ev wieder als Grundlage, von der Mt aber durch ziemlich starke Redaktion abweicht. Die zitierte Mt-Stelle ist z.T. ein Einschub in den Mk-Text. ἔκραζεν λέγουσα geht dabei völlig auf Mt zurück ([60]).

9) Mt 15,23: ἀπόλυσον αὐτήν, ὅτι *κράζει* ὄπισθεν ἡμῶν.

Mt 15,23 steht in engem Zusammenhang mit dem eben behandelten Text. VV.23-24 sind gegenüber Mk völlig neu. Die Form des Verbs weicht von den bisherigen Beispielen ab, was aber durch den Inhalt bedingt ist.

10) Mt 21,15: ἰδόντες δὲ οἱ ἀρχιερεῖς καὶ οἱ γραμματεῖς τὰ θαυμάσια ἃ ἐποίησεν καὶ *τοὺς παῖδας τοὺς κράζοντας* ἐν τῷ ἱερῷ *καὶ λέγοντας*· ὡσαννά...

Diese Stelle ist wieder Sondergut des Mt und auch von ihm verfasst ([61]). Obwohl die Partizipien (κράζοντας, λέγοντας) durch die Angabe ἐν τῷ ἱερῷ voneinander getrennt sind und eine andere Konstruktion haben, erinnert der Ausdruck an 9,27 (κράζοντες καὶ λέγοντες). Aufgrund dieser Parallelität und durch den Ursprung von 21,15 ist auch für 9,27 die Quellenfrage schon ziemlich eindeutig beantwortet.

11) Mt 27,50: ὁ δὲ Ἰησοῦς πάλιν *κράξας* φωνῇ μεγάλῃ ἀφῆκεν τὸ πνεῦμα.

Mk 15,37: ὁ δὲ Ἰησοῦς ἀφεὶς φωνὴν μεγάλην ἐξέπνευσεν.

Lk 23,46: καὶ φωνήσας φωνῇ μεγάλῃ ὁ Ἰησοῦς εἶπεν· πάτερ, εἰς χεῖράς σου παρατίθεμαι τὸ πνεῦμά μου. τοῦτο δὲ εἰπὼν ἐξέπνευσεν.

([60]) Die redaktionelle Bearbeitung der Einleitung hat sich schon bei ἐκεῖθεν gezeigt, das in Verbindung mit ἀναχωρεῖν und εἰς τὰ μέρη nur noch Mt 2,22 vorkommt (vgl. Seite 50-1). Die Anrufung Jesu als Sohn Davids wird den sekundären Charakter von einer anderen Seite bestätigen (vgl. Seite 95.98). Ausserdem ist δαιμονίζεσθαι ein von Mt häufig verwendetes Wort: Mk 4, Lk 1, Jo 1, Mt 7, sonst nicht im NT.

([61]) Dass der Einschub nicht nur inhaltlich, sondern auch sprachlich von Mt stammt, wird erst bei προσέρχεσθαι und υἱὸς Δαυίδ eingehender behandelt.

Alle drei Texte haben untereinander eine mehrfache Beziehung. Die Einleitung ὁ δὲ Ἰησοῦς steht bei Mk und Mt und nur geringfügig verändert auch bei Lk. Sie ist deshalb auch für die Vorlage des Mt anzunehmen. Das gleiche wird für ἐξέπνευσεν bei Mk und Lk gelten, sodass wahrscheinlich erst Mt ἀφῆκεν τὸ πνεῦμα als Abschluss verwendet hat. Weiters gehört der Dativ φωνῇ μεγάλῃ bei Mt mit der identischen Form bei Lk zusammen. Beachtlich ist dabei aber besonders ihre Parallelität gegen Mk (φωνὴν μεγάλην). Im Vergleich zu diesem ist auch noch τὸ πνεῦμα bei Mt und Lk neu, das gleichfalls nach Inhalt und Konstruktion parallel ist (ἀφῆκεν τὸ πνεῦμα, παρατίθεμαι τὸ πνεῦμα). Der gemeinsamen Vorlage des Mt und Lk (Mk II), die sich zur Erklärung der parallelen Abweichungen der Seitenreferenten von Mk wieder aufdrängt und der die genannten Stücke wahrscheinlich angehören, muss man noch ein weiteres Element zuschreiben. Der Ausdruck φωνῇ μεγάλῃ verlangt als Basis ein Verb, das bei Mk noch nicht vorliegt. Aus der Natur der Sache ergibt sich auch, dass es φωνεῖν, κράζειν oder ähnlich gelautet haben muss. Obwohl die tatsächlichen Texte des Mt und Lk nicht gleich sind, bringen sie doch parallel ein Wort dieser Kategorie, wozu noch die Parallelität der Partizipialform kommt, in der es erscheint (φωνήσας, Lk; κράξας, Mt).

Zu Mk II muss auch noch eine Form von ἀφιέναι gehören, da dieses Wort in Mk (ἀφείς) und Mt (ἀφῆκεν) erscheint. Weil die Verbindung des Mk ἀφεὶς φωνὴν μεγάλην in der Zweitauflage nicht mehr vorhanden sein konnte, wie sich aus φωνήσας bzw. κράξας und dem davon abhängigen Dativ φωνῇ μεγάλῃ ergeben hat, kann der Text des Mt ἀφῆκεν τὸ πνεῦμα eher den Wortlaut der Vorlage Mk II bewahrt haben. Da aber ausserdem ἐξέπνευσεν (Mk, Lk) zu dieser Vorlage gehört, muss durch καί oder eine unterordnende Konstruktion eine Verbindung zwischen beiden Ausdrücken bestanden haben, sodass der Text der einen oder anderen Form des folgenden Wortlauts ähnlich gewesen sein könnte:

ἀφῆκεν τὸ πνεῦμα καὶ ἐξέπνευσεν
oder: ἀφεὶς τὸ πνεῦμα ἐξέπνευσεν.

Wie schon erwähnt, hätte der Anfang dazu ὁ δὲ Ἰησοῦς κράξας bzw. φωνήσας φωνῇ μεγάλῃ gelautet. Hier ergibt sich aber nochmals eine Einschränkung. Nach dem Partizip (φωνήσας-κράξας) kann die Fortsetzung nicht wieder ein Partizip gewesen sein, sodass praktisch nur die erste Möglichkeit (ἀφῆκεν...) in Frage kommt.

Zur weiteren Rekonstruktion von Mk II muss noch die übrige Drittredaktion abgehoben werden. Gegenüber der identischen Feststellung des Mk und Mt, dass Jesus einen lauten Schrei ausstiess, wird das Wort Jesu, das Lk berichtet, erst von ihm neu eingefügt sein, auch wenn er τὸ πνεῦμα und ἀφῆκεν (für παρατίθεμαι) schon vorfand. Damit kommt auch εἶπεν als möglicher Rest der Vorlage nicht in Frage. Wenn τοῦτο δὲ εἰπών (Lk) und πάλιν (Mt) dahingestellt bleiben, weil sie ziemlich sicher redaktionell sind, ist nur noch fraglich, ob φωνήσας oder κράξας (oder keines von beiden) zum Text Mk II gehörte. Darüber kann nur die Verwendung der Formel φωνεῖν φωνῇ μεγάλῃ einigen Aufschluss geben.

Bei Mk steht sie 1,26, Mt hat sie nicht, im Lk-Ev findet sie sich ebenfalls nur an der Untersuchungsstelle 23,46, in der Apg 16,28 in geringer Abänderung (ἐφώνησεν δὲ Παῦλος μεγάλῃ φωνῇ). Obwohl die Stelle der Apg redaktionell ist, ist derselbe Ursprung für Lk 23,46 nicht sicher, weil zwischen beiden Stellen kein näherer Zusammenhang besteht. Ausserdem ist φωνεῖν φωνῇ μεγάλῃ schon vor-lk, wie sich aus Mk 1,26 ergibt. Die Auslassung des Wortes durch Mt und Lk an der Parallelstelle lässt keine Rückschlüsse zu, da Mt die ganze Perikope weglässt, während Lk an einem anderen Sachverhalt interessiert ist. Für eine Lösung muss aber auch noch Mk 1,23-24 καὶ ἀνέκραξεν λέγων par Lk 4,33 καὶ ἀνέκραξεν φωνῇ μεγάλῃ herangezogen werden. Hier hat Lk ἀνακράζειν nicht vermieden, und es ist deshalb wenig wahrscheinlich, dass er bei 23,46 κράζειν gegen φωνεῖν vertauscht hätte. Nur nebenbei soll noch erwähnt werden, dass auch der bisherige Überblick über den Gebrauch von κράζειν in dieselbe Richtung führt. Bei Mt 14,30 steht das Wort im Sondergut, in 15,22.23; 21,15 ist es Zusatz des Evangelisten. Auch bei 27,50 ist also die Einfügung durch Mt die wahrscheinlichere Lösung.

Zusammenfassung: In den untersuchten Stellen ist κράζειν in sechs von elf Fällen aus den Vorlagen entnommen, in den übrigen ist Mt-Redaktion der wahrscheinlichste Grund der Einfügung. Als sicher mt hat sich die Formulierung ἔκραξαν λέγοντες (dreimal) bzw. ἔκραζον λέγοντες herausgestellt.

Zur Abrundung des Bildes, wie Mt das Wort verwendet, müssen auch noch die Mk- und Lk-Stellen mit κράζειν untersucht werden.

12) Mk 3,11: καὶ τὰ πνεύματα τὰ ἀκάθαρτα, ὅταν αὐτὸν ἐθεώρουν, προσέπιπτον αὐτῷ καὶ *ἔκραζον λέγοντα* ὅτι σὺ εἶ ὁ υἱὸς τοῦ θεοῦ.

Lk 4,41: ἐξήρχετο δὲ καὶ δαιμόνια ἀπὸ πολλῶν *κράζοντα* καὶ *λέγοντα* ὅτι σὺ εἶ ὁ υἱὸς τοῦ θεοῦ (62).

Bei Mt ist der Stoff stark gekürzt und der fragliche Vers ist im dazugehörigen Parallelstoff 12,15-16 gestrichen. Für die Beurteilung des Mt entfällt also die Stelle.

---

(62) Mehrere Hss haben κραυγάζοντα (A D E W Φ) anstelle der Lesart κράζοντα, das von B C K Θ gesetzt wird. Gegenüber der Mt-Kürzung ist diese Frage belanglos.

13) Mk 5,5: καὶ διὰ παντὸς νυκτὸς καὶ ἡμέρας ἐν τοῖς μνήμασιν καὶ ἐν τοῖς ὄρεσιν ἦν *κράζων* καὶ κατακόπτων ἑαυτὸν λίθοις.

Dieser Text wird sowohl von Mt als auch von Lk weggelassen. Mt kürzt die ganze Perikope der Besessenenheilung am meisten, wobei vor allem die für den Glauben weniger wichtigen Illustrationen wegfallen.

14) Mk 9,24: εὐθὺς *κράξας* ὁ πατὴρ τοῦ παιδίου ἔλεγεν.

Wie die vorausgehende Perikope ist auch die Erzählung von der Heilung eines besessenen Knaben von beiden Seitenreferenten stark gekürzt. Aus diesem Grund fehlt auch zu dem zitierten Satz eine Parallele bei Mt.

15) Mk 9,26: καὶ *κράξας* καὶ πολλὰ σπαράξας ἐξῆλθεν.

Mt 17,18: καὶ ἐπετίμησεν αὐτῷ ὁ Ἰησοῦς, καὶ ἐξῆλθεν ἀπ' αὐτοῦ τὸ δαιμόνιον.

Diese Stelle steht wie die vorige in der Erzählung von der Heilung des besessenen Knaben. Bei Lk fehlt die geschilderte Einzelheit ganz. Mt erwähnt wieder nur die Heilung als das Wesentliche.

16) Mk 15,13: οἱ δὲ πάλιν *ἔκραξαν*· σταύρωσον αὐτόν.

Mt 27,22: λέγουσιν πάντες· σταυρωθήτω.

Lk 23,21: οἱ δὲ ἐπεφώνουν λέγοντες· σταύρου, σταύρου αὐτόν.

In diesem Text schreibt Mt λέγουσιν statt ἔκραξαν. Die Auslassung des sonst gern verwendeten Wortes zeigt, dass die Formulierung ἔκραξαν (bzw. ἔκραζον) λέγοντες unbewusste und nicht absichtlich gewählte Formulierung ist, die an anderen Stellen einer verschiedenen, Mt ebenso geläufigen Ausdrucksweise weichen kann ([63]). Diese Auslassung darf aber nicht für sich betrachtet werden. Da Mt das Wort ἔκραξαν im folgenden Mk-Vers (15,14) übernimmt (27,23 ἔκραζον λέγοντες), könnte er auch aus Gründen der Abwechslung ἔκραξαν Mk 15,13 übergangen haben. Dazu kommt, dass λέγουσιν πάντες Teil eines Gesprächs ist ([64]), sodass auch deswegen der Ton gemildert sein könnte.

([63]) Weil ἐπιφωνεῖν nur Lk 23,21; Apg 12,22; 21,34 und 22,24 im NT vorkommt und darum sicher lk ist, könnte λέγειν statt κράζειν eine Änderung sein, die schon auf Mk II zurückgeht.

([64]) Vgl. λέγει αὐτοῖς und λέγουσιν αὐτῷ Seite 119-29.

Es ergibt sich also, dass mit Ausnahme von Mk 15,13 alle übrigen Mk-Stellen mit κράζειν wegen Stoffkürzung nicht übernommen wurden. Weil bei der zitierten Stelle ebenfalls sachliche Gründe für die Änderung massgeblich waren, sprechen die weggelassenen Mk-Stellen nicht gegen die vorher festgestellte Vorliebe des Mt für κράζειν, im besonderen die Formel ἔκραξαν λέγοντες.

17) Lk 9,39: καὶ ἰδοὺ πνεῦμα λαμβάνει αὐτόν, καὶ ἐξαίφνης *κράζει* καὶ σπαράσσει αὐτόν...

Mk 9,18: καὶ ὅπου ἐὰν αὐτὸν καταλάβῃ, ῥήσσει αὐτόν, καὶ ἀφρίζει...

Mt 17,15: κύριε, ἐλέησόν μου τὸν υἱόν, ὅτι σεληνιάζεται καὶ κακῶς ἔχει.

Die Formulierung ὅτι σεληνιάζεται καὶ κακῶς ἔχει ist eine zusammenfassende Kürzung des Mt für die entsprechende Stelle des Mk (18) und Lk (39), wie überhaupt die ganze Perikope bei Mt sehr stark gekürzt ist. Für die Mt-Redaktion des Ausdrucks spricht, dass σεληνιάζεσθαι im NT nur bei Mt 4,24 und 17,15 vorkommt und beidemal in engerer (17,15) oder weiterer (4,24) Verbindung mit κακῶς ἔχειν. κράζει ist der Mk-Stelle gegenüber neu, ist aber vielleicht von Mk 9,26 beeinflusst (καὶ κράξας καὶ πολλὰ σπαράξας ἐξῆλθεν), was besonders wegen der gleichen Folge von κράζειν und σπαράσσειν zu vermuten ist.

18) Lk 19,40: καὶ ἀποκριθεὶς εἶπεν· λέγω ὑμῖν, ἐὰν οὗτοι σιωπήσουσιν, οἱ λίθοι *κράζουσιν*.

Mt 21,15: ἰδόντες δὲ οἱ ἀρχιερεῖς καὶ οἱ γραμματεῖς τὰ θαυμάσια ἃ ἐποίησεν καὶ τοὺς παῖδας τοὺς *κράζοντας* ἐν τῷ ἱερῷ καὶ λέγοντας· ὡσαννά...

Die Lk-Stelle lässt sich stofflich mit Mt 21,15 vergleichen, ist aber sprachlich und auch inhaltlich so verschieden, dass man eine Abhängigkeit (des Mt von Lk) schwer nachweisen kann. Selbst in diesem Fall beeinflussen die zwei Lk-Stellen mit κράζειν nicht das Ergebnis des mt Sprachgebrauchs.

Aufgrund dieses Gesamtresultates kann auch Mt 9,27 beurteilt werden.

Mt 9,27: ...ἠκολούθησαν δύο τυφλοὶ *κράζοντες* καὶ λέγοντες· ἐλέησον ἡμᾶς...

Der Text hat Ähnlichkeit mit Mk 10,47 ἤρξατο κράζειν καὶ λέγειν. Die Verwandtschaft zwischen den zwei angeführten Stellen ist sogar grösser als zwischen Mk 10,47 und dem rahmenparallelen Text Mt 20,30 (ἔκραξαν λέγοντες), der typisch mt formuliert ist. Der Ausdruck Mt 21,15 τοὺς παῖδας τοὺς κράζοντας... καὶ λέγοντας, der vom Redaktor stammt, lässt aber die Möglichkeit offen, dass auch Mt 9,27 κράζοντες καὶ λέγοντες eine Bildung des Mt ist. Die im Zusammenhang mit παράγειν und ἐκεῖθεν gemachten Beobachtungen geben dieser Entstehung noch mehr Wahrscheinlichkeit. Durch die Weglassung der Einzelheit, dass die Blinden vom Vorübergehen Jesu hören (Mt 20,30 par Mk 10,47 par Lk 18,36.37) und durch die Vorausnahme des Verbs an die Spitze des Satzes (παράγοντι... ἠκολούθησαν), die sich als mt herausgestellt hat, erklärt sich auch die Formulierung κράζοντες καὶ λέγοντες ohne Zwang. Die Partizipialform, die Mt häufig verwendet, passt zur Fortsetzung des Textes besser als eine parataktische Anreihung (καὶ ἔκραξαν...), die auf κράζειν zu viel Gewicht legen würde.

6. *υἱὸς Δαυίδ*

Das nächstfolgende Element der Perikope ist die Anrufung Jesu als Davidssohn. Bei einem Vergleich der Stellen fällt sofort die enge Beziehung auf, die zwischen Mt 9,27 und 20,30 im Gegensatz zu den synoptischen Parallelen besteht.

1) Mt 9,27: ἐλέησον ἡμᾶς, *υἱὸς Δαυίδ*.
Mt 20,30: κύριε, ἐλέησον ἡμᾶς, *υἱὸς Δαυίδ*.
Mk 10,47: υἱὲ Δαυὶδ Ἰησοῦ, ἐλέησόν με.
Lk 18,38: Ἰησοῦ υἱὲ Δαυίδ, ἐλέησόν με.

Auf den Plural des Pronomens ἡμᾶς im Gegensatz zu μέ bei Mk und Lk braucht nicht eingegangen zu werden, da sich diese Formulierung aus der geänderten Zahl der Blinden ergibt. Mehr Bedeutung haben dagegen die übrigen Unterschiede:

a) In beiden Mt-Stellen ist der Name Jesus ausgelassen, der bei Mk und Lk aufscheint.
b) Statt des Vokativs υἱὲ Δαυίδ haben die Mt-Texte den Nominativ υἱὸς Δαυίδ in derselben Funktion.
c) Während Mk und Lk durch die verschiedene Einfügung des Namens in den Text in der Wortfolge des Satzes variieren, hat Mt zweimal den genau gleichen Text ἐλέησον ἡμᾶς, υἱὸς Δαυίδ.
d) Bei Mt steht der Ruf um Hilfe ἐλέησον ἡμᾶς vor dem Titel υἱὸς Δαυίδ, Mk und Lk haben die umgekehrte Reihenfolge. Untereinander sind die beiden Texte nur durch den Titel κύριε in 20,30 verschieden.

Mit diesem Text muss aber auch noch der anschliessende Vers verglichen werden, der eine völlig identische Formulierung bringt:

Mt 20,31: κύριε, ἐλέησον ἡμᾶς, *υἱὸς Δαυίδ*
Mk 10,48: υἱὲ Δαυίδ, ἐλέησόν με
Lk 18,39: υἱὲ Δαυίδ, ἐλέησόν με.

Das Verhältnis des Mt-Textes zu dem des Mk und Lk ist ähnlich wie bei Mt 20,30 parr. Nur der Name Jesus fehlt hier auch bei Mk und Lk. Da der Anruf — vom Pronomen abgesehen — in allen Texten gleich lautet (ἐλέησον), ist er der Sache und dem Inhalt nach für die Untersuchung belanglos. Er stand auf jeden Fall in der Quelle des Mt. Fraglich hinsichtlich einer Sonderüberlieferung des Mt ist nur die Form des Titels und die Struktur des Satzes.

Die Bezeichnung " Davidssohn " findet sich in den synoptischen Evangelien an folgenden Stellen: Mt 1,1.20; 9,27; 12,23; 15,22; 20,30.31; 21,9.15. Mk 10, 47.48 (12,35). Lk 18,38.39 (20,41). Diese Statistik zeigt ein bedeutendes Überwiegen der Mt-Stellen (9), wodurch sich schon allein das Interesse des Mt-Ev an dieser Bezeichnung bekundet. Für die Quellenfrage ist aber wieder der Einzelvergleich notwendig.

2) Die meiste Verwandtschaft mit Mt 9,27 und 20,30.31 hat Mt 15,22.

15,22: ἐλέησόν με, κύριε, υἱὸς *Δαυίδ*

Zum Unterschied von den Blindenheilungsperikopen bei Mt steht hier das Pronomen im Singular, da in der Erzählung nur die Syrophönizierin als einzige Bittstellerin genannt ist. Parallel zu den vorausgehenden Mt-Stellen ist der Anruf wieder vor den Titel gesetzt, der auch hier im Nominativ erscheint, und ist der Name Jesus weggelassen. Mit Mt 20,30.31 hat der Text gemeinsam, dass im Anruf auch κύριε steht. Die Beurteilung der Stelle ist jedoch erschwert, da der zugehörige Mk-Text viel kürzer ist und das Lk-Ev die Parallelperikope überhaupt nicht enthält. Ein Vergleich zeigt aber, dass am Beginn und Ende von V. 22 bei Mt Elemente aus Mk vorhanden sind (γυνή-θυγάτριον, Mk; γυνή-θυγάτηρ, Mt). Der von diesen Worten umschlossene Text stellt sich als Einschub des Redaktors heraus. Ausserdem hat sich im Kontext schon mehrfach mt Bearbeitung gezeigt. Dass die Verbindung ἐκεῖθεν... ἀνεχώρησεν *εἰς τὰ μέρη* von Evangelisten stammt, wurde ebenfalls schon erwähnt (65). Man könnte noch ergänzen, dass εἰς τὰ μέρη ausser Mk 8,10 im NT überhaupt nur im Mt-Ev vorkommt:

15,21: ἀνεχώρησεν *εἰς τὰ μέρη* Τύρου καὶ Σιδῶνος
2,22: ἀνεχώρησεν *εἰς τὰ μέρη* τῆς Γαλιλαίας
16,13: ἐλθὼν δὲ ὁ Ἰησοῦς
εἰς τὰ μέρη Καισαρείας τῆς Φιλίππου (66).

---

(65) Siehe Seite 50-1 und 89, Anm. 60.

(66) Die Apg hat zwar an zwei Stellen τὰ μέρη im Sinn von Gegend (2,10; 20,2), aber nicht den genauen Ausdruck εἰς τὰ μέρη.

Ebenso steht δαιμονίζεται als Mt-Redaktion fest ([67]). Mt 15,23 ὁ δὲ οὐκ ἀπεκρίθη αὐτῇ λόγον spricht neuerdings für sekundäre Bearbeitung, weil die Verbindung von ἀποκρίνεσθαι mit λόγον sich nur bei Mt findet:

22,46: οὐδεὶς ἐδύνατο ἀποκριθῆναι αὐτῷ λόγον
15,23: ὁ δὲ οὐκ ἀπεκρίθη αὐτῇ λόγον

Entfernt vergleichbar ist in den Evangelien nur noch Lk 24,44 οἱ λόγοι μου οὓς ἐλάλησα. Ausserdem ist zu beachten, dass der Titel υἱὸς Δαυίδ die gleiche Form hat wie bei 20,30.31 (und 9,27), wo er vom Text des Mk und Lk abweicht, und dass ἔκραζεν λέγουσα dem mt Schema entspricht. Man wird also nicht zweifeln dürfen, dass Mt 15,22 zur Redaktion des Evangelisten gehört.

3) Mt 1,20: Ἰωσήφ, *υἱὸς Δαυίδ*, μὴ φοβηθῇς παραλαβεῖν Μαρίαν...

Dieser Text ist Sondergut des Mt. Mit den vorausgehenden Stellen hat er gemeinsam, dass für den Vokativ wieder der Nominativ gesetzt ist, auch wenn die Bezeichnung "Sohn Davids" mit der Person des Josef und nicht Jesu verbunden ist. Da er auch dem Inhalt nach (hier Nachkomme Davids, bei Jesus Davidssohn) verschieden ist, ist er in diesem Zusammenhang ohne Bedeutung.

4) Mt 21,9: ...ἔκραζον λέγοντες· ὡσαννὰ τῷ *υἱῷ Δαυίδ*, εὐλογημένος...
Mk 11,9-10: ...ἔκραζον· ὡσαννά. εὐλογημένος...
Lk 19,38: ...λέγοντες· εὐλογημένος...

Als einziger unter den Synoptiker hat Mt nach dem Hosannaruf die Einfügung τῷ υἱῷ Δαυίδ. Gegenüber dem weitgehend parallelen Text von Mk und Mt kann der Wortlaut des Lk unberücksichtigt bleiben, da er auf dessen Redaktion zurückgeht. Für 21,9 steht die mt Bearbeitung fest.

5) Mt 21,15: ἰδόντες δὲ οἱ ἀρχιερεῖς... τοὺς παῖδας τοὺς κράζοντας ἐν τῷ ἱερῷ καὶ λέγοντας· ὡσαννὰ τῷ *υἱῷ Δαυίδ*, ἠγανάκτησαν...

Mt wiederholt mit genau gleichen Worten den Zuruf der Menge von Mt 21,9. An der Stoffolge bei Mk lässt sich erkennen, dass der Text 21,14-16 ergänzt wurde. Das bestätigt sich auch aus mehreren Ausdrücken, die typisch mt sind. Zu ihnen gehören προσῆλθον αὐτῷ τυφλοὶ καὶ χωλοί ([68]), die Zweiergruppe von ἀρχιερεῖς und γραμματεῖς ([69]), das Wort τὰ θαυμάσια, das im NT nur hier vor-

---

([67]) Siehe Seite 89, Anm. 60.
([68]) Vgl. προσέρχεσθαι Seite 100-111.
([69]) Vgl. TRILLING, *Israel*, 90-91; BULTMANN, *GsynTr*, 54-56.

kommt, die Formulierung κράζοντας... καὶ λέγοντας und die Darstellung in Gesprächsform, die ebenfalls eine mt Eigenart darstellt.

6) Mt 1,1: βίβλος γενέσεως Ἰησοῦ Χριστοῦ *υἱοῦ Δαυὶδ* υἱοῦ Ἀβραάμ.

Der Beginn des Buches ist sicher Eigengut des Mt, da er vom Inhalt des Folgenden nicht abzulösen ist. An dieser Stelle ist υἱὸς Δαυίδ keine belanglose Bezeichung, sondern drückt das Programm des Evangelisten aus, Jesus als Davidssohn darzustellen, in dem sich die Verheissungen seit Abraham erfüllen (vgl. die Reflexionszitate). Aus diesem Grund ist V. 1 sicher zwar auch Einleitung zur Genealogie, aber doch mehr als nur das.

7) Mt 12,23: καὶ ἐξίσταντο πάντες οἱ ὄχλοι καὶ ἔλεγον· μήτι οὗτός ἐστιν ὁ *υἱὸς Δαυίδ.*

Mt 9,33: καὶ ἐθαύμασαν οἱ ὄχλοι λέγοντες· οὐδέποτε ἐφάνη οὕτως ἐν τῷ Ἰσραήλ.

Lk 11,14: καὶ ἐθαύμασαν οἱ ὄχλοι.

Für den fraglichen Satz bei Mt fehlt eine eigentliche Parallele bei Lk, denn der zitierte Teil des Verses Lk 11,14 ist nur mit Mt 12,23a vergleichbar. Die Mt-Dublette 9,33, die z.T. mit Lk identisch ist, weicht in der Äusserung des Volkes ebenfalls von 12,23 ab. Das Staunen der Menge ist aber in einer Formulierung ausgedrückt, die in ähnlicher Weise noch häufig bei Mt begegnet, während sie bei Mk und Lk viel seltener vorkommt: οὗτός ἐστιν + ὁ mit Substantiv (oder gleichwertigem Ausdruck) steht bei Mk 6,3 (in Frageform); 9,7; 12,7; Lk nur 9,35 und 20,14; bei Mt dagegen 13mal: 3,3 (γάρ). 17; 7,12 (γάρ); 12,23; 13,19.22. 23; 13,55 (Frage); 14,2 (ohne Artikel); 17,5; 21,11.38; 27,37 (ohne Artikel). Aufgrund dieser starken Verwendung der Formel durch Mt muss man annehmen, dass die gesamte Frage Mt 12,23 von Mt formuliert ist.

Den eigentlichen Mt-Stellen folgt als einziger nicht-mt Beleg Mk 12,35.

8) Mk 12,35: πῶς λέγουσιν οἱ γραμματεῖς ὅτι ὁ χριστὸς *υἱὸς Δαυίδ* ἐστιν.

Lk 20,41: πῶς λέγουσιν τὸν χριστὸν εἶναι *Δαυὶδ υἱόν.*

Mt 22,42: τί ὑμῖν δοκεῖ περὶ τοῦ χριστοῦ; τίνος *υἱός* ἐστιν; λέγουσιν αὐτῷ· τοῦ *Δαυίδ.*

Die ganze Perikope lässt erkennen, dass es sich bei Mk um eine unechte Davidssohnstelle handelt, da υἱὸς Δαυίδ nicht als Titel genommen ist, sondern an dieser Stelle Nachkomme Davids bedeutet. Nur so ist die ganze Diskussion möglich. Weil die Formulierung bei Mk für den Leser missverständlich wie Davidssohn klingen kann, ist sie bei Mt und Lk geändert, Lk 20,41 (Δαυὶδ υἱόν) und besonders die Trennung beider Worte bei Mt lassen ein solches Missverständnis gar nicht mehr aufkommen. Mt hat also keine Stelle mit einem echten Davidssohntitel übergangen.

Für Mt 9,27 sind mehrere Punkte der Untersuchung wichtig. Weil unter acht Stellen des Mt, an denen υἱὸς Δαυίδ den Titel "Sohn Davids" bedeutet, fünf redaktionell sind (1,1; 12,23; 15,22; 21,9.15), offenbart sich darin das Interesse des Evangelisten an diesem Titel. Für 9,27; 20,30.31 und 15,22 lässt sich weiters das Element der stereotypen Wiederholung nennen, die besonders in den ersten drei Stellen gegenüber dem Text des Mk und Lk auffällt. Aus beiden Beobachtungen muss man schliessen, dass auch ἐλέησον ἡμᾶς, υἱὸς Δαυίδ in den zwei Blindenheilungsperikopen des Mt wahrscheinlich seine Bearbeitung darstellt und nicht von einer ihm vorliegenden Sonderquelle übernommen ist.

Diese sprachlichen Gründe für die Mt-Redaktion von 9,27 lassen sich verstärken durch Beobachtungen, die sich aus der Untersuchung des jeweiligen Inhalts der Davidssohnstellen ergeben. Mit Ausnahme von drei Texten ist der Davidssohntitel immer mit einem Wunder verbunden. Die Ausnahmen sind Mt 1,1, wo der Titel "Sohn Davids" nicht genauer beschrieben sein kann, da er ja nur Überschrift ist, 1,20, wo die Bezeichnung Josefs als υἱὸς Δαυίδ Nachkomme Davids bedeutet, wie es der Tendenz der Perikope entspricht, und Mt 21,9, wo der Messias Jesus nach atl Vorbild als Friedenskönig erscheint (Zach 9,9; Ps 118,25f; 1 Sam 17,45). Von den übrigen Stellen sollen zuerst jene angeführt werden, für die in den Vorlagen des Mt kein Ansatz gegeben war.

a) Mt 12,23: Hier ist die Frage der Menge, ob dieser nicht der "Sohn Davids" ist, mit dem Wunder einer Dämonenaustreibung verbunden. Für das Volk ist die Heilung eines Besessenen, der blind und stumm ist, der *Anlass* für die Frage nach der Davidssohnschaft Jesu. In dieser Reaktion des Volkes ist die Erwartung eingeschlossen, dass der Davidssohn Wundermacht besitzt und sie ausübt.

b) Mt 15,22: Wie im vorausgehend besprochenen Fall steht auch hier die Verwendung des Titels in Zusammenhang mit einem Heilungswunder. Die Frau erbittet die Heilung ihrer Tochter, die besessen ist (ἡ θυγάτηρ μου κακῶς δαιμονίζεται) wie der Mann Mt 12,22 (δαιμονιζόμενος, τυφλὸς καὶ κωφός) und erhält sie auch (καὶ ἰάθη ἡ θυγάτηρ). Wieder scheint die Frau vom Davidssohn Wundermacht zu erwarten ([70]).

([70]) Die weiteren Motive dieser Darstellung kommen hier nicht in Betracht.

Im Zusammenhang mit Mt 12,23 und 15,22 muss noch Mt 12,28 par Lk 11,20 verglichen werden. Dort sind gerade die Dämonenaustreibungen Zeichen und Beweis für die schon angebrochene Gottesherrschaft. Lk sagt, dass der Besessene stumm (κωφός 11,14) war; bei Mt ist er blind und stumm (τυφλὸς καὶ κωφός). Das Wunder der Heilung wird also bei Mt stärker illustriert, um leichter als messianische Tat erkennbar zu sein.

c) Mt 21,15: VV. 14-15 erzählen von der Wunderheilung von Blinden und Lahmen (τυφλοὶ καὶ χωλοί), vom Hosannarufen der Kinder für den Davidssohn und vom Erscheinen der Behörden. In diesem Kontext ist wieder die Art der gewirkten Wunder sehr bezeichnend: Es sind solche, die schon bei Isaias (29,18; 35,5; 61,1) als messianische Taten verheissen werden und die auch in der Antwort auf die Täuferfrage, ob Jesus der Messias sei (Mt 11,5), genannt werden: τυφλοὶ ἀναβλέπουσιν καὶ χωλοὶ περιπατοῦσιν. Der Evangelist verbindet also wie in den früheren Fällen den Anruf Jesu als Sohn Davids auch hier mit Wundern, und zwar mit solchen, die dem Volk ausdrücklich als messianisch bekannt sind.

d) Mt 20,30.31 par Mk 10,47 par Lk 18,35: In dieser Perikope, in der als einziger auch schon in der vor-mt Überlieferung Jesus als Davidssohn angerufen wird, geschieht es wieder im Zusammenhang mit einem Wunder. Auch hier ist es eine Blindenheilung, also eines der typisch messianischen Wunder. " Sohn Davids " ist darum auch an dieser Stelle keine konventionelle Bezeichnung Jesu neben anderen, die die Evangelisten aus Geläufigkeit verwendet hätten ohne genauer an den Inhalt zu denken. Gerade weil man vom Messias Wunder erwartet, von *dem* Davidssohn, wird er als solcher angerufen.

Zusammenfassung: Der Vergleich der einzelnen Texte ergibt also, dass Mt ein Motiv, das an einer Stelle schon in seiner Vorlage enthalten war (Mk 10,47), übernimmt (20,30.31; 9,27) und mehrfach frei verwendet. Auch bei 21,15; 12,23 und 15,22 öffnet er dem Leser die Augen für die Messianität des Geschehenen. Für die Frage nach der Redaktion des Mt ergibt sich somit eine doppelte Erkenntnis: Gerade weil Mt den messianischen Charakter einzelner Wunder heraushebt, werden auch sprachlich verschiedene Formulierungen als mt erkennbar (12,23; 15,22; 21,15) bzw. wird diese Vermutung gesichert. Umgekehrt lässt sich feststellen, dass υἱὸς Δαυίδ trotz des stereotypen Charakters des Anrufs ἐλέησον ἡμᾶς (με), υἱὸς Δαυίδ nicht bloss ein typisches Element des Mt-Stils darstellt, sondern der theologischen Interpretation des Evangelisten dienstbar ist. Hauptzweck der Einfügung von υἱὸς Δαυίδ ist die Verdeutlichung des Erzählten (Davidssohn als Titel), wenn diese auch in einer Art und Weise geschieht, die die typischen Stilmerkmale des Mt aufweist (ἐλέησον ἡμᾶς, υἱὸς Δαυίδ).

7. *προσέρχεσθαι*

Ähnlich wie für κράζειν liegt auch für das folgende Untersuchungswort προσέρχεσθαι ein gewisser, wenn auch sehr geringer Anhaltspunkt bei Mk vor.

Mt 9,28: ἐλθόντι δὲ εἰς τὴν οἰκίαν *προσῆλθον* αὐτῷ οἱ τυφλοί.

Mk 10,50: ὁ δὲ ἀποβαλὼν τὸ ἱμάτιον αὐτοῦ *ἀναπηδήσας* ἦλθεν πρὸς τὸν Ἰησοῦν.

Lk 18,40: *ἐγγίσαντος* δὲ αὐτοῦ ἐπηρώτησεν αὐτόν. (71)

Dieser Anhaltspunkt ist vor allem inhaltlich gegeben, die Formulierung ist bei jedem der Synoptiker verschieden. Sprachlich besteht zwischen Mk (ἀναπηδήσας) ἦλθεν und Mt ἐλθόντι... προσῆλθον mehr Verwandtschaft als zwischen Mk und Lk (ἐγγίσαντος δε αὐτοῦ), und man muss deshalb wegen der starken Abweichung am ehesten bei Lk eine Bearbeitung durch den Evangelisten annehmen. ἀναπηδήσας (Mk) braucht in dieser Hinsicht nicht sehr beachtet zu werden, da es ausser an dieser Stelle nie im NT verwendet wird. Bei ἐγγίζειν entspricht schon das statistische Ergebnis der angestellten Vermutung. Während das Wort bei Mt siebenmal steht, bei Mk dreimal und im Jo-Ev überhaupt nicht vorkommt, steht es im Lk-Ev 18mal und wird in der Apg noch sechsmal verwendet. Ausserdem hat Lk in 19,37 eine ähnliche Formulierung:

18,40: ἐγγίσαντος δὲ αὐτοῦ
19,37: ἐγγίζοντος δὲ αὐτοῦ

Neben der Zahl der Stellen fällt bei Lk auf, dass er achtmal den Aorist verwendet, während bei Mk und Mt das Perfekt vorherrscht und der Aorist bei Mt nur an zwei Stellen erscheint. Sein Ausdruck stand also sicher nicht in den Vorlagen des Mt und ist damit für den Ursprung des Textes von Mt 9,28 unmassgeblich.

Bei προσέρχεσθαι weist der Gebrauch des Wortes durch die einzelnen Synoptiker, auch ohne dass man noch die Einzelstellen kennt, schon in eine bestimmte Richtung. Mk verwendet das Wort sechsmal, Lk elfmal, Mt dagegen bringt es an 53 Stellen. Aus der sehr grossen Zahl der Belege können nur die untersucht werden, die dieselbe dreigliedrige oder eine sehr verwandte Konstruktion aufweisen. Die Einzelglieder der Formel sind:

---

(71) In der Perikope Mt 20,29-34 ist der Zug, dass die Blinden zu Jesus kommen, nicht vorhanden. Im allgemeinen folgt aber Mt in dieser Wundergeschichte dem Text des Mk. Man muss also annehmen, dass er mit Absicht gestrichen wurde. Der Grund für die Auslassung braucht in diesem Zusammenhang nicht erörtert zu werden.

a) προσῆλθον (oder gleichwertig: -θεν, -θόντες usw.)

b) αὐτῷ (oder Dativ der Person)

c) Substantiv (Singular oder Plural).

Wichtig ist dabei die gleiche Reihenfolge der Glieder. Lk hat diese Konstruktion weder in seinem Evangelium noch in der Apg. Mk bringt sie ebenfalls nur in 6,35. Mt dagegen verwendet sie in einer ganzen Reihe von Texten: 5,1; 8,5; 9,14.28; 13,36; 14,15; 15,1.30; 17,14 (19 Ausnahme); (17,24 Ausnahme) (18,1); 19,3; 20,20; 21,14.23; 22,23; 24,3; 26,7.17.69. 16 Stellen entsprechen genau dem Schema, eine ist erweitert, vier bringen das Subjekt vor dem Objekt. Obwohl durch dieses Ergebnis der mt Charakter der Formel schon ziemlich sicher ist, soll durch die Einzeluntersuchung nun festgestellt werden, wie weit für die Texte des Mt und ihre gleichartige Konstruktion ein Ansatz in den Quellen vorliegt bzw. wie stark Mt sie bearbeitet hat.

1) Mt 5,1: ...καὶ καθίσαντος αὐτοῦ *προσῆλθαν αὐτῷ οἱ μαθηταὶ αὐτοῦ*
Lk 6,20: καὶ αὐτὸς ἐπάρας τοὺς ὀφθαλμοὺς αὐτοῦ εἰς *τοὺς μαθητὰς αὐτοῦ* ἔλεγεν.

Gemeinsam ist in dieser Einleitung der Bergpredigt bei Mt und Lk nur die Erwähnung der Jünger, im übrigen sind Konstruktion und Wortlaut verschieden. Die Quellenfrage kann aus dem Einzeltext nicht entschieden werden.

2) Mt 8,5: εἰσελθόντος δὲ αὐτοῦ εἰς Καφαρναοὺμ *προσῆλθεν αὐτῷ ἑκατόνταρχος* παρακαλῶν αὐτὸν καί...
Lk 7,1-2: ἐπειδὴ ἐπλήρωσεν πάντα τὰ ῥήματα αὐτοῦ εἰς τὰς ἀκοὰς τοῦ λαοῦ, εἰσῆλθεν εἰς Καφαρναούμ. *ἑκατοντάρχου* δέ τινος δοῦλος...

Ohne das statistische Gesamtergebnis liesse sich kaum feststellen, dass προσῆλθεν αὐτῷ ἑκατόνταρχος Mt-Stil ist und darum noch nicht in Q gestanden sein wird. Weil Lk das Wort προσέρχεσθαι nicht meidet, wird es bei 8,5 zusammen mit der Konstruktion von Mt stammen.

3) Mt 9,14: τότε *προσέρχονται αὐτῷ οἱ μαθηταὶ Ἰωάννου* λέγοντες...
Mk 2,18: καὶ ἦσαν *οἱ μαθηταὶ Ἰωάννου* καὶ οἱ Φαρισαῖοι νηστεύοντες. καὶ *ἔρχονται* καὶ λέγουσιν αὐτῷ.
Lk hat keinen parallelen Text. 5,33 οἱ δὲ μαθηταὶ Ἰωάννου ist die Parallele zur Frage bei Mk 2,18.

An dieser Stelle zeigt sich deutlich die Stilistik des Mt. Er greift die bei Mk vorliegenden Elemente ἔρχονται und οἱ μαθηταὶ Ἰωάννου auf und gestaltet aus ihnen seine Formel. τότε (90mal bei Mt) verrät noch einmal die Bearbeitung des Redaktors.

4) Mt 13,36: *καὶ προσῆλθον αὐτῷ οἱ μαθηταὶ αὐτοῦ* λέγοντες

Der Text, der zum Sondergut gehört, ist fast wörtlich gleich mit Mt 5,1 (προσῆλθαν):

Mt 5,1: *...προσῆλθαν αὐτῷ οἱ μαθηταὶ αὐτοῦ.*

Diese Identität des Wortlauts bestätigt noch mehr als die Formel allein den mt Ursprung der Wendung. Ausserdem zeigt sich, dass die Wiederholung derselben Form auch die Beurteilung solcher Texte ermöglicht, die für sich allein betrachtet nicht eindeutig zugeordnet werden könnten.

5) Mt 14,15: ὀψίας δὲ γενομένης *προσῆλθον αὐτῷ οἱ μαθηταὶ* λέγοντες...

Mk 6,35: καὶ ἤδη ὥρας πολλῆς γενομένης *προσελθόντες αὐτῷ οἱ μαθηταὶ αὐτοῦ* ἔλεγον...

Lk 9,12: ἡ δὲ ἡμέρα ἤρξατο κλίνειν. *προσελθόντες* δὲ *οἱ δώδεκα* εἶπαν αὐτῷ.

Hier hat Mk eine ähnliche Konstruktion wie Mt, die nur durch das Partizip vom Mt-Text verschieden ist ([72]). Von Mk 6,35 konnte Mt also sein Schema entnehmen. Er brauchte nur, um das Aufeinanderstossen zweier Partizipien (γενομένης, προσελθόντες) zu vermeiden, Partizip und Verb des Hauptsatzes (προσελθόντες... ἔλεγον) zu vertauschen, um die gewählte Form προσῆλθον... λέγοντες zu erreichen. Weil das Mittelglied ebenfalls vorhanden ist (αὐτῷ οἱ μαθηταί), liegt hier wahrscheinlich ein tatsächlicher Ausgangspunkt für die Mt-Formel vor.

6) Mt 15,30: *καὶ προσῆλθον αὐτῷ* ὄχλοι πολλοὶ ἔχοντες μεθ' ἑαυτῶν χωλούς...

Mk 7,32: καὶ φέρουσιν *αὐτῷ* κωφὸν καί...

Bei Lk fehlt ein paralleler Stoff.

Mt erweitert die sehr einfache und klare Ausdrucksweise des Mk, um seine Formel zu erhalten, die ihm geläufig ist. Gegenüber dem Mk-Text ist auch der vorausgehende Kontext geändert, der stark an Mt 5,1 erinnert:

15,29-30: *καὶ ἀναβὰς εἰς τὸ ὄρος ἐκάθητο ἐκεῖ.*
καὶ προσῆλθον αὐτῷ ὄχλοι πολλοί...

([72]) Vgl. Mk 10,2 par Mt 19,3.

5,1: ἰδὼν δὲ τοὺς ὄχλους
ἀνέβη εἰς τὸ ὄρος· καὶ καθίσαντος αὐτοῦ
προσῆλθαν αὐτῷ οἱ μαθηταὶ αὐτοῦ.

Gemeinsam ist beiden Texten das Hinaufsteigen auf den Berg, dass Jesus sich dort niedersetzt, und dann die Jünger bzw. die Massen zu ihm kommen. Alle diese Elemente stehen beidemal auch in gleicher Reihenfolge. Weiters verbindet diese zwei Stellen, dass ὄχλος auch in der Einleitung von Mt 5,1 vorkommt. Diese weitgehende Übereinstimmung verbürgt neuerlich die Redaktion des Mt für die untersuchte Formel (προσῆλθον...).

7) Mt 17,14: καὶ ἐλθόντων πρὸς τὸν ὄχλον προσῆλθεν αὐτῷ ἄνθρωπος γονυπετῶν αὐτόν...
Mk 9,14-17: καὶ ἐλθόντες πρὸς τοὺς μαθητὰς εἶδον ὄχλον πολύν... καὶ προστρέχοντες ἠσπάζοντο αὐτόν... καὶ ἀπεκρίθη αὐτῷ εἷς ἐκ τοῦ ὄχλου...
Lk 9,37-38: ἐγένετο δὲ τῇ ἑξῆς ἡμέρᾳ κατελθόντων αὐτῶν ἀπὸ τοῦ ὄρους συνήντησεν αὐτῷ ὄχλος πολύς. καὶ ἰδοὺ ἀνὴρ ἀπὸ τοῦ ὄχλου ἐβόησεν...

Die Einleitung von Lk 9,37 gehört trotz κατελθόντων weniger zu Mk 9,14 par Mt 17,14 als zu Mk 9,9 par Mt 17,9. Das zitierte Partizip stellt eine Vermengung aus beiden Texten dar. Die Vorsilbe stammt aus Mk 9,9 par Mt 17,9, -ελθόντων (statt -βαινόντων) aus Mk 9,14 par Mt 17,14. Diese Beobachtung wird durch die andere nicht aufgehoben, dass κατέρχεσθαι im NT mit Ausnahme von Jak 3,15 nur in den Lk-Schriften vorkommt (Lk zweimal, Apg 13mal). Es ist offensichtlich, dass auch ἀπὸ τοῦ ὄρους (Lk 9,37) ἐκ τοῦ ὄρους (Mk 9,9 par Mt 17,9) entspricht. Der Mk-Text ist bei Mt und Lk sehr gekürzt. Für die mt Formel (προσῆλθεν...) besteht nur ein geringer Ansatz bei Mk (προστρέχοντες 9,15), der mit προσῆλθεν zwar in der Vorsilbe, aber nur ungenau im Inhalt übereinstimmt. Vielleicht ist die Geläufigkeit der Mt-Formel genügende Erklärung für ihre Verwendung, ohne dass man auf einen Ansatz im Mk-Text zurückgreifen muss (73). ἄνθρωπος γονυπετῶν (Mt) entspricht im Ablauf der Erzählung εἷς ἐκ τοῦ ὄχλου (Mk) und ἀνὴρ ἀπὸ τοῦ ὄχλου (Lk). Gegen ἐκ bzw. ἀπὸ τοῦ ὄχλου wird γονυπετῶν αὐτόν mt sein. Von den Ausdrücken der Seitenreferenten ἄνθρωπος (Mt) und ἀνήρ stand eher ἄνθρωπος in der Vorlage, da Lk das Wort ἀνήρ sehr bevorzugt (Mk 4, Mt 8, Lk 27, Apg 101!) und bei 5,12.18; 6,8; 7,20; 8,27.38.41; 9,30 (und damit auch 9,32). 38; 22,63; 23,50 gegen die Parallelen eingefügt hat. In 6,8 (8,27) und 9,38 hat Lk ἀνήρ, während die Parallelen ἄνθρωπος setzen. — Für die gesamte Formel des Mt ist also ein Ausgangspunkt fraglich, am ehesten konnte Mt noch ἄνθρωπος aus der Vorlage entnehmen.

(73) Nach ὄχλον πολύν wurde möglicherweise schon von Mk II gekürzt.

8) Mt 19,3: *καὶ προσῆλθον αὐτῷ Φαρισαῖοι* πειράζοντες αὐτὸν καί...
Mk 10,2: *καὶ προσελθόντες Φαρισαῖοι* ἐπηρώτων αὐτόν...
Lk hat keinen Paralleltext.

Die Änderung des Mt ist geringfügig. Nur das Partizip ist zu einem Vollverb umgeformt, an das dann das Pronomen αὐτῷ angefügt wurde. Ähnlich wie Mk 6,35 (= Mt 14,15) wird diese Stelle ein Ausgangspunkt der Mt-Formel sein.

9) Mt 20,20: τότε *προσῆλθεν αὐτῷ ἡ μήτηρ* τῶν υἱῶν τοῦ Ζεβεδαίου...
Mk 10,35: καὶ *προσπορεύονται αὐτῷ* Ἰάκωβος...
Ein paralleler Lk-Stoff fehlt wieder.

Wesentliche Elemente der Formel sind schon bei Mk gegeben, nur setzt Mt statt der Namen Jakobus und Johannes die Umschreibung ἡ μήτηρ τῶν υἱῶν τοῦ Ζεβεδαίου und verwendet statt πορεύεσθαι das Verb ἔρχεσθαι.. Auch τότε ist wieder seine Eintragung. Mk 10,35 ist also neben 10,2 und 6,35 ein dritter Ausgangspunkt für die mt Formulierung.

10) Mt 21,14: καὶ *προσῆλθον αὐτῷ τυφλοὶ* καὶ χωλοὶ ἐν τῷ ἱερῷ.

Die Stelle ist Sondergut des Mt. Wie sich aber schon mehrmals gezeigt hat, geht sie sicher auf den Evangelisten zurück. Von besonderem Gewicht ist sie wegen der engen formalen und inhaltlichen Parallelität mit der Untersuchungsstelle Mt 9,28:

21,14: *καὶ προσῆλθον αὐτῷ τυφλοὶ καὶ χωλοί*
9,28: *προσῆλθον αὐτῷ οἱ τυφλοί*

Neben der sprachlich gleichlautenden Ausdrucksweise und der gleichen Struktur muss noch hervorgehoben werden, dass im Kontext beider Stellen Jesus als Messias angerufen wird und das jeweilige Wunder als messianisch erscheinen soll. Ausserdem dreht es sich in beiden Fällen um eine Blindenheilung. Damit steht ausser Diskussion, dass Mt 9,28 προσῆλθον αὐτῷ οἱ τυφλοί mt Redaktion ist.

11) Mt 21,23: καὶ ἐλθόντος αὐτοῦ εἰς τὸ ἱερὸν *προσῆλθον αὐτῷ διδάσκοντι* οἱ ἀρχιερεῖς καὶ οἱ πρεσβύτεροι τοῦ λαοῦ...
Mk 11,27: καὶ ἔρχονται πάλιν εἰς Ἱεροσόλυμα, καὶ ἐν τῷ ἱερῷ περιπατοῦντος αὐτοῦ *ἔρχονται πρὸς αὐτὸν* οἱ ἀρχιερεῖς καὶ οἱ γραμματεῖς καὶ οἱ πρεσβύτεροι...
Lk 20,1: καὶ ἐγένετο ἐν μιᾷ τῶν ἡμερῶν διδάσκοντος αὐτοῦ τὸν λαὸν ἐν τῷ ἱερῷ καὶ εὐαγγελιζομένου *ἐπέστησαν* οἱ ἀρχιερεῖς καὶ οἱ γραμματεῖς σὺν τοῖς πρεσβυτέροις...

Die mt Formel προσῆλθον αὐτῷ διδάσκοντι οἱ ἀρχιερεῖς hat bei Mk und Lk verschiedene Ansatzpunkte bzw. vergleichbare Elemente, die z. T. bei den Seitenreferenten parallel sind gegen Mk. Dem Ausdruck προσῆλθον αὐτῷ entspricht bei Mk ἔρχονται πρὸς αὐτόν, bei Lk ἐπέστησαν. αὐτῷ διδάσκοντι steht in Beziehung mit διδάσκοντος αὐτοῦ bei Lk. οἱ ἀρχιερεῖς wird von allen Synoptikern gesetzt. καὶ οἱ πρεσβύτεροι ist bei Mk genau gleich, bei Lk etwas abgewandelt (σὺν τοῖς πρεσβυτέροις). Kompliziert wird die Quellenfrage besonders durch eine dreifache Beobachtung:

a) διδάσκειν kommt nur bei Mt und Lk vor.

b) ἐν τῷ ἱερῷ ist bei Lk mit διδάσκειν, bei Mk mit περιπατεῖν verbunden, beidemal in der Form eines Genetivus absolutus.

c) Zu εἰς τὸ ἱερόν bei Mt ist ein neues Wort gestellt, das ebenfalls im Genetivus absolutus steht (ἐλθόντος αὐτοῦ) und mit ἔρχονται (Mk) verwandt zu sein scheint. Es müssen also zuerst die einzelnen sekundären Redaktionselemente abgehoben werden, damit der Ausgangstext des Mt erreicht wird.

Die Frage, ob ἔρχονται oder eher ἐπέστησαν in der Vorlage stand, lässt sich am ehesten lösen, da ἐφίστημι eine eindeutige Verwendung zeigt. Das Wort kommt im NT 21mal vor, davon 18mal in den Lk-Schriften (Lk 7, Apg 11). Unter ihnen sind besonders Lk 20,1; 24,4; Apg 4,1; 10,17 und 11,11 bemerkenswert, da in ihnen auch dieselbe Form ἐπέστησαν aufscheint. Bei Lk 20,1 und Apg 4,1 findet sich auch die gleiche Fortsetzung ἀρχιερεῖς.

Lk	20,1:	*ἐπέστησαν οἱ ἀρχιερεῖς καὶ οἱ γραμματεῖς*
	24,4:	*ἄνδρες δύο ἐπέστησαν αὐταῖς*
Apg	4,1:	*ἐπέστησαν αὐτοῖς οἱ ἀρχιερεῖς καὶ ὁ στρατηγός*
	10,17:	*οἱ ἄνδρες... ἐπέστησαν ἐπί...*
	11,11:	*τρεῖς ἄνδρες ἐπέστησαν...*

Dass ἐπέστησαν lk Redaktion ist, ist also völlig sicher. Einfach ist die literarische Frage auch bei dem folgenden Ausdruck. Da οἱ ἀρχιερεῖς καὶ οἱ πρεσβύτεροι nur die Kürzung des dreigliedrigen Ausdrucks bei Mk darstellt, ergibt sich σὺν τοῖς πρεσβυτέροις wieder als lk Änderung. Die Einleitung des Lk verrät sich ebenfalls als vom Evangelisten gestaltet, weil ἐν μιᾷ τῶν ἡμερῶν nur bei Lk vorkommt (74) und καὶ ἐγένετο sehr von ihm bevorzugt wird (75). πάλιν εἰς Ἱεροσόλυμα, das nur bei Mk steht, bleibt ausser Betracht.

Für die Vorlage des Mt ist vor allem διδάσκειν und der mit ἐν τῷ ἱερῷ (εἰς τὸ ἱερόν) verbundene Gen. abs. interessant. Von den Elementen dieser Kon-

(74) Vgl. Seite 66.
(75) Vgl. Seite 66.

struktion muss εὐαγγελιζομένου wieder Lk zugeschrieben werden. Mit Ausnahme von Mt 11,5, wo es auf einen Isaias-Text zurückgeht, kommt das Wort in den Evangelien nur bei Lk vor. Dieser Evangelist gebraucht das Wort aber sehr häufig. In seinem Evangelium steht es zehnmal und in der Apg wieder 15mal. Noch deutlicher wird seine Hand spürbar, wenn man bemerkt, dass sich das Partizip εὐαγγελιζόμενος an elf von 25 Stellen (Lk 8,1; 9,6; 20,1; Apg 5,42; 8,4.12; 10,36; 11,20; 14,7.15; 15,35) findet.
Gegenüber dem kurzen Gen. abs. + ἐν τῷ ἱερῷ (-όν) bei Mk und Mt ist die Einfügung von τὸν λαόν an dieser Stelle wieder eine nachträgliche Erweiterung.

Unter den restlichen Teilstücken bietet nun Mt den geeignetsten Ansatzpunkt für eine Analyse. Er allein schreibt εἰς τὸ ἱερόν statt ἐν τῷ ἱερῷ bei Mk und Lk. Seine Formulierung wird demnach sekundär sein. Da der Kasus vom Wort ἐλθόντος bestimmt ist, stellt sich damit auch heraus, dass es nicht in der Vorlage stand. Die Frage nach dem Wortlaut des Gen. abs. ist also auf die Entscheidung zwischen περιπατοῦντος und διδάσκοντος reduziert. Dabei ist nun wieder die Beziehung der Seitenreferenten zueinander interessant. Schon bei dem Vergleich der gemeinsamen Elemente der Texte hat sich ergeben, dass Mt und Lk διδάσκειν gemeinsam haben. Bei Mt allein ist das Wort aber mit προσῆλθον αὐτῷ verbunden, während der entsprechende Ausdruck bei Mk (ἔρχονται πρὸς αὐτόν) und Lk (ἐπέστησαν) keine derartige Erweiterung hat. Deshalb wird die Verbindung bei Mt nicht ursprünglich sein. Es liegt nahe, διδάσκοντος an die Stelle von ἐλθόντος zu setzen, das sich auch als redaktionell gezeigt hat. Damit wäre das fehlende Wort gefunden für den Gen. abs., der nicht aus der Vorlage gestrichen werden darf, da er bei allen drei Synoptikern noch vorhanden ist und ausserdem an der gleichen Stelle des Aufbaues steht. In diesem Fall müsste man annehmen, dass περιπατοῦντος (Mk) in Mk II ersetzt wurde durch διδάσκοντος, was dem Zusammenhang der Perikope besser entspricht. Dass das ganze Stück in Mk II eine Bearbeitung erfuhr, wird aus den Gemeinsamkeiten des Lk und Mt klar, die vom Mk-Text verschieden sind. Zu ihnen gehören:

a) ἀποκριθεὶς δὲ εἶπεν Lk 20,3 par Mt 21,24 gegen Mk 11,29 ὁ δὲ Ἰησοῦς εἶπεν
b) ἐρωτήσω Mt-Lk — ἐπερωτήσω Mk (29)
c) ὑμᾶς κἀγὼ λόγον Mt-Lk – ὑμᾶς ἕνα λόγον Mk (29)
d) εἴπητε -εἴπατε Mt-Lk — καὶ ἀποκρίθητε Mk (29)
e) οἱ δὲ (διελογίζοντο-συνελογίζοντο) Mt-Lk — καὶ (διελογίζοντο) Mk (31)
f) ἐὰν δὲ εἴπωμεν Mt-Lk — ἀλλὰ εἴπωμεν (32).

Da Mt διδάσκειν wegen seiner bevorzugten Formel zu αὐτῷ zog, war vielleicht ἔρχεται (πάλιν, Mk) der Ausgangspunkt für die Wortwahl bei καὶ ἐλθόντος αὐτοῦ. Es ist aber wahrscheinlicher, dass Mt 21,12 (parr) nachgewirkt und διδάσκοντος αὐτοῦ verdrängt hat.

Zuletzt ist noch zu entscheiden, ob λαός (Mt und Lk) in Mk II mit διδάσκειν oder πρεσβύτεροι verbunden war. Bei einem Vergleich der Stellen, in denen Mt πρεσβύτεροι schreibt, stellt sich heraus, dass es bei 21,23; 26,3.47; 27,1 mit τοῦ λαοῦ kombiniert ist. Bei 26,47 reduziert Mt eine Dreiergruppe des Mk und ergänzt τοῦ λαοῦ. 26,3 ist Sondergut, falls die Stelle nicht mit Mk 14,1 par Lk 22,2 in Beziehung steht. Dann wäre auch an dieser Stelle τοῦ λαοῦ sekundäre Mt-Redaktion. Aufgrund der Tatsache, dass Mt διδάσκειν an einen neuen Platz stellt und weil er die Verbindung πρεσβύτεροι τοῦ λαοῦ bevorzugt, wird also λαός in der Vorlage eher mit διδάσκειν verbunden gewesen sein als mit πρεσβύτεροι (76).

Für die Formel des Mt ergibt sich also, dass die einzelnen Elemente schon in der Quelle vorhanden waren (für προσέρχεσθαι war ἔρχονται bei Mk eine Handhabe), dass aber die vorliegende Verbindung erst von Mt gestaltet wurde, wie die Übereinstimmung mit seinen übrigen Formen erkennen lässt.

Mit 9,28 hat Mt 21,23 der Satzkonstruktion nach viel Verwandtschaft. Dabei ist auch die Einleitung der Formel zu beachten:

21,23: *καὶ ἐλθόντος αὐτοῦ εἰς τὸ ἱερὸν*
προσῆλθον αὐτῷ διδάσκοντι
οἱ ἀρχιερεῖς καὶ οἱ πρεσβύτεροι τοῦ λαοῦ

9,28: *ἐλθόντι δὲ εἰς τὴν οἰκίαν*
προσῆλθον αὐτῷ
οἱ τυφλοί

Im Kontext ist dasselbe Wort ἔρχεσθαι in einer Partizipialkonstruktion gegeben, die Ortsangabe ist parallel konstruiert und sämtliche Glieder des Kontextes und der Formel stehen in derselben Reihenfolge. Wenn man keine absichtliche Parallelisierung annehmen will, weil sie aus dem Inhalt der Stellen nicht gerechtfertigt wird, tritt der Stil des Mt umso klarer zutage. Weil Mt die Wiederholung liebt und sie ihm von selber in die Feder fliesst, trifft man an weit voneinander entfernten Stellen die gleiche Ausdrucksweise. Diese unabsicht-

(76) Dass jeder der beiden Evangelisten für sich, Lk aus Bevorzugung des Wortes (Statistik!) und Mt aus Sympathie für den Ausdruck πρεσβύτεροι τοῦ λαοῦ, dieses Wort eingefügt hätte, ist zwar nicht völlig ausgeschlossen, aber doch aus den angegebenen Gründen nicht wahrscheinlich.

liche Gleichförmigkeit des Ausdrucks spricht aufs neue für die Mt-Redaktion von 9,28.

12) Mt 22,23: *ἐν ἐκείνῃ τῇ ἡμέρᾳ προσῆλθον αὐτῷ Σαδδουκαῖοι ... λέγοντες ...*
Mk 12,18: *καὶ ἔρχονται Σαδδουκαῖοι πρὸς αὐτόν, οἵτινες...*
Lk 20,27: *προσελθόντες δέ τινες τῶν Σαδδουκαίων, οἱ...*

Bei beiden Seitenreferenten finden sich Ausgangspunkte für die mt Formel. Gegenüber der gleichen Bezeugung Σαδδουκαῖοι bei Mt und Mk wird τινὲς τῶν Σαδδουκαίων sekundär sein. πρὸς αὐτόν ist zumindest bei Lk in der Vorsilbe von προσελθόντες aufgegangen. Auffallend gegenüber ἔρχεσθαι (Mk) ist nur die gemeinsame Verwendung von προσέρχεσθαι durch Mt und Lk. Möglicherweise geht sie auf Mk II zurück, wofür sich in der Perikope noch weitere Hinweise finden:

a) ἐπηρώτησαν ist bei Mt und Lk parallel gegen ἐπηρώτων Mk (18).
b) ὕστερον bei Mt und Lk steht gegen ἔσχατον Mk (22).

Obwohl die Spuren nicht sehr zahlreich sind, zeigt die Perikope eine Bearbeitung. προσέρχεσθαι kann also ebenfalls schon im Ausgangstext des Mt gestanden sein. Nur προσῆλθον statt des Partizips muss man dem Evangelisten zuschreiben. Dass auch ἐν ἐκείνῃ τῇ ἡμέρᾳ auf seine Rechnung geht, ergibt sich schon aus dem parallelen Beginn der beiden übrigen Synoptiker (προσέρχεσθαι).

13) Mt 24,3: καθημένου δὲ αὐτοῦ ἐπὶ τοῦ ὄρους τῶν ἐλαίων *προσῆλθον αὐτῷ οἱ μαθηταὶ κατ'* ἰδίαν λέγοντες...
Mk 13,3: καὶ καθημένου αὐτοῦ εἰς τὸ ὄρος τῶν ἐλαίων κατενάντι τοῦ ἱεροῦ, ἐπηρώτα αὐτὸν κατ' ἰδίαν Πέτρος...
Lk 21,7: ἐπηρώτησαν δὲ αὐτὸν λέγοντες...

Das Verb ἐπερωτᾶν (Mk und Lk) ist bei Mt von προσέρχεσθαι der Formel verdrängt und nur mehr teilweise durch λέγοντες wiedergegeben. Im Mt-Text ist auch μαθηταί an die Stelle der Namen Petrus, Jakobus, Johannes und Andreas (bei Mk) getreten. Mt verdrängt also wieder einen vorliegenden Wortlaut, um seine Formel unterzubringen.

14) Mt 26,7: *προσῆλθεν αὐτῷ γυνὴ* ἔχουσα ἀλάβαστρον...
Mk 14,3: ...κατακειμένου αὐτοῦ *ἦλθεν γυνὴ* ἔχουσα...
Lk 7,36-37: ...κατεκλίθη. καὶ ἰδοὺ γυνὴ ἥτις ἦν ἐν τῇ πόλει ἁμαρτωλὸς καὶ ἐπιγνοῦσα ὅτι...

Mt brauchte den Text des Mk nur wenig umzugestalten, um zu seiner eigenen Formulierung zu kommen. Die verschiedene Fassung des Lk geht auf den Evangelisten zurück (77).

15) Mt 26,69: ὁ δὲ Πέτρος ἐκάθητο ἔξω ἐν τῇ αὐλῇ. *καὶ προσῆλθεν αὐτῷ μία παιδίσκη* λέγουσα...

Mk 14,64: καὶ ὄντος τοῦ Πέτρου κάτω ἐν τῇ αὐλῇ *ἔρχεται μία τῶν παιδισκῶν* τοῦ ἀρχιερέως...

Lk 22,56: ἰδοῦσα δὲ αὐτὸν *παιδίσκη τις* καθήμενον...

Zwischen Mk und Mt besteht die grössere Parallelität, Lk hat einen weit stärker bearbeiteten Text. Da μία, παιδίσκη und ἔρχεται das Wesentliche der Mt-Formel ausmachen, brauchte es nur eine geringfügige Änderung, um sie aus dem Mk-Text zu gestalten. Andererseits ist es aber hier wie bei 26,7 bezeichnend, dass Mt die gleiche Form wiederholt.

Ausser diesen regelmässigen Formeln hat Mt auch einige Stellen mit geringfügigen Abweichungen vom Schema: 15,1; 17,19.24; 18,1; 26,17. Weil die regelmässigen Stellen ohnehin schon ausreichend die mt Redaktion von προσῆλθον αὐτῷ 9,27 erkennen liessen, sollen die Abweichungen nur zitiert, aber nicht genau untersucht werden.

15,1: τότε *προσέρχονται τῷ Ἰησοῦ* ἀπὸ Ἱεροσολύμων Φαρισαῖοι καὶ γραμματεῖς

17,19: τότε *προσελθόντες οἱ μαθηταὶ τῷ Ἰησοῦ* κατ' ἰδίαν. εἶπον...

17,24: ἐλθόντων δὲ αὐτῶν εἰς Καφαρναοὺμ *προσῆλθον* οἱ τὰ δίδραχμα λαμβάνοντες τῷ Πέτρῳ καί...

---

(77) Verglichen mit Mk ἦλθεν und Mt προσῆλθεν ist καὶ ἰδού bei Lk sekundär. Eine kurze überblicksweise Untersuchung des unmittelbaren Kontextes zeigt auch die weitere Bearbeitung des Lk:

1. ἥτις (Nom. Sg. fem.) steht bei Lk 2,4.10; 7,37.39; 8,26.43; 10,42; 12,1 und Apg 3,23; 11,28; 12,10; 16,12.16; während es bei Mk und Jo nicht, bei Mt nur 27,62 vorkommt. Bei 7,37.39 und 8,43 ist ausserdem das Beziehungswort γυνή:

7,37: καὶ ἰδοὺ γυνὴ ἥτις ἦν ἐν τῇ πόλει

7,39: τίς καὶ ποταπὴ ἡ γυνὴ ἥτις ἅπτεται αὐτοῦ

8,43: καὶ γυνή... ἥτις οὐκ ἴσχυσεν ἀπ' οὐδενός...

2. κατακλίνειν steht im NT nur bei Lk: 7,36; 9,14.15; 14,8; 24,30.

3. ἐπιγινώσκειν hat wieder bei Lk und in der Apg ein statistisches Übergewicht: Mk verwendet es viermal, Mt sechsmal, Lk siebenmal (Jo nicht), Apg 13mal. Die Form des Partizips ἐπιγνοῦσα steht im NT nur 7,37 und Apg 12,14, die Konstruktion ἐπιγνούς (-α) ὅτι nur Lk 7,37; 23,7 und Apg 22,29.

4. ἁμαρτωλός wird ebenfalls überwiegend von Lk verwendet: Mt hat fünf Stellen, Mk sechs, Lk 17.

18,1: ἐν ἐκείνῃ τῇ ὥρᾳ προσῆλθον οἱ μαθηταὶ τῷ Ἰησοῦ λέγοντες...
26,17: τῇ δὲ πρώτῃ τῶν ἀζύμων προσῆλθον οἱ μαθηταὶ τῷ Ἰησοῦ λέγοντες.

Unter den erweiterten Formen weisen 18,1 und 26,17 wieder eine beachtliche Parallelität auf, tragen aber zur Frage von Mt 9,28 nur indirekt bei.

Zusammenfassung: Wie aus der Besprechung der einzelnen Stellen mit aller Deutlichkeit hervorgeht, gehört die untersuchte dreigliedrige Formel zur mt Redaktion. Dafür spricht besonders die grosse Zahl der stereotypen Wiederholungen und auch mehrere andere verwandte Ausdrucksweisen, die nur wenig vom Schema abweichen. Die Formel ist zwar nicht ursprünglich von Mt geschaffen, wie ihr Vorhandensein in den Quellen erkennen lässt. Auffallend und für Mt typisch ist aber doch die häufige Verwendung in seinem Evangelium gegenüber den wenigen Ansätzen in den Vorlagen und die gleichbleibenden Formulierungen, die von dem ständig wechselnden Text seiner Quellen umso stärker abstechen. Zudem sichert auch der parallele Kontext mancher Formen die mt Bearbeitung (77a).

Dieses Ergebnis hat auch für die Beurteilung von 9,28 Konsequenzen, da dieser Text genau der Formel entspricht. Für die genannte Stelle ist besonders Mt 21,14 formal bedeutsam, weil hier zur Dreigliedrigkeit als weiteres Element die identische Fortsetzung (οἱ) τυφλοί kommt. Die inhaltlichen Gründe, die schon für die Mt-Redaktion von 9,28 gesprochen hatten, werden so von sprachlicher Seite gestützt. Ausserdem ist Mt 21,23 ähnlich gebaut, vor allem in der

(77a) Im einzelnen boten die Vorlagen für die Formel des Mt in sehr verschiedenem Mass einen Ausgangspunkt. Bei Mt 14,15 (Mk 6,35); 19,3 (Mk 10,2); 20,20 (Mk 10,35) ist das Verb προσέρχεσθαι schon im Mk-Text vorhanden. Besonders Mk 6,35 und 10,2 sind eng verwandt mit dem Stil des Mt und wahrscheinlich die Ausgangspunkte der Formel. Mt 13,36 und 21,14 sind Sondergut, Mt 15,30; 17,14; 24,3 stehen zwar in synoptischem Stoff, die sprachliche Basis für den Mt-Text ist aber sehr gering. Die übrigen Stellen bieten Teile für die Mt-Formel, aber nicht in der Gliederung, wie sie bei Mt vorliegt. 5,1; (9,14); 13,36; 14,15; 24,3 kommen neben der gleichen Konstruktion auch noch im Schlussglied οἱ μαθηταί überein. Mit Ausnahme von 13,36, das Sondergut ist, und 24,3 steht das Wort aber schon in den Quellen. In 5,1; 8,5; 14,15; 17,14; 21,23 und 24,3 geht ein Gen. abs. der Formel voraus, z.T. ist diese Konstruktion aber wiederum schon in den Quellen enthalten.

Neben diesen öfter vorkommenden Zügen bestehen zwischen einzelnen Stellen noch weitere Beziehungen: Mt 13,36 und 5,1 stimmen im Wortlaut und in der Wortfolge fast völlig überein. 15,29-30 und 5,1 haben in der Einleitung der Formel mehrere Elemente gemeinsam, mit einer Ausnahme auch in der gleichen Reihenfolge. Die Identität des Stils ist also nicht zu übersehen.

Einleitung der Formel, und verrät darum nochmals die mt Bearbeitung. Aus diesen Gründen ist es unmöglich, προσῆλθον αὐτῷ οἱ τυφλοί Mt 9,28 auf einen anderen als mt Ursprung zurückzuführen.

8. *ἐλθόντι δὲ εἰς τὴν οἰκίαν*

In enger Verbindung mit προσῆλθον αὐτῷ οἱ τυφλοί steht die Einleitung von 9,28 ἐλθόντι δὲ εἰς τὴν οἰκίαν. Für diese Formulierung (εἰσέρχεσθαι bzw. εἰσελθεῖν + εἰς τὴν οἰκίαν) lässt sich bei Mt eine Reihe ähnlicher Texte beibringen. Sie werden hier zuerst angeführt und untereinander verglichen, dann müssen auch noch die synoptischen Parallelen untersucht werden, damit das Verhältnis der Bearbeitung zum Grundtext ersichtlich wird. Aus dem Ergebnis dieser zwei Abschnitte können dann die Folgerungen für Mt 9,28 gezogen und der literarische Charakter der Stelle bestimmt werden.

Die Mt-Parallelen:

2,11:	*καὶ ἐλθόντες*	*εἰς τὴν οἰκίαν*	εἶδον τὸ παιδίον...
8,14:	*καὶ ἐλθὼν* ὁ Ἰησοῦς	*εἰς τὴν οἰκίαν* Πέτρου	εἶδεν...
9,23:	*καὶ ἐλθὼν* ὁ Ἰησοῦς	*εἰς τὴν οἰκίαν* τοῦ ἄρχοντος	καὶ ἰδὼν τούς...
9,28:	*ἐλθόντι δὲ*	*εἰς τὴν οἰκίαν*	προσῆλθον αὐτῷ οἱ τυφλοί
10,12:	*εἰσερχόμενοι δὲ*	*εἰς τὴν οἰκίαν*	ἀσπάσασθε...
12,29:	ἢ πῶς δύναταί τις *εἰσελθεῖν*	*εἰς τὴν οἰκίαν* τοῦ ἰσχυροῦ...	
13,36:	τότε ἀφεὶς τοὺς ὄχλους *ἦλθεν*	*εἰς τὴν οἰκίαν*.	
17,25:	*καὶ ἐλθόντα*	*εἰς τὴν οἰκίαν*	προέφθασεν αὐτὸν ὁ Ἰησοῦς λέγων.

Die Zahl der Parallelen zu Mt 9,28 bezeugt, dass Mt diese Wortverbindung gern verwendet. Mit einer Ausnahme steht dabei das Verb (εἰσέρχεσθαι) immer im Aorist, das zweite Glied hat keine Variationen. Hervorzuheben ist auch, dass sechsmal das Partizip verwendet wird, das auch in der Untersuchungsstelle 9,28 erscheint. Was die Konstruktion betrifft, steht mit dieser Stelle besonders 17,25 in Verbindung, da beidemal das Partizip nicht, wie in den übrigen Stellen, im Nominativ erscheint, wenn es auch jeweils auf verschiedene Personen bezogen ist (9,28 ist mit ἐλθόντι Jesus bezeichnet, bei 17,25 bezieht sich ἐλθόντα auf Petrus). Noch grösser als zwischen 9,28 und 17,25 ist aber die Parallelität bei 8,14 und 9,23: In den ersten sieben Worten sind beide Texte überhaupt identisch, dann folgt die Nennung der Person und ἰδεῖν in gleicher Reihenfolge.

Schon aus diesem Überblick ist klar, dass Mt den Wortlaut von 9,28 ohne weiteres nach der Analogie der übrigen Stellen aus eigenem bilden konnte. Wie weit ihm für die Formel die vorausgehende Überlieferung Ansätze bot, wird erst der folgende synoptische Vergleich zeigen.

1) Mt 8,14: *καὶ ἐλθὼν* ὁ Ἰησοῦς *εἰς τὴν οἰκίαν* Πέτρου εἶδεν...
Mk 1,29: καὶ εὐθὺς ἐκ τῆς συναγωγῆς ἐξελθόντες
ἦλθον *εἰς τὴν οἰκίαν* Σίμωνος καί...
Lk 4,38: ἀναστὰς δὲ ἀπὸ τῆς συναγωγῆς
εἰσῆλθεν *εἰς τὴν οἰκίαν* Σίμωνος.

Das Verb ἐλθεῖν ist bei Mk und Mt gleich, Lk verwendet das Kompositum εἰσέρχεσθαι. Als einziger hat aber Mt das Partizip gesetzt und zusammen mit εἶδεν dadurch die Konstruktion geändert. Partizipialkonstruktionen finden sich zwar im ganzen Evangelium, besonders die Verwendung des prädikativen Partizips, aber die Änderung ist im Zusammenhang mit 9,28 wegen der Verwandtschaft des Textes und der Konstruktion doch eigens zu erwähnen.

2) Mt 9,23: *καὶ ἐλθὼν* ὁ Ἰησοῦς *εἰς τὴν οἰκίαν* τοῦ ἄρχοντος καὶ ἰδών...
Mk 5,38: *καὶ ἔρχονται εἰς τὸν οἶκον* τοῦ ἀρχισυναγώγου, καὶ θεωρεῖ...

Der Lk-Text ist gekürzt und enthält keine Parallele zu diesem Satz. Mt hat gegenüber Mk eine doppelte Änderung: ἐλθών statt ἔρχονται, εἰς τὴν οἰκίαν statt εἰς τὸν οἶκον. Wegen des Fehlens einer Lk-Parallele lässt sich aus der Stelle allein schwer entscheiden, ob die Änderung auf Mt zurückgeht oder schon in einer frühen Bearbeitung des Mk-Ev geschah. Andererseits drängt jedoch die Übereinstimmung dieser beiden Umformungen mit den übrigen gleichen oder ähnlichen Ausdrücken des Mt zur Annahme, dass sie erst von diesem stammen. Die Einführung des Namens Jesus, die sich schon wiederholt bei ihm gezeigt hat, spricht ebenfalls dafür.

3) Mt 10,12: *εἰσερχόμενοι δὲ εἰς τὴν οἰκίαν* ἀσπάσασθε αὐτήν, καί...

Die literarische Verbindung des Mt-Textes mit Lk ist sehr vielfältig. Um zu einem exakten Ergebnis zu kommen, müssen alle fraglichen Stellen herangezogen werden:

Lk 10,4: καὶ μηδένα κατὰ τὴν ὁδὸν ἀσπάσησθε

Lk 10,5: *εἰς ἣν δ' ἂν εἰσέλθητε οἰκίαν*, πρῶτον λέγετε· εἰρήνη τῷ οἴκῳ τούτῳ.

Lk 10,8: καὶ εἰς ἣν ἂν πόλιν εἰσέρχησθε καὶ δέχωνται ὑμᾶς...

Lk 10,10: εἰς ἣν δ' ἂν πόλιν εἰσέλθητε καὶ μὴ δέχωνται ὑμᾶς...

Mk 6,10: ὅπου ἐὰν εἰσέλθητε εἰς οἰκίαν, ἐκεῖ μένετε ἕως ἂν ἐξέλθητε ἐκεῖθεν.

Lk 9,4: καὶ εἰς ἣν ἂν οἰκίαν εἰσέλθητε, ἐκεῖ μένετε καὶ ἐκεῖθεν ἐξέρχεσθε·

Mt 10,11: εἰς ἣν δ' ἂν πόλιν ἢ κώμην εἰσέλθητε, ἐξετάσατε τίς ἐν αὐτῇ ἄξιός ἐστιν κἀκεῖ μείνατε ἕως ἂν ἐξέλθητε.

Zur Orientierung über eine echte Zusammengehörigkeit dieser Stellen ist zuerst der Aufbau der synoptischen Evangelien zu beachten. Wie schon ein kurzer Überblick zeigt, sind bei Mt im zehnten Kapitel mehrere Texte zusammengefasst, die bei Mk und Lk an verschiedenen Stellen untergebracht sind. Für die hier interessierenden Texte sind es hauptsächlich die Stoffe von der Auswahl der Zwölf, von der Aussendung der zwölf Jünger und von der Aussendung der 72 (70) Jünger (77b).

Aus den vorausgehenden Perikopen ergibt sich, dass der Abschnitt von der Auswahl der Zwölf bei Mk 3,13-19 par Lk 6,12-16 ungefähr an der gleichen Stelle im Aufbau ihrer Evangelien steht, während ihn Mt vom zwölften Kapitel, wo der eigentliche Platz wäre, ins zehnte verschoben hat. Auf ähnliche Weise lässt ein Vergleich der Perikopenfolge auch für die Aussendung der zwölf Jünger Mk 6,6b-13 par Lk 9,1-6 erkennen, dass dieses Stück an parallelen Rahmenstellen dieser Evangelien eingebaut ist, während Mt es wieder in das zehnte Kapitel vorverlegt (78). Die Aussendung der 72 Jünger ist im Lk-Ev bei 10,1-12 eingereiht, Mt hat auch Elemente dieses Stoffes mit dem Inhalt des zehnten Kapitels verknüpft und auch sprachlich vermischt. Ein Mt-Text kann also mit mehreren Lk-Texten zugleich verwandt sein, und die literarische Beziehung von Mt 10,12 muss darum genau analysiert werden.

Für eine Zusammenordnung haben jene Texte Vorrang, die nicht bloss dem Wortlaut nach, sondern auch im Aufbau der Evangelien zusammengehören.

Nach diesem Prinzip ergibt sich, dass besonders Mk 6,10 par Lk 9,4 par Mt 10,11 miteinander verglichen werden müssen. Für die sprachliche Zusammengehörigkeit spricht, dass beide Satzteile des Mk-Textes bei jedem der Seitenreferenten vorhanden sind. ἐκεῖ μένετε (Mk und Lk) entspricht dabei κἀκεῖ μείνατε bei Mt; εἰς οἰκίαν (Mk, Lk) ist bei Mt durch πόλιν ἢ κώμην ersetzt. Die Gründe dafür ebenso wie für die Form der Einleitung εἰς ἣν δ' ἄν... werden sich erst in dem folgenden Vergleich mit den anderen Stellen ergeben.

(77b) Vgl. SCHMID, *Synopse*, 2.
(78) Vgl. SCHMID, *Synopse*, 4.

Die restlichen Lk-Texte stehen in der Rede von der Aussendung der 72 Jünger (Lk 10,4.5.8.10). Bei Mt entspricht ihnen nur 10,12.

Es scheint nun, dass Mt nicht nur den Stoff der beiden Aussendungsperikopen miteinander verbunden hat, sondern dass auch Formulierungen der zweiten Perikope sich mit solchen der ersten vermischt haben bzw. dass der Stoff der ersten mit Worten der zweiten ausgesprochen wurde und umgekehrt. In dem hier gegebenen Zusammenhang muss die Form εἰς ἣν (δ') ἂν + πόλιν bzw. οἰκίαν genauer untersucht werden.

Bei Lk kommt eine solche Einleitung 9,4 und 10,5.8.10 vor, in den ersten zwei Stellen mit οἰκία, in den letzten beiden mit πόλις verbunden. Der Stoff, der bei Lk 10 deutlich gegliedert ist und zuerst (10,5-7) von einem Haus, dann (10,8-9) von einer Stadt spricht, steht bei Mt 10,11-14 ohne diese Ordnung. In Mt 10,11-12 (f) bemerkt man die umgekehrte Reihenfolge, und Mt 10,14 sind beide Angaben in einen Vers verschmolzen. Die Änderung πόλιν (ἢ κώμην) Mt 10,11 gegenüber Mk 6,10 par Lk 9,4 hängt also mit der redaktionellen Zusammenschiebung beider Versionen durch Mt zusammen. Vor dieser Vermengung wird der Text Mt 10,11 sehr wahrscheinlich εἰς ἣν (δ') ἂν οἰκίαν εἰσέλθητε gelautet haben, womit die gleiche Verbindung von εἰσέρχεσθαι + οἰκία wie bei Mk und Lk vorhanden wäre. Der Unterschied der Einleitung εἰς ἣν (δ') ἂν (Mt, Lk) zu ὅπου ἐάν geht dabei wahrscheinlich auf eine überarbeitete Form des Mk-Textes zurück, wofür sich bei der Besprechung von ἐκεῖθεν Mk 6,11 schon eine Reihe von Hinweisen ergeben haben ([79]).

Nach der Ausschaltung der Paralleltexte Mk 6,10 par Lk 9,4 par Mt 10,11 lässt sich auch Mt 10,12 leichter bestimmen. Als Parallele kommt unter den restlichen Texten hauptsächlich Lk 10,5 in Frage, wenn auch 10,4 noch ein verwandtes Element aufweist. Von den beiden Einleitungen εἰς ἣν δ'ἂν (Lk) und εἰσερχόμενοι (Mt) wird eher Mt sekundär sein. Einmal hat sich εἰς ἣν δ'ἂν als Text der Vorlage gezeigt, der bei 10,11 auch bei Mt erhalten ist. Zum anderen hat Mt 10,12 einen Stil, den der Evangelist häufig verwendet (Partizip vor dem Verb) und der gegenüber dem bei Lk erhaltenen Text die grössere Lesbarkeit aufweist. Man wird überdies als einen gewissen Hinweis auf Mt-Redaktion nehmen dürfen, dass unter den acht Stellen, an denen εἰσέρχεσθαι mit εἰς οἰκίαν erscheint, sechs Partizipialformen haben, wie schon erwähnt wurde.

Mit der Verflechtung der beiden Perikopen wird es auch zusammenhängen, dass Mt 10,12 ἀσπάσασθε schreibt statt εἰρήνη τῷ οἴκῳ τούτῳ (Lk 10,5). Den Ansatz für die Wortwahl dürfte dazu Lk 10,4 (ἀσπάσησθε) gegeben haben.

([79]) Vgl. Seite 60-63.

Zusammenfassend ergibt sich, dass bei Mt 10,12 der Inhalt vermutlich aus einer Vorlage stammt, während die Form auf Mt zurückgeht.

4) Mt 12,29: ἢ πῶς δύναταί τις *εἰσελθεῖν εἰς τὴν οἰκίαν* τοῦ ἰσχυροῦ καὶ τὰ σκεύη αὐτοῦ ἁρπάσαι

Mk 3,27: ἀλλ' οὐ δύναται οὐδεὶς *εἰς τὴν οἰκίαν* τοῦ ἰσχυροῦ *εἰσελθὼν* τὰ σκεύη αὐτοῦ διαρπάσαι

Lk 11,21-22 hat einen stark verschiedenen Text, der nur zum Stoffvergleich herangezogen werden könnte.

Gegenüber Mk zeigt der Mt-Text einige Veränderungen, besonders die Reihenfolge der Worte ist umgestellt. Ausserdem ist bei Mt das Partizip durch den Infinitiv der Frage ersetzt. Abgesehen von der Form, die Mt mehrmals hat, ist aber der Ansatz für den Ausdruck schon in seiner Quelle enthalten.

5) Mt 13,36: τότε ἀφεὶς τοὺς ὄχλους *ἦλθεν εἰς τὴν οἰκίαν*

6) Mt 2,11: καὶ *ἐλθόντες εἰς τὴν οἰκίαν* εἶδον τὸ παιδίον

7) Mt 17,25: καὶ *ἐλθόντα εἰς τὴν οἰκίαν* προέφθασεν αὐτὸν ὁ Ἰησοῦς λέγων.

Diese drei Texte sind Sondergut des Mt, und für die literarkritische Frage können hier nur Argumente aus dem Kontext der Stücke bzw. aus dem innermt Sprachvergleich gebracht werden.

Bei Mt 13,36 scheint die Mt-Redaktion sich aus dem vorausgehenden und folgenden Text ziemlich klar zu ergeben. τότε ist eine Partikel, die Mt äusserst häufig zur Einleitung einer Perikope verwendet. προσῆλθον αὐτῷ οἱ μαθηταί wurde ebenfalls schon als mt erwiesen und διασαφεῖν steht im NT überhaupt nur zweimal, und zwar bei Mt 13,36 und 18,31. An dieser Stelle stammt ἦλθεν εἰς τὴν οἰκίαν also mit aller Wahrscheinlichkeit von Mt selbst.

Mt 17,25 wird mit einer für Mt typischen Konstruktion eingeleitet (24): ἐλθόντων δὲ αὐτῶν εἰς Καφαρναοὺμ προσῆλθον οἱ τὰ δίδραχμα λαμβάνοντες τῷ Πέτρῳ καὶ εἶπαν. Die Partikel ναί wird ebenfalls von Mt mehrmals verwendet ([80]). Weiters ist τί σοι δοκεῖ ein mt Stilelement, wie sich noch zeigen wird. Im Untersuchungstext selbst gehört die Partizipialkonstruktion (ἐλθόντα... προέφθασεν) zu den von Mt häufig verwendeten Konstruktionen. ἐλθόντα εἰς τὴν οἰκίαν ist also ebenfalls mt Stil.

Mt 2,11: Dieser Satz hat deutliche Hinweise auf Mt-Redaktion. Der zweite Teil προσήνεγκαν αὐτῷ kommt in den synoptischen Evangelien nur bei Mt vor,

---

([80]) Siehe Seite 130-4.

bei ihm aber an mehreren Stellen: 2,11; 4,24; 8,16; 9,32; 12,22 (Hs!); 14,35 und 22,19. Ausserdem ist πεσόντες προσεκύνησαν αὐτῷ ein weiterer Matthäismus. Die Verbindung von πίπτω (Aoristpartizip) + προσκυνεῖν hat Mt zweimal: 2,11 und 18,26:

18,26: πεσὼν οὖν ὁ δοῦλος προσεκύνει αὐτῷ
2,11: πεσόντες προσεκύνησαν αὐτῷ

Die Form προσεκύνησαν steht auch noch 14,33. Mk hat προσκυνεῖν + αὐτῷ nur einmal (15,19; 5,6 Hs!), Lk nicht, Mt 2,2.8.11; 8,2; 9,18; 14,33; 15,25; 18,26 und 28,9. Diese Beobachtungen machen zusammen mit der bei Mt beliebten Partizipialkonstruktion die mt Redaktion für 2,11 sicher.

Zusammenfassung: Durch den Vergleich der synoptischen Parallelen kommt man zu einem Ergebnis, wie es sich ähnlich auch schon bei anderen Worten herausgestellt hat. Es lässt sich erkennen, dass Mt die Elemente der Formel, die ihm schon mehrfach in der Tradition vorgegeben waren, übernimmt und sie dann auch unabhängig (Sondergut) verwendet. Kennzeichnend ist für ihn aber wieder die Häufigkeit der Verwendung und die Gleichartigkeit der Wiederholung.

Weil sich Mt 9,28 eng an das Schema der übrigen Stellen anschliesst, ergibt sich, dass auch hier eine original mt Ausdrucksweise vorliegt ([80a]).

9. *ἔρχεσθαι + προσέρχεσθαι*

Neben προσέρχεσθαι + αὐτῷ und ἐλθεῖν (bzw. ἔρχεσθαι) in der Verbindung mit εἰς τὴν οἰκίαν ist auch die Verknüpfung von ἔρχεσθαι mit προσέρχεσθαι ein bei Mt mehrfach verwendetes Stilmittel. An vier Stellen geht ἔρχεσθαι (bei 8,5 εἰσέρχεσθαι) dem Verb προσέρχεσθαι voraus, wobei das Simplex jeweils in der Konstruktion des Gen. abs. verwendet wird: Mt 8,5; 9,28; 17,14.24; 21,23. Da diese Konstruktion sonst nicht in den Evangelien vorkommt, drängt sich die Annahme einer Mt-Redaktion umso mehr auf. – Die Parallelen werden jeweils zum Vergleich der mt Bearbeitung angeführt.

1) Mt 8,5: *εἰσελθόντος* δὲ αὐτοῦ εἰς Καφαρναοὺμ *προσῆλθεν* αὐτῷ ἑκατόνταρχος παρακαλῶν...

([80a]) Bei 8,14; 9,23 und 10,12 verwendet Mt zum Unterschied von den Quellen jeweils das Partizip. Das ist besonders für die letztgenannte Stelle zu beachten, da Mt hier zwei Vorlagen kombiniert, die diese Ausdrucksweise nicht enthalten. - Die drei Sondergutstellen 13,36; 17,25 und 2,11 haben sich alle aufgrund des Kontexts als von Mt redigiert herausgestellt.

Lk 7,1-2: ...εἰσῆλθεν εἰς Καφαρναούμ. ἑκατοντάρχου δέ τινος δοῦλος κακῶς ἔχων ἔμελλεν τελευτᾶν.

2) Mt 9,28: *ἐλθόντι* δὲ εἰς τὴν οἰκίαν *προσῆλθον* αὐτῷ οἱ τυφλοί...

3) Mt 17,14: καὶ *ἐλθόντων* πρὸς τὸν ὄχλον *προσῆλθεν* αὐτῷ...

Mk 9,14-15: καὶ ἐλθόντες πρὸς τοὺς μαθητὰς εἶδον ... καὶ προστρέχοντες ἠσπάζοντο αὐτόν.

Lk 9,37: ... κατελθόντων αὐτῶν ἀπὸ τοῦ ὄρους συνήντησεν αὐτῷ ὄχλος πολύς.

Bei 8,5 und 17,14 ist besonders deutlich ersichtlich, dass Mt dem Text seinen Stil aufdrückt, weil er das Wort προσέρχεσθαι erst in den Text einsetzen muss.

4) Mt 17,24: *ἐλθόντων* δὲ αὐτῶν εἰς Καφαρναοὺμ *προσῆλθον* οἱ τὰ δίδραχμα λαμβάνοντες...

Der Vers gehört zum Sondergut des Evangeliums. Die Kennzeichen des Mt-Stils von 17,21.25 wurden schon bei der Besprechung von ἔρχεσθαι + εἰς τὴν οἰκίαν genannt ([81]).

5) Mt 21,23: καὶ *ἐλθόντος* αὐτοῦ εἰς τὸ ἱερὸν *προσῆλθον* αὐτῷ διδάσκοντι οἱ ἀρχιερεῖς...

Mk 11,27: καὶ ἔρχονται πάλιν εἰς Ἱεροσόλυμα. καὶ ἐν τῷ ἱερῷ περιπατοῦντος αὐτοῦ ἔρχονται πρὸς αὐτόν...

Lk 20,1: καὶ ἐγένετο ἐν μιᾷ τῶν ἡμερῶν διδάσκοντος αὐτοῦ τὸν λαόν ... ἐπέστησαν οἱ ἀρχιερεῖς...

Hier liegt zwar schon in der Überlieferung eine Konstruktion mit einem Gen. abs. vor ([82]), aber προσῆλθον ist wieder von Mt eingefügt.

Zusammenfassend ergibt sich also: Der gesamte Ausdruck ἐλθόντι δὲ εἰς τὴν οἰκίαν προσῆλθον αὐτῷ (οἱ τυφλοί) hat stark mt Gepräge. Obwohl besonders für die erste Hälfte an anderen Stellen Ansätze für die Formulierung bestehen, ist die hier vorliegende Form doch typisch und ausschliesslich mt.

Als letztes bleibt das Verhältnis von 9,28 zu Mk und Lk zu besprechen. Bei Mk 10,49-50 besteht nur ein geringer, vorwiegend sachlicher Anlass für die

---

([81]) Vgl. Seite 115.
([82]) Vgl. Seite 104-7.

Einfügung des typischen Mt-Ausdrucks: καὶ στὰς ὁ Ἰησοῦς εἶπεν· φωνήσατε αὐτόν. καὶ φωνοῦσιν τὸν τυφλόν... ὁ δέ.. ἦλθεν πρὸς τὸν Ἰησοῦν. In Lk 18,40 ist dieser Stoff sprachlich umgestaltet: σταθεὶς δὲ ὁ Ἰησοῦς ἐκέλευσεν αὐτὸν ἀχθῆναι πρὸς αὐτόν. ἐγγίσαντος δὲ αὐτοῦ... Weil bei Mk 10,49 und Mt 20,32 die Einleitung καὶ στὰς ὁ Ἰησοῦς völlig identisch erhalten ist, ist σταθεὶς δὲ ὁ Ἰησοῦς demgegenüber redaktionell. Auch für ἄγειν bei Lk muss man dessen Redaktion annehmen. Lk zeigt eine Vorliebe für das Wort. Während es nämlich bei Mt viermal und Mk dreimal verwendet wird, steht es in seinem Evangelium 13mal und in der Apg an 26 Stellen. Ausserdem findet sich die Verbindung von κελεύω + ἄγειν nur in seinen Schriften, dort jedoch wiederholt:

Lk	18,40:	... *ἐκέλευσεν αὐτὸν*	*ἀχθῆναι πρὸς αὐτόν.*
Apg	25,6:	... *ἐκέλευσεν* τὸν Παῦλον	*ἀχθῆναι.*
Apg	25,17:	... *ἐκέλευσα*	*ἀχθῆναι* τὸν ἄνδρα.
Apg	25,23:	*κελεύσαντος* τοῦ Φήστου	*ἤχθη* ὁ Παῦλος.

Ein Kompositum von ἄγω in Verbindung mit κελεύω erscheint Apg 12,19 und 22,24:

12,19: ἀνακρίνας τὰς φυλακὰς *ἐκέλευσεν ἀπαχθῆναι...*

22,24: ...*ἐκέλευσεν* ὁ χιλίαρχος *εἰσάγεσθαι* αὐτόν.

Weiters muss als Parallele noch Apg 5,21 angeführt werden, wo die Form ἀχθῆναι steht, die ebenfalls im ganzen NT nur in den Lk-Schriften vorkommt (Lk 18,40; Apg 25,6.17; 5,21; 12,19 ἀπαχθῆναι):

5,21: καὶ ἀπέστειλαν εἰς τὸ δεσμωτήριον ἀχθῆναι αὐτούς.

Die lk Redaktion von ἐκέλευσεν αὐτὸν ἀχθῆναι Lk 18,40 ist also stärkstens bezeugt.

Ein weiteres Kennzeichen des Lk an dieser Stelle ist πρὸς αὐτόν. Lk setzt πρός 165mal, davon nur einmal nicht (19,37) mit Akkusativ, Mk hat es nur 63mal (einmal nicht mit Akkusativ: 5,11), Mt 41mal. Auch die Stellen, in denen πρὸς αὐτόν erscheint, überwiegen deutlich bei Lk:

Mk 1,5.32.40.45; 2,3.13; 3,8.13.31; 4,1; 7,1; 9,20; 10,1.26; 11,27; 12,13.18 (17).

Mt 3,5.15; 13,2; 27,19 (4).

Lk 1,13; 2,48; 3,12; 4,4.40; 5,33; 7,3.6.20.40; 8,4.19; 9,50.57.62; 10,26; 11,1.5.39; 18,3.40; 19,5.9.39; 20,2; 21,38; 24,18 (27). (24,12: 28).

Der letzte Ausdruck ἐγγίσαντος δὲ αὐτοῦ wurde bei προσέρχεσθαι schon besprochen ([83]). Alle diese lk redigierten Texte zeigen, dass der Lk-Text für

---

([83]) Vgl. Seite 100.

einen Vergleich mit Mk bei der Frage nach der literarischen Basis für Mt 9,28 nicht in Frage kommt. 9,28 ist unzweifelhaft Mt-Redaktion, für die bei Mk 10,49-50 nur τυφλόν und ἦλθεν einen Ausgangspunkt bilden.

10. *καὶ λέγει αὐτοῖς ὁ Ἰησοῦς*

Der folgende Versteil (καὶ λέγει αὐτοῖς ὁ Ἰησοῦς) ist eine völlig unscheinbare Formulierung. Solche und ähnliche Einleitungen und Übergänge sind verbreitet über alle vier Evangelien und auch die übrigen Schriften des NT. Da λέγω allein ([84]) 1318mal im NT verwendet wird (Mt 289, Mk 202, Lk 217; Jo 266; Apg 102; εἰπεῖν nicht mitgerechnet), wäre es völlig aussichtslos, alle Stellen, wenn auch nur bei den Synoptikern, untersuchen zu wollen. Weil weiters eine Reihe anderer Ausdrücke (z.B. ἀποκρίνεσθαι usw.) mit λέγω in solchen Überleitungen abwechselt, wird die Zahl der Variationen noch grösser und eine Untersuchung aller in Frage kommenden Stellen noch schwieriger. Wenn eine Durchsicht auf Stileigenarten in diesen Verbindungstexten sich nicht von vorherein ins Endlose verlaufen soll, kann sie sich nur streng auf das Vorkommen der genau gleichen oder wesentlich gleichen Ausdrucksweisen konzentrieren und auch nur die synoptischen Schriftsteller (und Apg) heranziehen. Die synoptische Stelle (9,28) hat folgenden Wortlaut:

Mt	9,28:	*καὶ λέγει αὐτοῖς ὁ Ἰησοῦς· πιστεύετε...*
Mt	20,32:	καὶ εἶπεν· τί θέλετε...
Mk	10,51:	καὶ ἀποκριθεὶς αὐτῷ ὁ Ἰησοῦς εἶπεν· τί σοι θέλεις...
Lk	18,40:	ἐγγίσαντος δὲ αὐτοῦ ἐπηρώτησεν αὐτόν· τί σοι θέλεις...

Die Frage Jesu hat in allen Texten eine verschiedene Einleitung. Aus der Natur der Sache ergibt sich, dass solche oder ähnliche Formulierungen am allerwenigsten von einer Vorlage abhängen und umso mehr auf die Ausdrucksweise des Verfassers zurückgehen. Aus demselben Grund ist aber andererseits der synoptische Quellenvergleich nötig, weil nur so der eigenständige quellenunabhängige Gebrauch des Ausdrucks festgestellt werden kann.

Bei Mt steht unter 289 Texten, die λέγω setzen, und 182, die εἰπεῖν enthalten ([85]), die Formel an folgenden Stellen: 4,10; 8,4.20; 15,34; 21,31.42; 26,31.52.64; 28,10.

([84]) Nach R. MORGENTHALER, *Statistik des neutestamentlichen Wortschatzes*, Zürich 1958, 116.

([85]) Vgl. MORGENTHALER, *Statistik*, 92.

1) Mt 4,10: *τότε λέγει αὐτῷ ὁ Ἰησοῦς· ὕπαγε, σατανᾶ, γέγραπται ...*

Lk 4,7: καὶ ἀποκριθεὶς ὁ Ἰησοῦς εἶπεν αὐτῷ· γέγραπται...

Gerade weil die mt wie die lk Formulierung geläufig sind und sich ohne weiteres nahelegen, kann die Frage der Ursprünglichkeit nicht aus dieser einen Stelle entschieden werden. Eine Beurteilung wird erst aus dem Zusammenhang möglich.

2) Mt 8,4: *καὶ λέγει αὐτῷ ὁ Ἰησοῦς· ὅρα μηδενὶ εἴπῃς.*

Mk 1,44: καὶ λέγει αὐτῷ· ὅρα μηδενὶ μηδὲν εἴπῃς.

Lk 5,14: καὶ αὐτὸς παρήγγειλεν αὐτῷ μηδενὶ εἰπεῖν.

Mt brauchte nur den Namen Jesus einzufügen, um die Formel zu erhalten, die bis auf den Plural des Pronomens mit 9,28 gleich ist. Gegenüber der zweifachen Bezeugung von καὶ λέγει αὐτῷ ist die lk Wendung sekundär und wird auf den Evangelisten zurückgehen.

Schon ein vorläufiger Überblick über den Gebrauch von παραγγέλλειν bestätigt das: Bei Mt und Mk steht das Wort jeweils zweimal, bei Lk viermal und in der Apg elfmal. Unausweichlich wird diese Feststellung lk Redaktion, wenn man bemerkt, dass drei der vier lk Stellen ein Schweigegebot in einer sprachlich sehr verwandten Form enthalten:

5,14: αὐτὸς *παρήγγειλεν αὐτῷ μηδενὶ εἰπεῖν.*

8,56: ὁ δὲ *παρήγγειλεν αὐτοῖς μηδενὶ εἰπεῖν* τὸ γεγονός

9,21: ἐπιτιμήσας *αὐτοῖς παρήγγειλεν μηδενὶ λέγειν* τοῦτο.

3) Mt 8,20: *καὶ λέγει αὐτῷ ὁ Ἰησοῦς·* αἱ ἀλώπεκες...

Lk 9,58: *καὶ εἶπεν αὐτῷ ὁ Ἰησοῦς·* αἱ ἀλώπεκες...

Mit Ausnahme von εἰπεῖν bei Lk sind beide Texte gleich. Mt ist auch im wesentlichen identisch mit 9,28. Wie bei Mt 4,10 kann aber die Ursprünglichkeit von λέγει oder εἶπεν nicht aus der Einzelstelle entschieden werden, und der bisherige Vergleich gibt noch keine ausreichende Basis für eine sichere Beurteilung ab. Für Mt spricht jedoch die Wiederholung derselben Formel und die Verwendung des Präsens gegenüber dem Aorist bei Lk wie in den vorangegangenen Fällen.

4) Mt 15,34: *καὶ λέγει αὐτοῖς ὁ Ἰησοῦς·* πόσους ἄρτους ἔχετε;

Mk 8,5: καὶ ἠρώτα αὐτούς· πόσους ἔχετε ἄρτους;

Lk: Die Perikope fehlt.

Mt hat seine Formel, die hier genau mit 9,28 übereinstimmt, für einen stark verschiedenen Text des Mk gesetzt. Wegen der Gleichheit des Mt-Ausdrucks mit den früheren Stellen und der Abweichung von Mk ist nach aller Wahrscheinlichkeit Mt sekundär.

5) Mt 21,31: *λέγει αὐτοῖς ὁ Ἰησοῦς· ἀμὴν λέγω ὑμῖν...*

Dieser Text ist Sondergut des Mt-Ev. Für die Entscheidung der Quellenfrage ist auch hier die Übereinstimmung mit den schon bekannten Mt-Stellen massgeblich.

6) Mt 21,42: *λέγει αὐτοῖς ὁ Ἰησοῦς·* οὐδέποτε ἀνέγνωτε ἐν ταῖς γραφαῖς
Mk 12,10: οὐδὲ τὴν γραφὴν ταύτην ἀνέγνωτε
Lk 20,17: ὁ δὲ ἐμβλέψας αὐτοῖς εἶπεν· τί οὖν ἐστιν τὸ γεγραμμένον τοῦτο

Während bei Mk eine Überleitung fehlt, hat Mt wieder seine Formel (ohne καί), die von der Einleitung des Lk weitgehend verschieden ist. Für Redaktion des Mt sprechen hier die Abhängigkeit des Textes von Mk, die Wiederholung der Formel und der vom ersten Evangelisten stammende Ausdruck οὐδέποτε ἀνέγνωτε.

7) Mt 26,31. *τότε λέγει αὐτοῖς ὁ Ἰησοῦς·* πάντες ὑμεῖς...
Mk 14,27: *καὶ λέγει αὐτοῖς ὁ Ἰησοῦς·* ὅτι πάντες...

Lk hat zu dieser Stelle keinen Vergleichstext. Der Wortlaut des Mk und Lk ist bis auf τότε völlig gleich. Die Ersetzung von καί durch τότε zeigt, dass die Konjunktion nicht unbedingt zur Formel gehört. Die Weglassung bei 21,31.42 liess schon dasselbe vermuten. Andererseits ist die Vorsetzung von τότε nicht belanglos. Dass Mt das Wort häufig verwendet, wurde schon mehrfach erwähnt. Darüber hinaus ist aber die Reihenfolge der Worte in 26,31 mit 4,10 parallel und für die Beurteilung beider Stellen zu beachten:

4,10: *τότε λέγει αὐτοῖς ὁ Ἰησοῦς*
26,31: *τότε λέγει αὐτοῖς ὁ Ἰησοῦς*

Wenn schon die Formel λέγει αὐτοῖς ὁ Ἰησοῦς, die ausser bei 26,31 immer gegen die Quellen eingefügt wird, sehr stark für Mt spricht, und τότε für sich ebenfalls auf die gleiche Redaktion hinweist, macht die Kombination dieser Elemente in der gleichen Reihenfolge die Formulierung durch Mt noch sicherer. Dadurch scheint auch die Herkunft des Textes von 4,10 entschieden zu sein.

8) Mt 26,52: *τότε λέγει αὐτῷ ὁ Ἰησοῦς·* ἀπόστρεψον...
Lk 22,51: ἀποκριθεὶς δὲ ὁ Ἰησοῦς εἶπεν· ἐᾶτε...

Die beiden Texte weichen sehr voneinander ab. Mt hat seine gewohnte Formel, nur αὐτῷ tritt an die Stelle von αὐτοῖς, wie es der Zusammenhang verlangt. Aus der Einzelstelle könnte man den Wortlaut der gemeinsamen Vorlage nicht eruieren. Die Parallele mit 4,10 und 26,31 bei Mt legt aber auch hier nahe, dass Mt in der Formulierung sekundär ist.

9) Mt 26,64: *λέγει αὐτῷ ὁ Ἰησοῦς· σὺ εἶπας*
Mk 14,62: ὁ δὲ Ἰησοῦς εἶπεν· ἐγώ εἰμι.
Lk 22,67: εἶπεν δὲ αὐτοῖς· ἐὰν ὑμῖν εἴπω...

Die einzelnen Elemente sind zum Teil bei Mk vorhanden, aber in anderer Reihenfolge. Wichtig ist, dass Mt hier wie an anderen Stellen das Präsens statt des Aorists setzt, der bei Mk und Lk vorliegt. Kennzeichen für Mt ist weiters die Einfügung von αὐτῷ, das bei keinem der anderen Paralleltexte aufscheint.

10) Mt 28,10 *τότε λέγει αὐταῖς ὁ Ἰησοῦς·* μὴ φοβεῖσθε.

Dieser Text aus dem Sondergut variiert die gewohnte Formel kontextbedingt nur durch αὐταῖς für αὐτοῖς.

Zusammenfassung: An allen zehn Stellen hat Mt das Präsens λέγει, während es in den Quellen nur bei Mt 8,4 und 15,34 gesetzt ist. Durch diese Gleichförmigkeit des Ausdrucks lässt sich seine Verfasserschaft sofort erkennen. Besonders leicht ist sie bei 26,64 festzustellen, da Mt hier vom identischen Text beider Seitenreferenten abweicht. Die Konjunktion *καί* gehört nicht unbedingt zur Formel, wie die Auslassungen 21,31.42 und 26,64 zeigen, und wird in 4,10; 26,31.52 und 28,10 durch τότε ersetzt. Die Verbindung dieser mt Partikel mit einem Satz, den die Statistik als mt ausweist, erhöht noch die Erkennbarkeit der Redaktion. Schliesslich wird durch die Konstanz der Formel in allen Schichten der Überlieferung (Mk, Q, Sondergut) klar, dass sie überall zumindest *auch* redaktionell ist, auch wenn sie nicht von Mt geschaffen wurde ([85a]).

Neben dem redaktionellen Charakter der Einleitungsformel ergibt sich auch noch ein zweites: Gerade wegen der inhaltlichen Leere des Ausdrucks besteht kein Zweifel über seinen rein sprachlichen Charakter. Wiederholung ist also

---

([85a]) Sie steht im Q-Stoff Mt 4,10 und 8,20, im Mk-Stoff Mt 8,4; 15,34; 21,42; 26, 31.52.64 und im Sondergut Mt 21,31 und 28,10. Abgesehen von den Sondergutstellen ist der Ansatz in den Quellen sehr verschieden: Für Mt 26,31 bietet schon Mk (14,27) die gesamte Formel in fast gleichem Wortlaut, wie sie 9,28 vorkommt. Nur τότε hat *καί* verdrängt. Einen guten Ausgangspunkt bieten auch noch 8,4.20 und 26,64; geringer ist das verwendbare Material bei 21,42 und Mt 4,10; 15,34 und 26,52 haben die Vorlagen einen fast völlig anderen Text. Mt greift also einen Ausdruck seiner Quellen auf und verwendet ihn stereotyp, besonders an Stellen, die einen gewissen Ansatz dafür bieten.

zunächst ein stilistisches Element im Mt-Ev, auch wenn gelegentlich ein inhaltliches Motiv (z.B. bei υἱὸς Δαυίδ) massgeblich sein kann.

Neben diesen Formeln mit nur ganz geringfügigen Variationen stehen bei Mt noch andere dreigliedrige Ausdrücke, die den Grundtyp in etwas weiterer Fassung repräsentieren.

11) Mt 15,33: *καὶ λέγουσιν αὐτῷ οἱ μαθηταί*

Mk 8,4: καὶ ἀπεκρίθησαν αὐτῷ οἱ μαθηταί

Lk hat keinen Vergleichstext.

Die Dreigliederung ist zwar noch vorhanden, aber die Zahl des Verbs und der Personen (Jesus — Jünger oder andere) sind vertauscht. Im Vergleich zu Mk ist aber der Rhythmus der Mt-Formel noch auffällig.

12) Mt 19,10: *λέγουσιν αὐτῷ οἱ μαθηταί*

Dieser Text ist Sondergut des Mt und mit Ausnahme von *καί* gleich mit 15,33. Aufgrund der Parallelität mit dem sonstigen Schema ist auch dieser Text als mt zu beurteilen.

13) Mt 19,20: *λέγει αὐτῷ ὁ νεανίσκος· ταῦτα πάντα...*

Mk 10,20: ὁ δὲ ἔφη αὐτῷ· διδάσκαλε, ταῦτα πάντα...

Lk 18,21: ὁ δὲ εἶπεν· ταῦτα πάντα...

Gegen den Aorist bei Mk und Lk hat Mt das Präsens. Auch die Einleitung ὁ δέ wird durch seine Formel verdrängt ([86]).

14) Mt 26,35: *λέγει αὐτῷ ὁ Πέτρος· κἂν δέῃ...*

Mk 14,31: ὁ δὲ ἐκπερισσῶς ἐλάλει· ἐὰν δέῃ...

Lk hat keinen Paralleltext.

Der Mt-Text entspricht genau der gewohnten Formel, nur der Name Petrus ist für Jesus gesetzt. Diese Auswechslung bestätigt, dass Mt vor allem an der dreigliedrigen rythmischen Form gelegen ist und erst in zweiter Linie an dem konkreten Text, auch wenn er innerhalb der Formel nicht allzu viel variiert.

([86]) Auf die parallele Auslassung des Titels διδάσκαλε braucht hier nicht eingegangen zu werden. Wie eine Reihe von anderen Gemeinsamkeiten des Mt und Lk gegen Mk in der zugehörigen Perikope wird sie auf Mk II zurückgehen. Wegen der Gleichförmigkeit des Mk und Lk im vorliegenden Text, aus der auch die Mt-Vorlage erkennbar wird, kann sie übergangen werden, weil die Änderung bei Mt sicher auf seine Rechnung geht.

15) Mt 27,13: *τότε λέγει αὐτῷ ὁ Πιλᾶτος· οὐκ ἀκούεις...*
Mk 15,4: ὁ δὲ Πιλᾶτος πάλιν ἐπηρώτα αὐτὸν λέγων· οὐκ...
Lk hat wiederum keinen entsprechenden Text.

Der gewohnte Mt-Ausdruck ist hier durch τότε erweitert. Wie im vorigen Fall ist der Name Jesus — gegen Pilatus — ausgewechselt. Für die Vertauschung gelten dieselben Argumente wie bei 26,35.

16) Mt 27,22: *λέγει αὐτοῖς ὁ Πιλᾶτος· τί οὖν...*
Mk 15,12: ὁ δὲ Πιλᾶτος πάλιν ἀποκριθεὶς ἔλεγεν αὐτοῖς· τί οὖν...
Lk 23,20: πάλιν δὲ ὁ Πιλᾶτος προσεφώνησεν αὐτοῖς, θέλων...
Vgl. Mt 27,21: ἀποκριθεὶς δὲ ὁ ἡγεμὼν εἶπεν αὐτοῖς· τίνα θέλετε ἀπὸ τῶν δύο ἀπολύσω ὑμῖν...

Mt hat den einen Text des Mk in zwei Einleitungen (ἀποκριθεὶς δέ ... λέγει αὐτοῖς ...) aufgespalten, wie besonders die nur bei ihm vorkommende Wiederholung von τίνα θέλετε (ἀπὸ τῶν δύο) ἀπολύσω ὑμῖν (21.17) vermuten lässt. Da die Einleitung von V.21 weitgehend mit Mk gleich ist, zeigt λέγει αὐτοῖς ὁ Πιλᾶτος V. 22 umso mehr den mt Stil. Der Evangelist schreibt wieder seine Formel, nur dem Zusammenhang entsprechend steht Πιλᾶτος für Jesus.

Zusammenfassung: Auch aus den Variationen der Formel sind die mt Stileigenheiten ersichtlich: In allen Texten verwendet Mt das Präsens (λέγει, λέγουσιν), obwohl überall, wo er Vorlagen benützen konnte, eine vergangene Zeit steht. Weil das Präsens in Texten des Sondergutes und solchen, die schon bei Mk vorliegen, in gleicher Weise gesetzt wird, muss diese durchgängige Bearbeitung wieder dem Evangelisten zugeschrieben werden. Das stimmt genau überein mit dem Ergebnis der regulären Stellen. — Untereinander sind Mt 15,33 und 19,10 auch noch im Text gleich. Ausserdem findet sich neben der Variation des Pronomens (αὐτῷ, αὐτοῖς) durchgehend die Ersetzung des Namens Jesus durch einen anderen, wie es sich jeweils aus dem Kontext ergibt. Mit der Standardformel (καὶ) λέγει αὐτοῖς ὁ Ἰησοῦς ist also nur der dreigliedrige Rhythmus gemeinsam, die Worte innerhalb dieser Form können alle ausgetauscht werden. Wieder zeigt sich das Vorherrschen des Sprachlich-Stilistischen vor dem Inhalt, wie es sich schon früher beobachten liess.

Für 9,28 ergibt sich auch aus dieser Gruppe wieder ein gewisser, wenn auch bescheidener Ertrag. Die wesentlichen Vergleichspunkte für Mt 9,28 sind schon durch die Standardformeln gegeben und durch sie ist 9,28 als Mt-Redaktion gesichert, aber durch die Variationsformeln wird die Zahl der dreigliedrigen Ausdrücke noch um einige vermehrt und damit die Erkennbarkeit des redaktionellen Charakters erhöht. Wenn auch nur indirekt, sichern sie damit auch die mt Urheberschaft von 9,28.

Die Formel wird als mt Stilelement auch noch durch Beobachtungen bei Mk und Lk bestätigt. Lk hat die genaue Formel an keiner einzigen Stelle seines Evangeliums und auch nicht in der Apg. Er meidet eine solche dreigliedrige, rhythmische Formulierung überhaupt. Mk bietet ein ähnliches Bild. Vergleichbar sind nur 14,27 und 30, von denen 14,27 schon bei Mt 26,31 besprochen wurde.

17) Mk 14,30: *καὶ λέγει αὐτῷ ὁ Ἰησοῦς·* ἀμὴν λέγω σοι...
Mt 26,34: ἔφη αὐτῷ ὁ Ἰησοῦς· ἀμὴν λέγω σοι...
Lk 22,34: ὁ δὲ εἶπεν· λέγω σοι Πέτρε...

Auch wenn der Mk-Text noch in der Vorlage des Mt gestanden sein sollte, was wegen der Zwischenredaktion von Mk II nicht unbedingt sicher ist, hat diese Änderung des Mt gegenüber dem bisherigen Ergebnis wenig Gewicht, denn ἔφη αὐτῷ ὁ Ἰησοῦς ist ebenfalls eine Mt geläufige Formel, die 4,7; 17,26; 19,21; 26,24 und in gewisser Abwandlung auch noch 21,27; 25,21.23 und 27,65 vorkommt. Bei Lk fehlt sie, Mk hat sie nur 12,24 und mit einer kleinen Änderung in 9,38. Wenn der Mk-Text noch vorlag, hätte Mt also nur eine Formel durch eine andere ersetzt. Die Beurteilung von Mt 9,28 wird davon nicht beeinflusst.

11. *λέγουσιν αὐτῷ*

Nach der Formel καὶ λέγει αὐτοῖς ὁ Ἰησοῦς soll anschliessend die nächste Überleitung des Mt-Textes λέγουσιν αὐτῷ untersucht werden.

Der Text der synoptischen Stelle lautet:

Mt 9,28: πιστεύετε ὅτι δύναμαι τοῦτο ποιῆσαι; *λέγουσιν αὐτῷ·* ναί, κύριε.
Mt 20,33: (32) τί θέλετε ποιήσω ὑμῖν; (33) *λέγουσιν αὐτῷ·* κύριε, ἵνα ἀνοιγῶσιν οἱ ὀφθαλμοὶ ἡμῶν.
Mk 10,51: ὁ δὲ τυφλὸς εἶπεν αὐτῷ· ραββουνί, ἵνα ἀναβλέψω.
Lk 18,41: ὁ δὲ εἶπεν· κύριε, ἵνα ἀναβλεψω.

In beiden Mt-Stellen weicht die Einleitung von Mk und Lk ab. Mt schreibt zweimal λέγουσιν αὐτῷ, während Mk und Lk εἶπεν haben. Diese Eigenständigkeit des Mt gegenüber der übereinstimmenden Überlieferung des Mk und Lk ist von vornherein für die Ursprünglichkeit des Mt-Ausdrucks ungünstig. Da aber λέγουσιν αὐτῷ und besonders ὁ δὲ εἶπεν geläufig sind, kann man von der mt Formulierung nicht sofort auf eine stilistische Eigenart schliessen. Nur der inner-mt und der synoptische Vergleich können zeigen, ob γέλουσιν αὐτῷ mehr als eine zufällige Ausdrucksweise darstellt.

Wegen der grossen Zahl der λέγω -Stellen soll wieder nur gefragt werden, ob bei Mt und den übrigen Synoptikern diese Formulierung auch anderswo vorkommt und ob die Häufigkeit der Verwendung auf ein Stilelement schliessen lässt. Für die Untersuchung werden alle Variationsmöglichkeiten ausgeschlossen und nur nach dem Vorkommen des Ausdrucks λέγουσιν αὐτῷ am Satzanfang und ohne Ergänzung gefragt.

Im Mt-Ev steht die Formel insgesamt achtmal: 9,28; 13,51; 19,7; 20,7.22.33; 21,41 und 22,42.

1) Mt 13,51: συνήκατε ταῦτα πάντα; *λέγουσιν αὐτῷ*· ναί. ὁ δὲ εἶπεν αὐτοῖς· διὰ τοῦτο πᾶς...

Der Text ist Sondergut des Mt-Ev. Mit 9,28 hat er gemeinsam, dass die Antwort wie dort ναί lautet. Der vorausgehende Ausdruck ταῦτα πάντα wird wiederholt im Mt-Ev verwendet (6,33; 13,34; 13,51.56; 19,20 Hs; 23,36; 24,2; vgl. auch 4,9; 6,32; 24,8.33.34), während er bei Lk nur viermal (16,14; 18,21; 21,36; 24,9) und Mk zweimal bzw. viermal (10,20; 13,30; vgl. 7,23; 13,4) steht. Er verrät also mt Bearbeitung.

Der Gebrauch der Begründung διὰ τοῦτο legt denselben Ursprung nahe: Mk hat diese Formulierung nur dreimal (6,14; 11,24; 12,24), Lk viermal im Evangelium (11,19.49; 12,22; 14,20) und einmal in der Apg (2,26), Mt dagegen an zehn Stellen: 6,25; 12,27.31; 13,13.52; 14,2; 18,23; 21,43; 23,13; 24,44. Ausserdem ist λέγουσιν αὐτῷ Teil eines Lehrgesprächs, das bei Mt öfter anzutreffen ist. Aufgrund dieser Beobachtungen muss man zusammen mit der statistischen Feststellung für Mt 13,51 (λέγουσιν αὐτῷ) mt Redaktion annehmen.

2) Mt 19,7: *λέγουσιν αὐτῷ*· τί οὖν Μωυσῆς ἐνετείλατο δοῦναι βιβλίον ἀποστασίου καὶ ἀπολῦσαι...

Die Frage nimmt den Stoff von Mk 10,3 auf. Die sprachliche Darstellung ist aber neu und durch die Umstellung des Stoffes bedingt. Weil ein Vergleichstext bei Lk fehlt, kann die Quellenfrage für diese Stelle nicht entschieden werden. Nur aus dem Gesamtbefund wird ein Rückschluss möglich sein.

3) Mt 20,7: (6) τί ὧδε ἑστήκατε ὅλην τὴν ἡμέραν ἀργοί;
(7) *λέγουσιν αὐτῷ*· ὅτι οὐδείς...

Auch dieser Text ist Sondergut wie Mt 13,51 und muss aus dem Zusammenhang beurteilt werden.

4) Mt 20,22: δύνασθε πιεῖν τὸ ποτήριον ὃ ἐγὼ μέλλω πίνειν; *λέγουσιν αὐτῷ·* δυνάμεθα.

Mk 10,39: (38) δύνασθε πιεῖν... οἱ δὲ εἶπαν αὐτῷ· (39) δυνάμεθα.

Lk hat keine parallele Perikope.

Der Text des gesamten Stückes Mt 20,20-23 zeigt eine spürbare Bearbeitung des Mk-Textes 10,35-40. Davon steht προσῆλθεν in der Einleitung schon als mt Redaktion fest. Ebenso gehört τότε, wie sich zeigen wird, zu den typischen Merkmalen des ersten Evangelisten. Im Vergleich zu den übrigen Synoptikern wird auch προσκυνεῖν von Mt bevorzugt (Mt 13, Mk 2, Lk 3, Apg 4) und die Verbindung von προσέρχεσθαι + προσκυνεῖν kommt im ganzen NT überhaupt nur bei Mt vor:

8,2:	λεπρὸς	προσελθὼν	προσεκύνει αὐτῷ
9,18:	ἄρχων εἷς	προσελθὼν	προσεκύνει αὐτῷ
20,20:	προσῆλθεν αὐτῷ ἡ μήτηρ...		προσκυνοῦσα
28,9:	αἱ δὲ	προσελθοῦσαι...	προσεκύνησαν αὐτῷ

Auf derselben Linie liegt die Verwendung des Präsens statt des Aorists im Gespräch, und die Ausdrücke βασιλεία und πατήρ sind wieder sein Kennzeichen.

Im Zusammenhang mit dieser Umgestaltung muss man auch λέγουσιν αὐτῷ der Mt-Redaktion zuschreiben.

5) Mt 21,41: τί ποιήσει τοῖς γεωργοῖς ἐκείνοις; *λέγουσιν αὐτῷ·* κακοὺς κακῶς ἀπολέσει αὐτούς, καί...

Mk 12,9: . . .ἐλεύσεται καὶ ἀπολέσει τοὺς γεωργούς, καί . . .

Lk 20,16: ἐλεύσεται καὶ ἀπολέσει τοὺς γεωργοὺς τούτους . . .

Mk und Lk haben den gleichen Text und Mt erscheint schon auf diesem Hintergrund als sekundär. Die Umformung des Textes zu einem Gespräch (vgl. Mt 13,51) trägt ebenfalls zur selben Annahme bei.

6) Mt 22,42: τί ὑμῖν δοκεῖ περὶ τοῦ χριστοῦ; τίνος υἱός ἐστιν; *λέγουσιν αὐτῷ·* τοῦ Δαυίδ.

Mk 12,35: πῶς λέγουσιν οἱ γραμματεῖς ὅτι ὁ χριστὸς υἱὸς Δαυίδ ἐστιν;

Lk 20,41: πῶς λέγουσιν τὸν χριστὸν εἶναι Δαυὶδ υἱόν;

Mk und Lk sind in den ersten zwei Worten gleich; die übrige Formulierung des Lk ist zwar verschieden, aber nur die indirekte Wiedergabe des Mk-Textes, ohne dass die Abfolge geändert wird (nur οἱ γραμματεῖς ist ausgelassen). Mt dagegen unterscheidet sich stark, weil bei ihm der eine Satz des Mk bzw. des Lk wieder zu einem Gespräch gestaltet ist. Da Mk und Lk eine einfache Konstruktion aufweisen, ergibt sich der Aufbau seines Textes wieder als sekundär. Ausserdem ist τί ὑμῖν δοκεῖ eine mt Formel, die bei 18,12; 21,28 (δέ); 22,42; 26,66; ähnlich 17,25 und 22,17 (σοί) vorkommt, sonst aber mit Ausnahme von Jo 11,56 (τί δοκεῖ ὑμῖν) sich im ganzen NT nicht mehr findet. Wegen der engen Verbindung mit dem Gespräch muss man die gesamte Aufgliederung Mt zuschreiben. Damit wird auch von kompositioneller Seite der mt Charakter von λέγουσιν αὐτῷ erwiesen.

Zusammenfassung: Der sekundäre Charakter des Ausdrucks λέγουσιν αὐτῷ zeigt sich im Mt-Ev einige Male (21,41 und 22,42) schon durch das Abweichen des Mt vom übereinstimmenden Text des Mk und Lk. Ausserdem wird seine Verfasserschaft bei 22,42 und 13,51 stark durch mt Stilmerkmale des Kontextes gestützt: In 22,42 durch die innerhalb des NT praktisch nur bei Mt vorhandene Frage τί ὑμῖν δοκεῖ; in 13,51 durch ταῦτα πάντα und διὰ τοῦτο. Es ist wichtig, dass diese Redaktion, die sich in verschiedenen Fällen sicher feststellen lässt, sowohl im Sondergut (13,51) wie an Stellen, die zum Mk-Stoff gehören (22,42; 21,41), anzutreffen ist. Durch ihren übergreifenden Charakter kann man sie nur dem letzten Bearbeiter zuschreiben, der der Redaktor des Evangeliums ist. Dasselbe Ergebnis lag auch schon deswegen nahe, weil die Formel an keiner Stelle der Vorlage vorhanden ist. Aus diesen Gründen und wegen der völligen Identität der Formel an allen Mt-Stellen muss man auch für 19,7; 20,7 und 20,22, für die bei der Einzeluntersuchung keine Sicherheit gewonnen werden konnte, die Redaktion des Evangelisten annehmen.

Ein weiteres Merkmal aller Stellen mit Ausnahme von 19,7 besteht darin, dass λέγουσιν αὐτῷ im Mt-Text immer auf eine Frage folgt. Auch die genannte Stelle fällt nicht ganz aus der Reihe, denn dort geht der Ausdruck einer Frage voraus ([87]). Überall ist die Form λέγουσιν αὐτῷ also Teil eines Gesprächs, zu dessen lebendiger Gestaltung sie gut passt. Bei 22,42 hat gerade τί ὑμῖν δοκεῖ erwiesen, dass das Gespräch, gegen die parallele Vorlage des Mk und Lk, eigens von Mt komponiert wurde, um den Stoff lebendiger zu gestalten.

Für Mt 9,28 ergeben sich aus dem Vorausgehenden eindeutige Folgerungen: Man muss für diese Stelle und den parallelen Mt-Text 20,33 sicher Mt-Redaktion annehmen, da die Formel genau den gleichen Wortlaut hat wie an den übrigen untersuchten Stellen. Da sie darüber hinaus mit ihnen im Kontext auch dieselbe Gesprächsform gemeinsam hat und zwischen 9,28 und 13,51 auch eine weitere sprachliche Übereinstimmung besteht, ist der mt Ursprung des Textes unbestreitbar.

([87]) Deswegen wurde bei Mt auch der Kontext zitiert.

Obwohl man es gerade von einem so kurzen und allgemeinen Ausdruck nicht erwarten konnte, offenbart also auch er den Stil des Mt. In diesem Fall lässt er besonders erkennen, dass Mt die Form des Dialoges liebt, um einen Inhalt, der teilweise schon in einer Quelle gegeben ist, auf anschauliche Weise darzustellen. λέγουσιν αὐτῷ fügt sich also ausgezeichnet zu den übrigen bisherigen Ergebnissen der Untersuchung von Mt 9,27-31.

Als Ergänzung zu Mt muss auch noch der Sprachgebrauch der übrigen Synoptiker untersucht werden.

Bei Lk ist das Ergebnis eindeutig: Weder in seinem Evangelium noch in der Apg hat er die untersuchte Form und auch keine, die ungefähr verglichen werden könnte. Im Mk-Ev kommt nur 8,19 für den Vergleich in Betracht:

7) Mk 8,19: ...πόσους κοφίνους κλασμάτων πλήρεις ἤρατε; *λέγουσιν αὐτῷ·* δώδεκα. ὅτε τοὺς ἑπτά...

Mt 16,9: ...καὶ πόσους κοφίνους ἐλάβετε; οὐδὲ τοὺς ἑπτά...

Lk hat für diese Stelle keinen vergleichbaren Text.

Das ganze Stück Mk 8,14-21 ist bei Mt stark gekürzt, es zeigt aber auch direkte Spuren mt Bearbeitung. Unter ihnen ist γνοὺς δὲ ὁ Ἰησοῦς bereits bekannt ([88]). οἱ δὲ διελογίζοντο ἐν ἑαυτοῖς λέγοντες Mt 16,7 stellt sich ebenfalls als Stilelement des Mt heraus, weil der genau gleiche Wortlaut auch bei 21,15 wiederkehrt trotz eines jeweils verschiedenen Textes bei Mk. Ausserdem wird ὀλιγόπιστος (16,8) von Mt bevorzugt: Von fünf Stellen innerhalb des gesamten NT stehen vier in seinem Evangelium (6,30; 8,26; 14,31 und 16,8), wobei das Wort nur bei 6,30 (=Lk 12,28; Q) auf eine Quelle zurückgeht. Ob jedoch die Auslassung von λέγουσιν αὐτῷ von Mt stammt oder ob ihm das Stück schon gekürzt vorlag, lässt sich wegen des Fehlens eines dritten Vergleichstextes sprachlich nicht entscheiden. Es wäre aber die einzige Stelle, wo Mt den Ausdruck übergangen hätte.

Durch das negative Ergebnis bei Lk und das fast gleichbedeutende bei Mk wird die Mt-Redaktion der Formel λέγουσιν αὐτῷ indirekt nochmals bestätigt.

12. *πιστεύετε ὅτι δύναμαι τοῦτο ποιῆσαι*

Von den beiden Überleitungsformeln καὶ λέγει αὐτοῖς ὁ Ἰησοῦς und λέγουσιν αὐτῷ ist die Frage eingerahmt: πιστεύετε ὅτι δύναμαι τοῦτο ποιῆσαι. An

---

([88]) Vgl. Seite 54.

den synoptischen Vergleichsstellen Mk 10,51 parr ist gleichfalls eine Frage vorhanden, aber in anderer Formulierung und mit anderem Inhalt. Der Text lautet:

Mk 10,51: καὶ ἀποκριθεὶς αὐτῷ ὁ Ἰησοῦς εἶπεν·
τί σοι θέλεις ποιήσω;
ὁ δὲ τυφλὸς εἶπεν αὐτῷ·
ῥαββουνί, ἵνα ἀναβλέψω.

Lk 18,40-41 ἐγγίσαντος δὲ αὐτοῦ ἐπηρώτησεν αὐτόν·
τί σοι θέλεις ποιήσω;
ὁ δὲ εἶπεν·
κύριε, ἵνα ἀναβλέψω.

Mt 20,32-33 καὶ εἶπεν·
τί θέλετε ποιήσω ὑμῖν;
λέγουσιν αὐτῷ·
κύριε, ἵνα ἀνοιγῶσιν οἱ ὀφθαλμοὶ ἡμῶν.

Mt 9,28: καὶ λέγει αὐτοῖς ὁ Ἰησοῦς·
πιστεύετε ὅτι δύναμαι τοῦτο ποιῆσαι;
λέγουσιν αὐτῷ·
ναί, κύριε.

Alle vier Texte haben den gleichen Aufbau des Gesprächs: Einleitung der Frage — Wortlaut der Frage Jesu — Überleitung — Antwort des (der) Blinden. Dieses Schema ist in 9,28 allem Anschein nach nicht ursprünglich, sondern aus der Überlieferung übernommen. Wie die bisherige Untersuchung gezeigt hat, ist aber das erste und dritte Glied von Mt überformt. Wegen dieser mt Bearbeitung des Rahmentextes wird auch die Annahme unwahrscheinlich, dass die Frage selbst aus einer Mk-fremden Quelle stamme, besonders wenn man beachtet, dass das Schema, an das sich Mt 9,28 hält, ebensogut aus Mk 10,51 wie aus einer von Mk unabhängigen Überlieferung übernommen sein kann. Ausserdem wäre πιστεύετε ὅτι δύναμαι τοῦτο ποιῆσαι das erste Element innerhalb der gesamten Untersuchungsperikope, das nicht auf Mt-Redaktion bzw. auf den Stoff von Mk 10,46-52 zurückginge. Eine statistische Untersuchung von δύνασθαι, πιστεύειν, τοῦτο und ποιεῖν erübrigt sich also.

13. ναί

Das nächste Untersuchungselement ist ναί.

Mt 9,28: ***ναί***, κύριε
Mt 20,33: κύριε, ἵνα ἀνοιγῶσιν οἱ ὀφθαλμοὶ ἡμῶν.
Mk 10,51: ῥαββουνί, ἵνα ἀναβλέψω.
Lk 18,41: κύριε, ἵνα ἀναβλέψω.

Die Partikel steht in der Antwort der Blinden auf die Frage Jesu nur bei 9,28. Die Statistik des Wortes zeigt folgenden Gebrauch: Mt 8, Mk 1, Lk 4, Apg 2; Jo dreimal die gleiche Formel.

1) Mt 5,37: ἔστω δὲ ὁ λόγος ὑμῶν· ναὶ ναί, οὒ οὔ.

Sprachlich lässt sich zu diesem Text in den Evangelien keine Parallele heranziehen (inhaltlich Mt 23,16-22). Innerhalb des NT steht Jak 5,12 mit ihm in nächster Verbindung: ἤτω δὲ ὑμῶν τὸ ναὶ ναί, καὶ τὸ οὒ οὔ. Möglicherweise greifen beide auf eine gemeinsame Tradition zurück. Jedenfalls ist das Wort in diesem Text nicht von Mt eingefügt.

2) Mt 11,9: ἀλλὰ τί ἐξήλθατε; προφήτην ἰδεῖν; *ναί* λέγω ὑμῖν, καί...
Lk 7,26: ἀλλὰ τί ἐξήλθατε ἰδεῖν; προφήτην; *ναί* λέγω ὑμῖν, καί...

Die Texte des Mt und Lk sind fast identisch und gehen beide auf Q zurück. Auch ναί stammt aus dieser Quelle.

3) Mt 11,26: *ναί*, ὁ πατήρ, ὅτι οὕτως εὐδοκία ἐγένετο ἔμπροσθέν σου.
Lk 10,21: *ναί*, ὁ πατήρ, ὅτι...

Mt und Lk haben hier einen genau gleichen Text, der wieder aus Q stammt, in dem auch das Wort ναί schon enthalten war.

4) Mt 13,51: συνήκατε ταῦτα πάντα; λέγουσιν αὐτῷ· *ναί*. ὁ δὲ εἶπεν αὐτοῖς· διὰ τοῦτο πᾶς γραμματεύς...

Bei der Untersuchung von λέγουσιν αὐτῷ hat sich gezeigt, dass diese Formel, die Einleitung mit einer Frage, ταῦτα πάντα und die folgende Begründung διὰ τοῦτο typisch mt Stil sind. In unmittelbarer Nachbarschaft so vieler für Mt kennzeichnender Merkmale wäre es methodisch abwegig, für ναί einen verschiedenen Ursprung zu erwarten. Weiters wurde die Parallelität zwischen 13,51 und 9,28 schon vermerkt. Beide Male ist der entsprechende Text ganz gleich.

13,51: λέγουσιν αὐτῷ· *ναί*.
9,28: λέγουσιν αὐτῷ· *ναί*, κύριε.

Wenn schon die Verbindung von ναί mit dem mt λέγουσιν αὐτῷ auch die Redaktion von ναί festlegt, wird sie durch das zweimalige Vorkommen dieser Elemente in der gleichen Reihenfolge noch verstärkt.

5) Mt 15,27: ἡ δὲ εἶπεν· *ναί*, κύριε.
Mk 7,28: ἡ δὲ ἀπεκρίθη καὶ λέγει αὐτῷ· *ναί*, κύριε.

Eine Parallele bei Lk fehlt.

Das Wort und auch die folgende Anrede (κύριε) stehen schon bei Mk und konnten von dort übernommen werden.

6) Mt 17,25: ὁ διδάσκαλος ὑμῶν οὐ τελεῖ δίδραχμα. λέγει· *ναί.*

Mt 17,24-27 ist Sondergut des Evangeliums und die Quellenfrage ist deshalb schwerer zu entscheiden. Es finden sich aber mt Spuren in der Perikope, besonders am Beginn. Die Einleitung ἐλθόντων δὲ αὐτῶν... προσῆλθον οἱ τὰ δίδραχμα λαμβάνοντες τῷ Πέτρῳ entspricht seinem Stil ([89]). ἔρχεσθαι + εἰς τὴν οἰκίαν ergab sich gleichfalls als redaktionelle Formulierung, die Mt wiederholt gebraucht ([90]). Dasselbe gilt von dem Ausdruck τί σοι δοκεῖ ([91]), von der bei Mt beliebten Gesprächsform, von der Formel ἔφη αὐτῷ ὁ Ἰησοῦς ([92]), von der Satzeinleitung mit einem Gen. abs. und den unterordnenden Partizipialkonstruktionen ([93]). Weiters steht ὁ διδάσκαλος ὑμῶν innerhalb der Synoptiker nur bei Mt 9,11; 17,24 und 23,8 (ὑμῶν ὁ διδάσκαλος), und προφθάνειν ist Hpl NT. Es ist darum leicht möglich, dass auch ναί der Redaktion des Mt angehört. Weil sich aber nicht die Gesamtperikope sprachlich Mt zuschreiben lässt, kann ναί trotzdem ein Bestandteil der vor-mt Überlieferung sein.

7) Mt 21,16: ἀκούεις τί οὗτοι λέγουσιν; ὁ δὲ Ἰησοῦς λέγει αὐτοῖς· ναί. οὐδέποτε ἀνέγνωτε...

Mt 21,14-16 ist ebenfalls Sondergut, in dem sich aber schon manche Spuren von Mt-Redaktion gezeigt haben: καὶ προσῆλθον αὐτῷ τυφλοὶ καὶ χωλοί, υἱὸς Δαυίδ und das Charakteristikum eines messianischen Heilungswunders. Im gleichen Text lässt sich seine Bearbeitung aber noch mehrmals entdecken. Die Verbindung οὐδέποτε + ἀναγινώσκειν, die ausser Mk 2,25 nie im übrigen NT vorkommt, steht bei Mt zweimal: 21,16.42, an beiden Stellen in genau gleicher Form: οὐδέποτε ἀνέγνωτε (21,42 gegen Mk und Lk). θαυμάσια ist Hpl NT. Wichtig ist, dass auch die ναί unmittelbar vorausgehende Formulierung ὁ δὲ Ἰησοῦς λέγει αὐτοῖς in den Evangelien nur zweimal vorkommt: Mt 8,22 und 21,16. Obwohl ein Vergleichstext fehlt, ist also gerade bei Mt 21,16 ziemlich wahrscheinlich, dass ναί vom Evangelisten stammt.

([89]) Vgl. Seite 109.

([90]) Vgl. Seite 111-16, besonders 111.

([91]) Vgl. Seite 128.

([92]) Vgl. Seite 125.

([93]) Vgl. ἐλθόντων, προσῆλθον; εἰπόντος... ἔφη; und ἐλθόντα... προέφθασεν; πορευθείς... βάλε; ἀνοίξας... εὑρήσεις; λαβών... δός.

Zusammenfassung: Der Überblick ergibt, dass Mt die Partikel an mehreren Stellen schon der Vorlage entnehmen konnte: 11,9.26 der Logienquelle, 15,27 dem Mk-Text, 7,37 einer sonst nicht bezeugten Tradition. An allen übrigen Stellen steht das Wort im Sondergut: 13,51; 17,25 und 21,16. Gerade hier hat sich aber an zwei Stellen sehr klar ergeben, dass es wie andere Elemente von Mt selber eingefügt wurde. Die einzige weniger deutliche Stelle ist 17,25.

Vor einem abschliessenden Urteil über Mt muss auch der nicht-mt synoptische Gebrauch des Wortes geprüft werden, um die eventuelle Nichtübernahme einzelner Stellen durch Mt zu erklären. Mk hat nur eine einzige Stelle (7,28), die schon bei Mt 15,27 behandelt wurde. Lk bringt das Wort 7,26; 10,21; 11,51 und 12,5. Davon dient es ausser 10,21 immer als Einleitung von λέγω ὑμῖν. 7,26 und 10,21 stammen aus Q und wurden schon behandelt. Die Quellenfrage für die übrigen zwei Stellen ist schwierig; auch sie stehen in Q-Texten und ein dritter Vergleichstext fehlt. Die Redaktion der einzelnen Evangelisten ist dazu nicht sehr ausgeprägt, sodass die Sicherung einer so kleinen Partikel keine unbedingte Eindeutigkeit erreicht.

8) Lk 11,51: ναὶ λέγω ὑμῖν· ἐκζητηθήσεται ἀπὸ τῆς γενεᾶς ταύτης...
Mt 23,26: ἀμὴν λέγω ὑμῖν, ἥξει ταῦτα πάντα ἐπὶ τὴν γενεὰν ταύτην.

Da Lk keine besondere Vorliebe für das Wort bekundet, könnte er den Text von Q überliefert haben. Bei Mt ist ταῦτα πάντα ein vom Evangelisten häufig verwendetes Stilelement, ebenso wie ἀμὴν λέγω ὑμῖν oft gewählt wird. Wegen dieser Redaktionsarbeit des Mt wird auch eher ἀμήν nachträgliche Änderung sein als ναί bei Lk, das dann wie 7,26 dem Text der Quelle angehören dürfte. Für Mt würde bei dieser Quellenlage folgen, dass er die eine Form für eine ihm geläufigere vertauscht hat.

9) Lk 12,5: ναὶ λέγω ὑμῖν, τοῦτον φοβήθητε.

Mt hat zu diesem Satz keine Parallele. Sein Text 10,26-33 ist überhaupt kürzer als Lk 12,2-9. Andererseits haben beide den Q-Text verändert, aber nicht so deutlich, dass sich bei allen Einzelheiten feststellen liesse, ob ein Ausdruck zu Q oder zur Redaktion gehört. Die Entscheidung, in welche Schicht der Überlieferung ναί gehört, muss hier offenbleiben.

Die zwei Lk-Stellen lassen also für Mt keine besondere Eigenart erkennen. Lk 12,5 bleibt unentschieden; bei 11,51 hat vielleicht Mt geändert, aber die Einsetzung einer anderen Formel lässt nicht auf eine Ablehnung des Wortes durch ihn schliessen.

Im gesamten ist ναί nicht für Mt kennzeichnend. Er übernimmt das Wort mehrmals, verwendet es aber auch selbständig. Für die Beurteilung von Mt 9,28 ist besonders 13,51 wertvoll, weil hier der Partikel dieselbe Einleitung und eine Frage vorausgehen wie an der Untersuchungsstelle. Aufgrund dieser Tatsache und weil Mt ναί mehrmals aus eigenem setzt (13,51; 17,25; 21,16), muss man eine redaktionelle Herkunft des Wortes auch bei 9,28 vermuten, was schon aus der bisherigen Untersuchung von 9,27-28 nahelag.

14. τότε

Schon die Statistik zeigt ein bedeutendes Überwiegen der Verwendung dieses Wortes bei Mt gegenüber Mk und Lk. Während es bei Mk sechsmal und bei Lk 14mal (15: 11,24 Hs) steht, verwendet es Mt 90mal (91: 14,3 Hs). Bei dieser Verteilung sind auch die Konsequenzen für Mt 9,29 von vornherein ziemlich eindeutig ([94]). Aufgrund dieses Verhältnisses und weil eine detaillierte synoptische Untersuchung aller 90 Stellen den Umfang der Arbeit zu sehr ausdehnen würde, kann τότε z.T. nur in Zusammenstellungen bearbeitet und können nur die auffallendsten Verwandtschaften aufgewiesen werden.

τότε erscheint bei Mt an folgenden Stellen: 2,7.16.17; 3,5.13.15; 4,1.5.10.11.17; 5,24; 7,5.23; 8,26; 9,6.14.15.29.37; 11,20; 12,13.22.29.38.44.45; 13,26.36.43; 15,1.12.18; 16,12.20.21.24.27; 17,13.19; 18,21.32;19,13.27; 20,20; 21,1; 22,8.13.15.21; 23,1; 24,9.10.14.16.21.23.30(zweimal).40; 25,1.7.31.34.37.41.44.45; 26,3.14.16.31.36.38.45.50.52.56.65.67.74; 27,3.9.13.16.26.27.38.58; 28,10. — 14,3 ist hsl. unsicher, 17,17 ist das Wort kaum ursprünglich.

Für 9,29 ist beachtlich, dass τότε 73mal am Satzanfang steht bzw. bei 9,6 am Beginn des Anakoluths. 4,17 und 16,21 ist es zwar das zweite Wort im Satz, aber ἀπὸ τότε muss als einheitlicher Ausdruck gewertet werden. Die Ausnahmen sind 5,24; 7,5.23; 9,15; 12,29; 13,26; 16,27; 21,1; 24,10.14.16.21.30 (zweimal); 25,31; 26,16; 27,16.

Als weiteres Kennzeichen mt Redaktion stellt sich τότε in Verbindung mit λέγειν heraus. Diese Fortsetzung findet sich weder bei Mk noch bei Lk, auch nicht in der Apg ([95]). Im ersten Evangelium ist sie dagegen zahlreich und kommt ausserdem nur am Satzanfang vor (9,6 Anakoluth). Typisch ist für Mt bei dieser Formulierung wieder die Verwendung des Präsens und die Tatsache, dass mit dem Ausdruck die Mindestform eines Gesprächs gegeben ist, das Mt öfter bevorzugt. Wegen der Verwandtschaft der Konstruktion und des Wortlauts, die bei fast allen Stellen hervortritt, werden sie textlich angeführt.

([94]) Dass alle Stellen, in denen Mt über Mk (bzw. Lk) hinaus τότε setzt, auf Sonderquellen zurückgingen, ist von vornherein auszuschliessen.

([95]) Bei Lk 11,24 steht τότε nicht am Satzanfang und ist ausserdem hsl. unsicher.

4,10:	τότε λέγει αὐτῷ ὁ Ἰησοῦς
26,52:	τότε λέγει αὐτῷ ὁ Ἰησοῦς
27,13:	τότε λέγει αὐτῷ ὁ Πιλᾶτος
26,31:	τότε λέγει αὐτοῖς ὁ Ἰησοῦς
28,10:	τότε λέγει αὐταῖς ὁ Ἰησοῦς
9,6:	τότε λέγει τῷ παραλυτικῷ
12,13:	τότε λέγει τῷ ἀνθρώπῳ
22,21:	τότε λέγει αὐτοῖς
26,38:	τότε λέγει αὐτοῖς
9,37:	τότε λέγει τοῖς μαθηταῖς αὐτοῦ
22,8:	τότε λέγει τοῖς δούλοις αὐτοῦ
12,44:	τότε λέγει· εἰς τὸν οἶκόν μου ἐπιστρέψω.

4,10 und 26,52 sind völlig identisch. In 27,13 ist nur der Name Pilatus neu, bei 26,31 und 28,10 das Pronomen. 26,31 und 38 sind im Einzelvergleich am ehesten als sekundär zu erkennen, weil Mt nur τότε statt καί (Mk 14,27.34) setzt, sonst aber den Text unverändert übernimmt. Eine solche Ersetzung von καί bei Mk durch τότε bei Mt trifft man noch an folgenden Stellen: 3,5; 8,26; 15,1 12.28; 16,20.21; 17,19; 19,13, 20,20; 26,36.45.67; 27,38. Besonders in diesen Fällen wird man τότε der Redaktion des Mt zuschreiben müssen. Seine Bearbeitung zeigt sich auch bei 9,6 und 12,13, wo das Wort in den Mk-Text eingeschoben ist, und 22,21, wo es gegen den fast parallelen Text des Mk und Lk steht. Mt 28,10 verrät seinen Ursprung auch aus dem vorausgehenden Vers, in dem προσελθοῦσαι, κρατεῖν und προσκυνεῖν von Mt stammen. Bei 26,52 lässt sich aus dem Einschub, den τότε λέγει αὐτῷ ὁ Ἰησοῦς einleitet, gleichfalls auf Mt-Redaktion schliessen, aber die Sicherheit dieser Annahme ist geringer, wie auch bei 27,13, wo der Mk-Text zwar abgeändert erscheint, aber keine Lk-Parallele zum Vergleich benutzt werden kann. Bei 4,10 und 22,8 kann man die Redaktion aus dem Einzelvergleich nicht erkennen, es muss umgekehrt die Statistik herangezogen werden, die dann mt Bearbeitung nahelegt. 9,37 ist durch den Gesamtkontext eindeutig bestimmt. 9,35-38 ist der Abschluss der gesamten Komposition Mt 5-9 und aus mehreren Einzelstücken zusammengesetzt. Weil auch VV. 37-38 erst von Mt an diesen Platz gestellt wurden, ist die Überleitung τότε λέγει τοῖς μαθηταῖς mit grosser Wahrscheinlichkeit erst von ihm geformt. Die oben angeführte Statistik bestätigt dieses Ergebnis. Bei 12,44 kann man trotz der Formel τὸτε λέγει am Satzanfang zweifeln, ob sie auf Mt zurückgeht. Sie entspricht gut dem übrigen Stil des Stückes Mt 12,43-45, das textlich sehr eng mit Lk 11,24-26 zusammengeht. Ausserdem ist μὴ εὑρίσκον λέγει wohl die flüssigere und darum wahrscheinlich spätere Form.

Das statistische Ergebnis (τότε λέγει...) wird also mit Ausnahme weniger Stellen von den Einzeltexten gestützt. Weil ausserdem das Resultat, das sich bei der Untersuchung der Formel καὶ λέγει αὐτοῖς ὁ Ἰησοῦς ergab, teilweise parallel ist, sichern sich beide Untersuchungen auch gegenseitig.

Mehrere andere Texte lassen ihren mt Ursprung durch die Verknüpfung des Wortes προσέρχεσθαι mit τότε erkennen. Dazu gehören:

9,14: τότε προσέρχονται αὐτῷ οἱ μαθηταὶ Ἰωάννου
15,1: τότε προσέρχονται τῷ Ἰησοῦ ἀπὸ Ἱεροσολύμων Φαρισαῖοι
15,12: τότε προσελθόντες οἱ μαθηταὶ λέγουσιν
17,19: τότε προσελθόντες οἱ μαθηταὶ τῷ Ἰησοῦ...
18,21: τότε προσελθὼν ὁ Πέτρος εἶπεν αὐτῷ
20,20: τότε προσῆλθεν αὐτῷ ἡ μήτηρ τῶν υἱῶν τοῦ Ζεβεδαίου...
26,50: τότε προσελθόντες ἐπέβαλον τὰς χεῖρας ἐπί...

Durch die Ausschliesslichkeit dieser Verbindung bei Mt innerhalb der Synoptiker ist ihr sekundärer Ursprung klar. Dass der Wiederholungsstil, den man besonders zwischen 9,14 und 15,1 sowie 15,12 und 17,19 feststellen kann, mt ist, hat sich schon mehrmals ergeben.

Nur bei Mt gibt es auch die Formulierung τότε ἐπλήρώθη...

2,17: τότε ἐπληρώθη τὸ ῥηθὲν διὰ Ἰερεμίου...
27,9: τότε ἐπληρώθη τὸ ῥηθὲν διὰ Ἰερεμίου...

Abgesehen vom gleichen Wortlaut stehen beide Texte im Zusammenhang mit den übrigen Reflexionszitaten des Mt, die für diesen Evangelisten typisch sind (vgl. 1,22; 2,15.23; 4,14; 8,17; 12,17; 13,35; 21,4; 26,56).

Zwei Stellen im Sondergut des Mt fallen auf durch ihren gleichen sprachlichen Beginn und ihren parallelen Inhalt, der beidemal von denselben Personen handelt:

17,13: τότε συνῆκαν οἱ μαθηταὶ ὅτι περὶ Ἰωάννου τοῦ βαπτιστοῦ εἶπεν αὐτοῖς.
16,12: τότε συνῆκαν ὅτι οὐκ εἶπεν προσέχειν...

Auch in 16,12 (vgl. 16,5) sind wie in 17,13 die Jünger gemeint.

Parallel sind auch 4,17; 16,21 und teilweise 26,16:

4,17: ἀπὸ τότε ἤρξατο ὁ Ἰησοῦς κηρύσσειν καὶ λέγειν
16,21: ἀπὸ τότε ἤρξατο Ἰησοῦς Χριστὸς δεικνύειν...
(26,16: καὶ ἀπὸ τότε ἐζήτει εὐκαίριαν...)

Ihr Verhältnis zum Mk-Text ist aber verschieden. 16,21 tritt ἀπὸ τότε ἤρξατο an die Stelle von καὶ ἤρξατο (Mk 8,31), 26,16 ist ἀπὸ τότε eine leicht ersichtliche Einfügung, 4,17 dagegen formt den Paralleltext stärker um. Der gleiche Wortlaut bei Mt gegenüber dem jeweils verschiedenen Text der Parallele weist umso deutlicher auf Mt.

Wegen der Ähnlichkeit der Konstruktion müssen auch noch 27,3 und 2,16 (und 2,7) zusammengestellt werden.

27,3: τότε ἰδὼν Ἰούδας ὁ παραδοὺς αὐτὸν ὅτι κατεκρίθη...
2,16: τότε Ἡρῴδης ἰδὼν ὅτι ἐνεπαίχθη ὑπὸ τῶν μάγων...
2,7: τότε Ἡρῴδης λάθρα καλέσας τοὺς μάγους ἠκρίβωσεν...

Die Parallelität zwischen den ersten beiden Stellen geht sehr weit. Bei 27,3 ist Judas nur wegen der folgenden Ergänzung ὁ παραδοὺς αὐτόν nachgestellt. Im übrigen halten die Glieder τότε, Name, ἰδών, ὅτι + Prädikat dieselbe Reihenfolge ein. Man wird also beide Stellen als mt werten müssen. Wegen der Gleichartigkeit des Beginns von 2,7 mit 2,16 (τότε, Name, Partizip) gehört wohl auch τότε von 2,7 zur Redaktion des Mt.

Viermal hat Mt auch die Verbindung τότε + ἤρξατο:

4,17: ἀπὸ τότε ἤρξατο ὁ Ἰησοῦς κηρύσσειν...
16,21: ἀπὸ τότε ἤρξατο Ἰησοῦς Χριστὸς δεικνύειν...
11,20: τότε ἤρξατο ὀνειδίζειν τὰς πόλεις...
26,74: τότε ἤρξατο καταθεματίζειν καὶ ὀμνύειν...

Die letzte Stelle ist sichere Mt-Redaktion im Vergleich mit dem Mk-Text, die ersten beiden wurden schon besprochen. 11,20 ist Einleitung eines Q-Stückes. Obwohl sie nicht in ihrer Gesamtheit sekundär sein muss, wird zumindest τότε ἤρξατο aufgrund des Parallelismus mit den anderen drei Stellen, die von Mt bearbeitet wurden, auch vom selben Redaktor stammen.

Bei acht Stellen ergibt der Vergleich, dass Mt sie aus der Tradition entnehmen konnte. Zu ihnen gehören 9,15; 12,29; 24,16.23.30 (zweimal), wo schon das Mk-Ev das Wort enthält, und 7,5; 12,45, wo τότε aus Q stammt. Mt hat also keine Mk-Stelle weggelassen.

Zusammenfassend lässt der bisherige Überblick über den Gebrauch von τότε im Mt-Ev gut die Redaktion des Evangelisten erkennen. Bei vielen Stellen sichern parallele Formulierungen oder Konstruktionen die Autorschaft des Mt im Einzelfall und zeigen, dass Mt das Wort bevorzugt behandelt. Dazu kommt die hohe statistische Zahl der Stellen im Unterschied zu den anderen Synoptikern. Man wird also auch in Zweifelsfällen mt Redaktion vermuten müssen ([96]).

([96]) Der Rest der Stellen wird — wie erwähnt — nicht mehr untersucht. Durch eine solche Untersuchung würde vor allem die Quellenfrage der *einzelnen* Stellen genau geprüft, wegen der leichten Einfügbarkeit des Wortes liessen sich aber keine

Die Berufung auf die Statistik hat umso mehr Gewicht, als τότε fast überall gesetzt werden kann, ohne den Kontext sehr zu verändern, und darum vielleicht auch dort redaktionell ist, wo der übrige Text aus der Tradition stammt.

Dieses Ergebnis hat auch für Mt 9,29 seine Konsequenzen. Wie in 72 anderen Stellen des Mt-Ev steht τότε bei 9,29 am Satzanfang und geht darum auch hier mit hoher Wahrscheinlichkeit auf den Evangelisten zurück. Die noch höhere Gesamtstatistik drängt zur gleichen Annahme. Als letzte Feststellung kommt wieder hinzu, dass diese Erkenntnis gut zur gesamten Untersuchung der Verse 27-28 passt, die von vielen Seiten mt Bearbeitung eines Stoffes ergab, der auch in der Parallelperikope Mk 10,46-52 parr vorhanden ist ([97]).

15. *Das Berühren der Augen*

Viel ausführlicher als bei Mk und Lk ist bei Mt in beiden Perikopen 9,27-31 par 20,29-34 der Vorgang der Heilung beschrieben. Während bei den Erstgenannten nur ganz kurz die augenblickliche Heilung erwähnt wird, erzählt Mt in beiden Stücken von einer Berührung der Augen durch Jesus.

9,29: τότε ἥψατο τῶν ὀφθαλμῶν αὐτῶν
20,34: σπλαγχνισθεὶς δὲ ὁ Ἰησοῦς ἥψατο τῶν ὀμμάτων αὐτῶν

Dieser Zug ist literarisch nicht einheitlich formuliert, sodass die Einzelelemente eigens untersucht werden müssen.

---

strengen Folgerungen ziehen, sodass die Frage nach der Herkunft in manchen Fällen wieder auf die Statistik verwiesen wäre.

([97]) Aufgrund der bisherigen Untersuchung ist noch eine andere Tatsache zu beachten, auch wenn sie methodisch nicht als Beweis gewertet werden darf. Aus dem synoptischen Vergleich ergibt sich einerseits, dass Mt 9,27-28 in der Handlungsabfolge mit Mk 10,46-51 parallel ist, abgesehen von der Einleitung καὶ παράγοντι... ἠκολούθησαν und der mt Formulierung ἐλθόντι δὲ εἰς τὴν οἰκίαν (28), die diesen Ablauf nicht stören. Andererseits weichen beide Mt-Texte 9,29 und 20,34 in dieser Reihenfolge deutlich vom identischen Mk- und Lk-Text ab:

Mk 10,52: καὶ ὁ Ἰησοῦς εἶπεν αὐτῷ
Lk 18,42: καὶ ὁ Ἰησοῦς εἶπεν αὐτῷ
Mt 9,29: τότε ἥψατο τῶν ὀφθαλμῶν αὐτῶν λέγων
Mt 20,34: σπλαγχνισθεὶς δὲ ὁ Ἰησοῦς ἥψατο τῶν ὀμμάτων

Das Verhältnis des Mt zu Mk und Lk ist damit ähnlich wie bei ἠκολούθησαν (-εν), δύο, ἐλέησον ἡμᾶς, υἱὸς Δαυίδ (9,27 und 20,29-30) und λέγουσιν αὐτῷ (9, 28; 20,33), wo Mt in beiden Perikopen von Mk und Lk unterschieden ist, ohne dass aber diese Unterschiede auf eine Mk-fremde Quelle zurückgingen. Auch wenn Mt 9,29 nicht-mt Stoff sein sollte, ist zumindest die Einfügung sekundär.

aa) *ὀφθαλμός*

Die Statistik zeigt ein Überwiegen der Wortverwendung bei Mt, der ὀφθαλμός 24mal setzt, während es bei Mk nur siebenmal, bei Lk 17mal steht (Apg siebenmal).

1) Mt 5,29 und 18,9: *εἰ δὲ ὁ ὀφθαλμός σου ὁ δέξιος σκανδαλίζει σε, ἔξελε αὐτὸν καὶ βάλε ἀπό σου.*

Der Text Mt 5,29 steht in engem Zusammenhang mit Mt 18,9 par Mk 9,47. Wie aus einem Vergleich der vorausgehenden Perikopen hervorgeht ([98]), gehören dabei Mt 18,9 par Mk 9,47 nicht nur textlich,sondern auch rahmenmässig zusammen. Sie stehen im Aufbau der beiden Evangelien an derselben Stelle, während Mt 5,29 isoliert untergebracht ist. Zunächst müssen also Mt 18,9 par Mk 9,47 verglichen werden; erst von dort aus kann Mt 5,29 beurteilt werden.

Mt 18,9: *καὶ εἰ ὁ ὀφθαλμός σου σκανδαλίζει σε, ἔξελε αὐτὸν καὶ βάλε ἀπὸ σου. καλόν σοί ἐστιν μονόφθαλμον εἰς τὴν ζωὴν εἰσελθεῖν ἢ δύο ὀφθαλμοὺς ἔχοντα βληθῆναι εἰς τὴν γέενναν τοῦ πυρός.*

Mk 9,47: *καὶ ἐὰν ὁ ὀφθαλμός σου σκανδαλίζῃ σε, ἔκβαλε αὐτόν. καλόν σέ ἐστιν μονόφθαλμον εἰσελθεῖν εἰς τὴν βασιλείαν τοῦ θεοῦ, ἢ δύο ὀφθαλμοὺς ἔχοντα βληθῆναι εἰς τὴν γέενναν.*

Dieser Stoff hat bei Lk keine Parallele. Von kleineren Unterschieden abgesehen ist der Text des Mk genau auch bei Mt erhalten. Mk 9,47 ist also die Grundstelle des Stoffes.

Interessant ist der Vergleich der beiden Mt-Stellen untereinander und mit Mk. Beidemal heisst die Einleitung bei Mt εἰ statt ἐάν bei Mk, dementsprechend lautet auch die Form des Prädikats σκανδαλίζει statt σκανδαλίζῃ. Als zweite Änderung hat Mt in beiden Stellen ἔξελε anstelle von ἔκβαλε im Mk-Text. Mt scheint das Prädikat des Mk in zwei Worte, ἔξελε und βάλε, aufgespalten zu haben, in denen jeweils ein Teil des Mk-Wortes ἔκ-βαλε aufgegriffen ist. Ausserdem ist ὁ δέξιος neu. Eine Änderung genau gleichen Charakters trifft man im anschliessenden Vers Mt 5,30 und in Mt 18,8 verglichen mit Mk 9,43 (Indikativ statt Konjunktiv mit der entsprechenden Einleitung; ἀπόκοψον [Mk] aufgespalten in ἔκκοψον und καὶ βάλε ἀπό σου). Schon aus dem Einzelvergleich von Mk 9,47 und Mt 18,9, ebenso von Mk 9,43 und Mt 18,8 ergibt sich der Verdacht auf Mt-Redaktion. Durch die Beobachtung, dass die Form βάλε ausser Mt 4,6 (=Lk 4,9; Q) in den Evangelien nur bei Mt 5,29.30; 17,27; 18,8.9 und ἔξελε in den Evangelien ebenfalls nur Mt 5,29 und 18,9 vorkommt, wird dieser Verdacht

(98) Vgl. SCHMID, *Synopse*, 5.

noch verstärkt. Die Bevorzugung von δέξιος durch Mt (zwölfmal, Mk siebenmal, Lk sechsmal) spricht wieder für das gleiche. Man wird also aufgrund aller Beobachtungen annehmen müssen, dass Mt 5,29 (30) eine redaktionelle Verdoppelung des Textes Mk 9,47 (43) par Mt 18,9 (8) ist. — In jedem Fall stammt aber das Wort ὀφθαλμός aus der Tradition, nicht von Mt.

2) Mt 5,38: ἠκούσατε ὅτι ἐρρέθη· *ὀφθαλμὸν* ἀντὶ *ὀφθαλμοῦ* καὶ ὀδόντα ἀντὶ ὀδόντος.

Der Text ist Sondergut des Mt, der eine Stelle aus Exodus (21,24) zitiert. Weil das Wort ὀφθαλμός im Zitat enthalten ist, lässt sich für den Sprachgebrauch des Mt nichts ableiten.

3) Mt 6,22-23: ὁ λύχνος τοῦ σώματός ἐστιν ὁ ὀφθαλμός, ἐὰν οὖν ᾖ ὁ *ὀφθαλμός* σου ἁπλοῦς, ὅλον τὸ σῶμά σου φωτεινὸν ἔσται. ἐὰν δὲ ὁ *ὀφθαλμός* σου πονηρὸς ᾖ, ὅλον...

Lk 11,34: ὁ λύχνος τοῦ σώματός ἐστιν ὁ *ὀφθαλμός* σου. ὅταν ὁ *ὀφθαλμός* σου ἁπλοῦς ᾖ, καὶ ὅλον τὸ σῶμά σου φωτεινόν ἐστιν. ἐπὰν δὲ πονηρὸς ᾖ ...

Gegenüber dem Lk-Text hat Mt den besseren Parallelismus in der Anordnung (beidemal ἐάν, ὅλον, ἔσται). Da Lk diese geordnetere Form kaum zerstört haben würde, muss man sie eher Mt zuschreiben, von dem dann auch die Einfügung des zweiten ὀφθαλμός stammen wird.

4) Mt 7,3-5 par Lk 6,41-42 (99):

Bei Mt kommt das Wort ὀφθαλμός innerhalb des Textes sechsmal vor, bei Lk ebenso oft und an denselben Stellen der Textfolge. Für die Quellenfrage ergibt sich also, dass Mt hinsichtlich des Wortes ὀφθαλμός diese Q-Stelle nicht bearbeitet hat.

5) Mt 13,15: ...καὶ τοὺς *ὀφθαλμοὺς* αὐτῶν ἐκάμμυσαν.

Mt zitiert Is 6,9-10. Für den Evangelisten, der als einziger dieses Zitat bringt, kann also nur der Inhalt kennzeichnend sein, nicht aber die Verwendung des Wortlautes der Stelle.

6) Mt 13,16: ὑμῶν δὲ μακάριοι οἱ *ὀφθαλμοὶ* ὅτι βλέπουσιν, καὶ τὰ ὦτα...

Lk 10,23: μακάριοι οἱ *ὀφθαλμοὶ* οἱ βλέποντες, ἃ βλέπετε.

(99) Der griechische Text wird wegen seiner Länge nicht angeführt.

Im wesentlichen ist der Stoff bei beiden Autoren gleich, nur die Einordnung in das Evangelium ist jeweils verschieden. Das bei Mt vorausgehende Zitat mit demselben Thema, das an 13,13 anschliesst, macht aber klar, dass die Einfügung an dieser Stelle auf Mt zurückgeht, der die Systematik liebt. Das Wort selbst ist in der Tradition enthalten.

7) Mt 17,8: ἐπάραντες δὲ τοὺς *ὀφθαλμοὺς αὐτῶν* οὐδένα εἶδον εἰ μὴ αὐτὸν Ἰησοῦν μόνον.

Mk 9,8: καὶ ἐξάπινα περιβλεψάμενοι οὐκέτι οὐδένα εἶδον εἰ μὴ τὸν Ἰησοῦν μόνον μεθ' ἑαυτῶν.

Lk 9,36: καὶ ἐν τῷ γενέσθαι τὴν φωνὴν εὑρέθη Ἰησοῦς μόνος.

Die Abweichung des Lk gegenüber der weitgehenden Übereinstimmung bei Mt und Mk muss dem Evangelisten zugeschrieben werden. Er verwendet häufig die Konstruktion der Substantivierung des Verbs ([100]). Für einen quellenkritischen Vergleich sind also nur Mt und Mk verwendbar.

Im Text des Mt ersetzt ἐπάραντες δὲ τοὺς ὀφθαλμοὺς αὐτῶν den Mk-Ausdruck περιβλεψάμενοι. Interessanterweise besteht ein ähnliches Textverhältnis an der Untersuchungsstelle zwischen Mt 9,30 und Mk 10,52 parr:

Mk	10,52:	καὶ εὐθὺς	ἀνέβλεψεν
Lk	18,43:	καὶ παραχρῆμα	ἀνέβλεψεν
Mt	20,34:	καὶ εὐθέως	ἀνέβλεψαν
Mt	9,30:	καὶ	ἀνεῴχθησαν *αὐτῶν οἱ ὀφθαλμοί* ([101]).

An beiden Stellen wird ἀναβλέπειν bzw. περιβλέπειν durch einen längeren Ausdruck ersetzt, in dem οἱ ὀφθαλμοί — mit einem jeweils verschiedenen Verb verbunden — steht. Das ist ein sehr gewichtiges Argument für die Annahme von Mt-Redaktion in beiden Fällen. Im Kontext Mt 17,7 verraten ausserdem προσῆλθεν

([100]) Ein ähnliches Verfahren wendet Lk 3,21 an, wo ἐν τῷ βαπτισθῆναι die aktive Konstruktion des Mk und Mt verdrängt, besonders aber 3,22 φωνὴν ἐξ οὐρανοῦ γενέσθαι, wo fast dieselbe Formulierung wie 9,36 verwendet wird. φωνή in Verbindung mit γενέσθαι hat Lk ausserdem noch öfter: 1,44; (3,22); 9,35.36; Apg 2,6; 7,31; 10,13; 19,34, während diese Verbindung bei Mk ausser 1,11 nur 9,7 erscheint und bei Mt überhaupt nie steht. Mt setzt dafür beidemal (3,13; 17,5) das Partizip λέγουσα, die Einleitung heisst jeweils καὶ ἰδού gegen Mk und Lk.

([101]) Die Unterschiede zwischen εὐθύς, -έως und παραχρῆμα können hier unbeachtet bleiben, da ja den wesentlichen Punkt die Verdrängung von ἀνέβλεψεν bei Mt 9,30 darstellt.

und ὁ Ἰησοῦς dieselbe Redaktion. Darüber hinaus ist (μὴ) φοβεῖσθε eine Form, die Mt öfter verwendet als die übrigen Synoptiker: Bei Mk steht sie 6,50 (par Mt 14,27); bei Lk 2,10 und 12,7 (=Mt 10,31). Im Mt-Ev wird sie ausser an den genannten Stellen noch in 10,28; 17,7; 28,5.10 gesetzt, wo sie nicht aus den Quellen entnommen werden konnte. Weil Mt 17,6-7 ein Einschub in den Mk-Stoff ist (zwischen Mk 9,7 und 8; vgl. Lk 9,35.36), muss man also aus den angeführten Gründen die ganze Stelle dem Evangelisten Mt zuschreiben. Der enge Anschluss von Mt 17,8 legt dann ebenso wie die Abweichung des Textes von Mk nahe, dass die hier vorliegende Umänderung von Mt stammt (102).

8) Mt 20,15: ἢ ὁ *ὀφθαλμός* σου πονηρός ἐστιν ὅτι ἐγὼ ἀγαθός εἰμι.

Die gesamte Perikope ist Sondergut des Mt, das zum Grossteil alte Tradition enthält (103). Man wird also auch diesen Vers der Überlieferung zuschreiben müssen, auch wenn im verwandten Vers 6,23 ὀφθαλμός von Mt stammt.

9) Mt 21,42: ...καὶ ἔστιν θαυμαστὴ ἐν *ὀφθαλμοῖς* ἡμῶν.
Mk 12,11: ...καὶ ἔστιν θαυμαστὴ ἐν *ὀφθαλμοῖς* ἡμῶν.

Dieses Zitat aus Ps 117,22f ist schon bei Mk vorhanden und lässt für den Mt-Stil nichts erkennen.

10) Mt 26,43: καὶ ἐλθὼν πάλιν εὗρεν αὐτούς καθεύδοντας, ἦσαν γὰρ αὐτῶν οἱ *ὀφθαλμοὶ* βεβαρημένοι.

Mk 14,40: ἦσαν γὰρ αὐτῶν οἱ *ὀφθαλμοὶ* καταβαρυνόμενοι...

Eine Lk-Parallele zum Ende der Mk-Perikope fehlt. Mt übernahm das Wort aus der Überlieferung.

Zusammenfassung: In den meisten Fällen übernimmt Mt das Wort ὀφθαλμός aus seinen Quellen, oder es ist in Zitaten aus dem AT enthalten. Wo er es selber einfügt (5,29; 6,23; 17,8), scheint es mit Ausnahme der letzten Stelle mehr mit der Sache gegeben als wegen des Wortes selbst eingefügt zu sein. Mt 17,8 ist dagegen ein Text, der mit 9,30 sehr viel Verwandtschaft aufweist und durch

---

(102) Mit 9,27-31 hat die Verklärungsperikope neben der genannten Ersetzung des Verbs weiters gemeinsam, dass nach προσῆλθεν auch das Anrühren der Jünger erwähnt ist und dass ein Schweigegebot folgt. Wenn man auch nicht sagen kann, dass 9,27-31 nach der Verklärungserzählung gestaltet ist, kann man die gleichen Stilelemente doch nicht bestreiten. Beide sind also Redaktion des Mt.

(103) Vgl. W. PESCH, *Der Lohngedanke in der Lehre Jesu*, München 1955, 9-12.

sprachliche Parallelen, besonders aber durch die Art der Bearbeitung des Mk-Stoffes die Hand des Evangelisten erkennen lässt ([104]).

Zur Erarbeitung der Gesamtredaktion von ὀφθαλμός werden noch die Mk- und Lk-Stellen angefügt.

11) Mk 7,22: ...πονηρίαι, δόλος, ἀσέλγεια, *ὀφθαλμὸς* πονηρός, βλασφημία...
Mt 15,19: ...πορνεῖαι, κλοπαί, ψευδομαρτυρίαι, βλασφημίαι.
Lk hat keine Parallele zu diesem Stoff.

Der Gesamtstoff Mk 7,1-23 weist bei Mt viele Änderungen auf, die durch Umstellung oder Textbearbeitung entstanden sind. Wenn auch einzelnes sich als Mt-Redaktion feststellen lässt, z.B. die Einfügung von Mt 15,13-14 oder die Einleitung von 15,12, steht doch nicht fest, wieviel auf seine Umarbeitung zurückgeht. Mt kürzt zwar den Stoff Mk 7,21-22 (= Mt 15,19). Die Auslassung von ὀφθαλμὸς πονηρός fällt aber doch etwas auf, da er den Ausdruck in 6,23 und 20,15 nicht vermeidet.

12) Mk 8,18: *ὀφθαλμοὺς* ἔχοντες οὐ βλέπετε, καὶ ὦτα ἔχοντες οὐκ ἀκούετε.

Während eine Lk-Parallele überhaupt fehlt, hat Mt denselben Stoff (16,5-12) wie Mk, aber ein Vergleichstext zu dem zitierten Satz ist nicht vorhanden. Wahrscheinlich geht die Auslassung wieder auf die schon bekannte Tendenz des Mt zurück, das Negative von den Jüngern fernzuhalten oder zu mindern. οὔπω νοεῖτε Mt 16,9 ist noch ein Rest davon, aber die massive Anklage Mk 8,17-18 ist gestrichen. Dafür wird von den Jüngern im Gegenteil gesagt, dass sie den wahren Sinn der Rede erkannt haben (Mt 16,12).

13) Mk 8,25: εἶτα πάλιν ἐπέθηκεν τὰς χεῖρας ἐπὶ τοὺς *ὀφθαλμοὺς* αὐτοῦ, καὶ διέβλεψεν.

Diese Perikope von der Heilung eines Blinden fehlt bei beiden Seitenreferenten. Es steht deswegen aber noch nicht fest, dass sie schon in der Vorlage des Mt gestrichen war. Weil Lk den Stoff Mk 6,45 — 8,26 überhaupt weglässt bzw. an anderen Stellen bringt ([105]), ist ein literarkritischer Vergleich sehr erschwert. Held ([106]) hat vermutet, Mt könnte mit ὀμμάτων 20,34 eine Erinnerung

---

([104]) Die Verwendung von ὄμμα statt ὀφθαλμός bei 20,34 kann hier ausser Diskussion bleiben, da sie den eigentlichen Untersuchungstext nicht betrifft. Das Wort kommt im NT nur zweimal vor: 20,34 und Mk 8,23. Ob die Mt-Stelle aus Mk stammt, wie HELD, *Wundergeschichten*, 198, Anm. 1 meint, muss hier offen bleiben.

([105]) Vgl. SCHMID, *Synopse*, 5.

([106]) HELD, *Wundergeschichten*, 198, Anm. 1.

an dieses Stück (Mk 8,23 ὄμματα) bewahrt haben. Dass Mt 20,29-34 geeignet war, verschiedene Züge von Mk 8,22-26 aufzunehmen, ist schon damit gegeben, dass es sich beidemal um eine Blindenheilung handelt. Sprachlich kommt dazu, dass ἀνέβλεψαν (Mt 20,34) auch dem Wort nach an ἀναβλέψας (8,24) und ἐνέβλεψεν (8,25) erinnert. Für einen Einfluss des Mk-Stückes auf Mt könnte man ausserdem darauf hinweisen, dass ἅψηται (8,22) und ἐπέθηκεν τὰς χεῖρας ἐπὶ τοὺς ὀφθαλμοὺς αὐτοῦ (8,25) sehr eng mit Mt 9,29 τότε ἥψατο τῶν ὀφθαλμῶν αὐτῶν bzw. 20,34 ἥψατο τῶν ὀμμάτων αὐτῶν verwandt sind ([107]), und dass die Erzählung auch eine Art Schweigegebot (μηδὲ εἰς τὴν κώμην εἰσέλθῃς 8,26) enthält. Diese Züge machen es nicht unwahrscheinlich, dass Mt dieses Stück gekannt und bei 9,27-31 par 20,29-34 jeweils teilweise verwertet hat.

14) Lk 4,20: καὶ πάντων οἱ *ὀφθαλμοὶ* ἐν τῇ συναγωγῇ ἦσαν ἀτενίζοντες αὐτῷ.

Das Wort ἀτενίζω, das ausser 2 K 3,7.13 im NT nur in den Lk-Schriften vorkommt (Lk zweimal, Apg zehnmal), verrät hier die lk Art des Satzes. Apg 1, 10 hat sogar dieselbe Form und Konstruktion ἀτενίζοντες ἦσαν. Schon aufgrund dieser Beobachtung muss man annehmen, dass der Text Lk 4,20 dem Evangelisten Mt nicht vorlag. Dazu kommt aber noch, dass sich die Perikope Mt 13,53-58 relativ eng an Mk 6,1-6 anschliesst, während der Lk-Text 4,16-30 starke Unterschiede aufweist, die entweder auf Redaktion oder eine unbekannte Quelle zurückgehen. Auch aus dieser Feststellung ergibt sich also, dass Lk 4,20 ein Text ist, der Mt nicht zur Verfügung stand.

15) Lk 6,20: καὶ αὐτὸς ἐπάρας τοὺς *ὀφθαλμοὺς* αὐτοῦ εἰς τοὺς μαθητὰς αὐτοῦ ἔλεγεν...

Mt 5,1: καὶ καθίσαντος αὐτοῦ προσῆλθαν αὐτῷ οἱ μαθηταὶ αὐτοῦ. καὶ ἀνοίξας τὸ στόμα αὐτοῦ ἐδίδασκεν αὐτοὺς λέγων...

Jeder der Evangelisten hat seine eigene Einleitung der Bergpredigt. Gerade 5,1 zeigt viel mt Eigenart (siehe zu προσέρχεσθαι) und man möchte Lk demgegenüber eher die Ursprünglichkeit zusprechen. Aber auch bei ihm zeigt sich vielleicht eine Bearbeitung. αὐτός gehört zu den Worten, die Lk häufiger setzt als alle übrigen Synoptiker (Mt 906, Mk 758, Lk 1074, Jo 750, Apg 694, NT 5534) ([108]). ἐπαίρειν τοὺς ὀφθαλμούς verwendet er ebenfalls an mehreren Stelle (16,23; 18,13), immer im Sondergut. Vielleicht ist also auch bei Lk nicht der Text der Quelle erhalten.

([107]) Vgl. Streeter, *Gospels*, 170.

([108]) Vgl. Morgenthaler, *Statistik*, 80.

16) Die Stellen Lk 2,30; 16,23; 18,13; 19,42; 24,16.31 gehören zum Sondergut des Evangeliums und entfallen darum für eine Beurteilung des Mt.

Ergebnis: Während bei Mk 7,22 die literarkritische Frage nicht ganz klar wird, scheint der Text Mk 8,18 aus dem bekannten Motiv der Jüngerschonung von Mt gestrichen worden zu sein. Mk 8,25 dagegen hat für die Untersuchungsstelle bei Mt Bedeutung, weil dieser Mk-Text möglicherweise auf beide Blindenheilungsperikopen des Mt eingewirkt hat. Wenn das zutrifft, muss man annehmen, dass Mt die Mk-Perikope an der Rahmenstelle überging, wahrscheinlich aus Gründen, die mit der ganzen Art der Mk-Darstellung zusammenhängen, wobei er aber Teilformulierungen in seinen beiden Stücken verwendete. — Der Gebrauch des Wortes ὀφθαλμός bei Lk hat für Mt keine Bedeutung, da es in zwei Fällen vermutlich redaktionell ist und die übrigen Stellen zum Sondergut gehören.

Allgemein ergibt sich, dass das Wort ὀφθαλμός bei Mt keine besondere Verwendung erkennen lässt, im Unterschied zu den meisten übrigen Ausdrücken der untersuchten Perikope. Trotzdem hat die Untersuchung des Sprachgebrauchs von ὀφθαλμός durch Mt ein positives Ergebnis für die beiden Mt-Parallelen gebracht. Es hat sich herausgestellt, dass vor allem die Verklärungsperikope eine verwandte Stelle enthält, bei der der Parallelvergleich dieselbe Art der Bearbeitung des Mk durch Mt zeigt wie bei Mt 9,30 im Vergleich zu Mk 10,52 (parr). Unerwarteterweise trägt auch eine von Mt ausgelassene Mk-Stelle (8,22-26) zur Klärung des textlichen Ursprungs von 9,30 bei. Wegen der Anzahl der gleichen Elemente, die in beiden Abschnitten vorliegen, ist es nämlich möglich, dass Mt das von ihm nicht gebrachte Stück einer Blindenheilung gekannt und mehrere Elemente daraus wieder in seiner eigenen Darstellung 9,27-31 par verwendet hat. Eine Mk-fremde Quelle wird damit für dieses Stück immer unwahrscheinlicher.

bb) *ἅπτω*

Die Statistik des Wortes zeigt keine mt Bevorzugung: Mt 9, Mk 11, Lk 13, Apg 1. In welcher Weise Mt das Wort tatsächlich behandelt, lässt sich aber wieder erst aus dem synoptischen Vergleich erkennen.

1) Mt 8,3: καὶ ἐκτείνας τὴν χεῖρα *ἥψατο αὐτοῦ* λέγων...
Mk 1,41: καὶ σπλαγχνισθεὶς ἐκτείνας τὴν χεῖρα *αὐτοῦ ἥψατο* καὶ λέγει...
Lk 5,13: καὶ ἐκτείνας τὴν χεῖρα *ἥψατο αὐτοῦ* λέγων...

Die literarische Frage bezüglich dieser Stelle wurde schon besprochen. Der Vergleich des Textes ergibt sofort, dass Mt das Wort ἅπτω seiner Quelle entnehmen konnte.

2) Mt 8,15: καὶ *ἥψατο* τῆς χειρὸς αὐτῆς, καὶ ἀφῆκεν αὐτήν...
Mk 1,31: καὶ προσελθὼν ἔγειρεν αὐτὴν κρατήσας τῆς χειρός...
Lk 4,39: καὶ ἐπιστὰς ἐπάνω αὐτῆς ἐπετίμησεν τῷ πυρετῷ, καὶ ἀφῆκεν αὐτήν.

Mt und Mk erwähnen gemeinsam, dass Jesus die Hand der Kranken berührt, während Lk an einer anderen Einzelheit interessiert ist. Auf diesem Hintergund lässt sich ἥψατο leicht als Mt-Redaktion erkennen.

3) Mt 9,20: ...προσελθοῦσα ὄπισθεν *ἥψατο* τοῦ κρασπέδου τοῦ ἱματίου αὐτοῦ.
Mk 5,27: ...ἐλθοῦσα ἐν τῷ ὄχλῳ ὄπισθεν *ἥψατο* τοῦ ἱματίου αὐτοῦ.
Lk 8,44: ...προσελθοῦσα ὄπισθεν *ἥψατο* τοῦ κρασπέδου τοῦ ἱματίου αὐτοῦ.

Obwohl feststeht, dass Mt das Wort von einer Vorlage entnehmen konnte, müssen diese drei Texte doch etwas näher miteinander verglichen werden. Hier fällt wieder auf, dass Mt und Lk den gleichen von Mk abweichenden Text haben. προσελθοῦσα steht für ἐλθοῦσα, ἐν τῷ ὄχλῳ (Mk) fehlt bei beiden Seitenreferenten, τοῦ κρασπέδου ist bei Mt und Lk vor τοῦ ἱματίου αὐτοῦ eingefügt. Die Problemlage ist dieselbe wie schon an vielen vorausgehenden Stellen. Wenn man die gemeinsamen Änderungen des Mt und Lk einer ihnen vorliegenden Quelle zuschreibt, ergibt sich, dass der Wortlaut des Mk-Ev in Mk II überarbeitet wurde, wobei aber ἥψατο erhalten blieb ([109]). Obwohl das Wort also nicht direkt aus Mk stammt, verrät es doch keine mt Eigenart.

4) Mt 9,21: ἐὰν μόνον *ἅψωμαι* τοῦ ἱματίου αὐτοῦ, σωθήσομαι.
Mk 5,28: ...ὅτι ἐὰν *ἅψωμαι* κἂν τῶν ἱματίων αὐτοῦ, σωθήσομαι.

Bei Lk fehlt der Parallelvers aufgrund der Kürzung.

Mt hat im wesentlichen den gleichen Text wie Mk, ἅπτω ist wiederum schon in der Vorlage gestanden.

5) Mt 14,36: ...ἵνα μόνον *ἅψωνται* τοῦ κρασπέδου τοῦ ἱματίου αὐτοῦ. καὶ ὅσοι *ἥψαντο* διεσώθησαν.
Mk 6,56: ...ἵνα κἂν τοῦ κρασπέδου τοῦ ἱματίου αὐτοῦ *ἅψωνται*. καὶ ὅσοι ἂν *ἥψαντο* αὐτοῦ ἐσῴζοντο.

Bei Lk fehlt das ganze Stück Mk 6,53-56. Mt hat mit geringfügigen Änderungen den Text des Mk übernommen. Nebenbei ergibt sich, dass μόνον von Mt

---

([109]) Die Frage von Mk II wird hier nicht genauer besprochen, weil das Wort ἅπτεσθαι davon nicht direkt berührt wird.

stammt, da er es an dieser Stelle ebenso wie 9,21 im Unterschied zum Mk-Text verwendet.

6) Mt 17,7: *καὶ προσῆλθεν ὁ Ἰησοῦς καὶ ἁψάμενος αὐτῶν εἶπεν.*

Dieser Text ist Einschub des Mt, wie die Untersuchung der Stelle (bei προσέρχεσθαι und ὀφθαλμός) schon ergeben hat. Die sprachliche Parallelität mit 9,27-31 wurde dort ebenfalls schon hervorgehoben.

Zusammenfassung: Die Untersuchung aller Stellen, an denen Mt ἅπτω verwendet, zeigt eine fast völlige Interesselosigkeit des Redaktors an diesem Wort. Mit Ausnahme von 8,15 und 17,7 entnimmt er es überall den Quellen. Damit ist klar, dass es Mt nicht um das Wort, sondern nur um die Sache geht.

Die Mk und Lk-Stellen:

7) Mk 3,10: πολλοὺς γὰρ ἐθεράπευσεν, ὥστε ἐπιπίπτειν αὐτῷ ἵνα αὐτοῦ *ἅψωνται* ὅσοι εἶχον μάστιγας.

Lk 6,18-19: ...ἐθεραπεύοντο. καὶ πᾶς ὁ ὄχλος ἐζήτουν *ἅπτεσθαι* αὐτοῦ, ὅτι...

Mt 12,15: καὶ ἠκολούθησαν αὐτῷ πολλοί, καὶ ἐθεράπευσεν αὐτούς.

Mt hat den gesamten Stoff Mk 3,7-12 stark gekürzt (12,15-16). Die Auslassung von ἅπτω bestätigt das bereits festgestellte mangelnde Interesse des Mt an dem Wort.

8) Mk 5,30: τίς μου *ἥψατο* τῶν ἱματίων

Lk 8,45: τίς ὁ *ἁψάμενός* μου

Mk 5,31: ...καὶ λέγεις· τίς μου *ἥψατο*

Lk 8,46: ὁ δὲ Ἰησοῦς εἶπεν· *ἥψατό* μού τις.

Mit der starken Straffung des Stoffes durch Mt, der Mk 5,29-33 aus seiner Darstellung weglässt, fällt auch die bei Mk und Lk erhaltene Frage und ihre Wiederholung weg.

9) Mk 7,33: ...καὶ πτύσας *ἥψατο* τῆς γλώσσης αὐτοῦ.

Bei Lk ist die gesamte Perikope gestrichen, Mt hat einen Text mit grossen Verschiedenheiten. Da er statt der Heilung eines Taubstummen die Heilung vieler Kranker erzählt, fällt die Einzelschilderung weg und damit auch Mk 7,33.

10) Mk 8,22: καὶ φέρουσιν αὐτῷ τυφλόν, καὶ παρακαλοῦσιν αὐτὸν ἵνα αὐτοῦ ἅψηται.

Weder Mt noch Lk haben einen parallelen Text zu diesem Mk-Stoff. Bei ὀφθαλμός wurde aber schon erwähnt, dass doch eine vielfache Verwandtschaft zwischen Mk 8,22-26 und Mt 9,27-31 besteht. Aus diesem Mk-Stück könnte ἅψηται bei der Wortwahl des Mt mitgewirkt haben (ἥψατο), wenn auch der Text Mk 8,25 ἐπέθηκεν τὰς χεῖρας ἐπὶ τοὺς ὀφθαλμούς Mt 9,29 näher steht.

11) Mk 10,13: καὶ προσέφερον αὐτῷ παιδία ἵνα αὐτῶν ἅψηται

Lk 18,15: προσέφερον δὲ αὐτῷ καὶ τὰ βρέφη, ἵνα αὐτῶν ἅπτηται.

Mt 19,13: τότε προσηνέχθησαν αὐτῷ παιδία ἵνα τὰς χεῖρας ἐπιθῇ αὐτοῖς καὶ προσεύξηται.

Mt hat ἅπτομαι durch das deutlichere χεῖρας ἐπιτιθέναι ersetzt, wozu schon bei Mk 10,16 (par Mt 19,15) ein Ansatz vorhanden war.

12) Lk 7,14: καὶ προσελθὼν ἥψατο τῆς σόρου, οἱ δέ...

Der gesamte Stoff Lk 7,11-17 ist Sondergut und deshalb für den mt Sprachgebrauch ohne Belang.

13) Lk 7,39: ...καὶ ποταπὴ ἡ γυνὴ ἥτις ἅπτεται αὐτοῦ, ὅτι ἁμαρτωλός ἐστιν.

Obwohl Mk (14,3-9) und Mt (26,6-13) den gleichen Stoff haben wie Lk, ist dessen Wortlaut doch sehr verschieden von dem der beiden übrigen Evangelisten. Abgesehen von Kürzungen und geringeren Änderungen haben Mk und Mt den gleichen Handlungsablauf in ähnlicher Formulierung. Lk 7,39 ist demgegenüber entweder Redaktion des Evangelisten oder einer Sonderquelle entnommen. Die Frage braucht in diesem Zusammenhang nicht entschieden zu werden, da der gesamte Vers bei Mt fehlt und damit auch ἅπτω einer Diskussion entzogen ist.

14) Lk 8,16: οὐδεὶς δὲ λύχνον ἅψας καλύπτει αὐτὸν σκεύει...

Mk 4,21: μήτι ἔρχεται ὁ λύχνος ἵνα ὑπὸ τὸν μόδιον τεθῇ...

Mt 5,15: ουδὲ καίουσιν λύχνον καὶ τιθέασιν αὐτὸν ὑπὸ τὸν μόδιον...

Lk 11,33: οὐδεὶς λύχνον ἅψας εἰς κρύπτην τίθησιν

Von den vier Stellen gehören Mk 4,21 und Lk 8,16 auch rahmenmässig zusammen. Der Mt-Text 5,15, den man mit beiden Lk-Stellen vergleichen kann, passt aber besser zu 11,33 als zu 8,16 (ὑπὸ τὸν μόδιον ἀλλ' ἐπὶ τὴν λυχνίαν). Innerhalb der beiden Gruppen hat Lk jedesmal fast dieselbe Einleitung οὐδεὶς

(δὲ) λύχνον ἅψας, während Mt und Mk davon verschieden sind. Sie wird also vom Evangelisten stammen, der die Vorlage umformt. (Ähnlich ist der Schluss an beiden Stellen parallel: ἵνα οἱ εἰσπορευόμενοι βλέπωσιν τὸ φῶς 8,16
ἵνα οἱ εἰσπορευόμενοι τὸ φέγγος βλέπωσιν 11,33.)

15) Lk 8,47: ...καὶ προσπεσοῦσα αὐτῷ δι' ἣν αἰτίαν ἥψατο αὐτοῦ ἀπήγγειλεν ἐνώπιον...

Mk 5,33: ...καὶ προσέπεσεν αὐτῷ καὶ εἶπεν αὐτῷ πᾶσαν τὴν ἀλήθειαν.

Es wurde schon bei Mk 5,31 (ἅπτω) erwähnt, dass Mt den Stoff der Perikope einschneidend kürzt. Nur die wesentlichen Elemente werden beibehalten. Da ἥψατο bei Lk in einem Abschnitt des Mk-Stoffes steht, den Mt übergeht (Mk 5,29-33), ist die Stelle für ihn belanglos.

16) Lk 15,8: ...ἐὰν ἀπολέσῃ δραχμὴν μίαν, οὐχὶ ἅπτει λύχνον καὶ σαροῖ τὴν οἰκίαν...

Der Vers gehört wie das ganze Stück von der verlorenen Drachme zum Sondergut des Lk. ἅπτει λύχνον erinnert sehr deutlich an λύχνον ἅψας 8,16 und 11,33, das an beiden Stellen von Lk stammt. Auf die literarkritische Zuordnung des Stoffes an Lk (oder eine verwendete Quelle) kann aber verzichtet werden, da sie im einen wie im anderen Fall für Mt nichts ergibt.

17) Lk 22,51: ...καὶ ἁψάμενος τοῦ ὠθίου ἰάσατο αὐτόν

Obwohl auch Mt und Mk denselben Stoff bringen (Mk 14,43-52 par), haben beide zu diesem Text keine Parallele. Es lässt sich aber zeigen, dass die zitierte Formulierung wahrscheinlich von Lk selbst stammt. Die Statistik ergibt, dass ἰάομαι von Lk mehr als von den anderen Synoptikern verwendet wird: Gegenüber drei Stellen bei Mt (+ 1 Zitat) und einer bei Mk hat Lk das Wort elfmal (Apg 3 + 1 Zitat). Überdies kommt die Form ἰάσατο nur bei Lk vor (9,42; 14,4; 22,51; Apg 28,8), in Verbindung mit αὐτόν Lk 14,4; 22,51 und Apg 28,8. Man muss den zitierten Text also ziemlich sicher Lk zuschreiben.

Zusammenfassung: Die Übergehung einiger Mk-Stellen durch Mt beeinflusst nicht das Ergebnis, das sich aus dem mt Sprachgebrauch allein ergeben hat. Teilweise entfällt das untersuchte Wort bei Mt wegen Stoffkürzung (Mk 3,10 und 5,30), teilweise wegen starker Umformung des Textes (7,33) bzw. sprachlicher und inhaltlicher Verbesserung (10,13). Nur Mk 8,22 ist von Bedeutung. Trotz des Fehlens des Stoffes Mk 8,22-26 bei den übrigen Synoptikern sind in Mt 9,27-31 mehrere Elemente dieses Textes enthalten, und ἅψηται könnte zumindest ein äusserer Anlass für die Wahl von ἥψατο bei Mt gewesen sein. Damit ist aber wiederum bestätigt, dass das Wort selbst ohne Bedeutung ist für Mt, dem es um die sachlichen Elemente viel mehr zu tun ist.

Die Lk Stellen haben auf Mt noch weniger Einfluss als die des Mk. 7,14 ist Sondergut, 8,16; 11,33; 15,8 und 22,51 haben sich als Redaktion des Evangelisten herausgestellt, der vielleicht auch 7,39 zugerechnet werden muss. Wegen der Streichung des entsprechenden Mk-Stoffes durch Mt hat auch Lk 8,47 für den mt Sprachgebrauch keine Bedeutung. Damit bleibt der Befund der mt Stellen völlig aufrecht.

16. *γενηθήτω*

Von der zweiten Hälfte des Verses Mt 9,29 wird die Form γενηθήτω genauer untersucht. Im Zusammenhang damit wird zugleich die Quellenfrage des vorausgehenden Ausdrucks κατὰ τὴν πίστιν ὑμῶν erkennbar werden, ohne dass sie eigens behandelt werden müsste. Der synoptische Text lautet:

Mt 9,29: κατὰ τὴν πίστιν ὑμῶν *γενηθήτω* ὑμῖν.

Mk 10,52: (καὶ ὁ Ἰησοῦς εἶπεν αὐτῷ·) ὕπαγε, ἡ πίστις σου σέσωκέν σε.

Lk 18,42: (καὶ ὁ Ἰησοῦς εἶπεν αὐτῷ·) ἀνάβλεψον. ἡ πίστις σου σέσωκέν σε.

Mk und Lk haben einen identischen Wortlaut und die Formulierung des Mt erscheint auf diesem Hintergrund deutlich als sekundäre Abweichung. Es muss aber untersucht werden, ob der gegebene Ausdruck auch dem Sprachgebrauch oder Stil des Mt entspricht.

Da das Wort γίνεσθαι bei allen Synoptikern häufig vorkommt und dabei in allen möglichen Variationen erscheint, können nur Stellen mit der genau gleichen Form γενηθήτω in Betracht gezogen werden. Eine Untersuchung aller Einzelstellen mit dem Wort γίνεσθαι, das bei Mt 75mal, bei Mk 55mal, bei Lk 129mal und Apg 124mal vorkommt (im NT 667mal), würde einzelne verwandte Stellen eher wieder verschwinden lassen als Stilmerkmale deutlich machen.

1) Mt 8,13: ὕπαγε, ὡς ἐπίστευσας *γενηθήτω* σοι.

Der Text ist Sondergut des Evangelisten. Die vorausgehenden VV. 11-12 sind ein Einschub des Mt, wie aus dem parallelen Aufbau der Gesamtperikope bei Mt und Lk ersichtlich ist. Dieser Einschub schliesst an die Feststellung Mt 8,10 par Lk 7,9 an, dass Jesus in Israel keinen solchen Glauben wie den des Hauptmanns gefunden habe und führt das Thema vom Unglauben der Juden weiter. Obwohl dieser Text auch bei Lk (13,28-29) vorliegt, steht er auch dort nicht in ursprünglichem Zusammenhang (110). Bei Mt ist aber der sekundäre Charakter der Einordnung deutlicher, weil das Thema des Glaubens sehr gut beide Stoffe verbindet (111). Aus diesen Beobachtungen ergibt sich, dass auch Mt 8,13 redaktionell ist und vom Evangelisten stammt. Denn der Vers hebt noch einmal zusammenfassend das heraus, was Mt an der ganzen Erzählung, die eigentlich mehr ein Gespräch ist, wichtig ist. Mit der Untersuchungsstelle 9,29 hat er nicht nur die Form γενηθήτω gemeinsam, sondern stimmt auch im Inhalt weitgehend überein:

9,29: κατὰ τὴν πίστιν ὑμῶν γενηθήτω ὑμῖν
8,13: ὡς ἐπίστευσας γενηθήτω σοι.

2) Mt 15,28: ὦ γύναι, μεγάλη σου ἡ πίστις. γενηθήτω σοι ὡς θέλεις.
Mk 7,29: διὰ τοῦτον τὸν λόγον ὕπαγε, ἐξελήλυθεν ἐκ τῆς θυγατρός σου τὸ δαιμόνιον.
Ein Parallelstoff bei Lk fehlt.

Gegenüber dem Mk-Text ist die Abweichung des Mt beachtlich. Verschiedene andere Teile des Stückes, zu dem 15,28 gehört, wurden schon als redaktionelle Änderungen des Mt festgestellt (vgl. ἐκεῖθεν, ἐξέρχεσθαι, κράζειν, υἱὸς Δαυίδ), sodass man von ihnen her auch beim Schlussteil der Perikope auf dieselbe Bearbeitung schliessen möchte. Klarer als durch diese Elemente ergibt sich aber, dass die Redaktion von Mt stammt, wenn man den Schluss von Mt 15,28 mit mehreren anderen Abschlüssen von Erzählstücken vergleicht, die z. T. schon erwähnt wurden. Da zu ihnen auch Mt 9,29 gehört, gelten die folgenden Beobachtungen auch gleich für die Untersuchungsstelle.

Wie bei 8,13 lautet bei 15,28 die Antwort Jesu γενηθήτω σοι; in Mt 9,29 hängt ὑμῖν nur von der Zweizahl der Blinden ab. An den beiden Stellen, 8,13 und 15,28 ist auch die Konstruktion des ganzen Satzes sehr ähnlich: Der Imperativsatz ist mit einem Relativsatz verbunden, wobei der Unterschied nur in der Reihenfolge liegt:

15,28: γενηθήτω σοι ὡς θέλεις
8,13: ὡς ἐπίστευσας γενηθήτω σοι.

Ausser durch den Wortlaut und die Satzkonstruktion stehen Mt 15,28 und 8,13 auch noch durch einen ähnlichen Kontext miteinander in Verbindung. In

---

(110) Vgl. SCHMID, *Lukas*, 239.

(111) Vgl. SCHMID, *Matthäus*, 164-5; ebenfalls G. BARTH, *Das Gesetzesverständnis des Evangelisten Matthäus*, in: BORNKAMM, *Überlieferung*, 54-154, Seite 105, und HELD, *Wundergeschichten*, 185.

beiden Abschlüssen wird das Eintreten der Heilung "in jener Stunde" oder "von jener Stunde an" in gleichartiger Weise ausgesprochen:

8,13: καὶ ἰάθη ὁ παῖς ἐν τῇ ὥρᾳ ἐκείνῃ.
15,28: καὶ ἰάθη ἡ θυγάτηρ αὐτῆς ἀπὸ τῆς ὥρας ἐκείνης.

Diese Verse haben einen Parallelismus des Vokabulars und der Konstruktion, der auch sonst Merkmal der Mt-Redaktion ist. Besonders weist aber auf Mt noch die Wortverbindung ὥρα ἐκείνη, die in dieser Reihenfolge im ganzen NT nur bei Mt 8,13; 9,22; 15,28 und 17,18 vorkommt (112):

8,13:	καὶ ἰάθη ὁ παῖς	ἐν	τῇ	ὥρᾳ	ἐκείνῃ
9,22:	καὶ ἐσώθη ἡ γυνὴ	ἀπὸ	τῆς	ὥρας	ἐκείνης
15,28:	καὶ ἰάθη ἡ θηγάτηρ αὐτῆς	ἀπὸ	τῆς	ὥρας	ἐκείνης
17,18:	καὶ ἐθεραπεύθη ὁ παῖς	ἀπὸ	τῆς	ὥρας	ἐκείνης

Gerade diese vielfältige Verbindung der vier Stellen hebt mit aller Deutlichkeit hervor, dass sie von derselben Redaktion stammen, Durch die Verknüpfung dieser Formeln mit einem γενηθήτω -Satz bei 8,13 und 15,28 verstärkt sich ihre gegenseitige Beziehung und Abhängigkeit. Die Autorschaft des Mt für diese Stellen kann also nicht bezweifelt werden.

Bultmann (113) führt noch eine Reihe weiterer Elemente an, die die Perikopen von der Syrophönizierin (Mk 7,24-31 par Mt 15,21-28) und vom Hauptmann von Kapharnaum (Mt 8,5-13; Lk 7,1-10) miteinander gemeinsam haben: Diese zwei "Geschichten erzählen von der Inanspruchnahme Jesu durch eine heidnische Person, in beiden Fällen wird Jesu Wunderhilfe durch den Vater, bzw. die Mutter, für das kranke Kind in Anspruch genommen, in beiden Fällen wird Jesus durch ein geschicktes Wort des Bittenden überrascht und gibt Gewäh-

---

(112) Aus den entsprechenden ὥρα -Stellen ergibt sich folgender Überblick:
Mt 10,19: ἐν ἐκείνῃ τῇ ὥρᾳ
18,1: ἐν ἐκείνῃ τῇ ὥρᾳ
24,36: περὶ δὲ τῆς ἡμέρας ἐκείνης ἢ τῆς ὥρας οὐδεὶς οἶδεν
25,13: οὐκ οἴδατε τὴν ἡμέραν οὐδὲ τὴν ὥραν.
Lk hat einmal ἐν ἐκείνῃ τῇ ὥρᾳ (7,21), sonst αὐτῇ τῇ ὥρᾳ (2,38, 24,33) bzw. ἐν αὐτῇ τῇ ὥρᾳ 10,21; 12,12; 13,31; 20,19. In der Apg ist die Lage ähnlich: ἐν ἐκείνῃ τῇ ὥρᾳ nur 16,33, αὐτῇ τῇ ὥρᾳ 16,18 und 22,13.
Mk 13,11: ἐν ἐκείνῃ τῇ ὥρᾳ
13,32: περὶ δὲ τῆς ἡμέρας ἐκείνης ἢ τῆς ὥρας οὐδεὶς οἶδεν
Apk 11,13: ἐν ἐκείνῃ τῇ ὥρᾳ
Jo 4,53: ἐκείνῃ τῇ ὥρᾳ
19,27: ἀπ' ἐκείνης τῆς ὥρας
(113) Vgl. Bultmann, *GsynTr*, 39.

rung, in beiden Fällen ist das Wunder eine Fernheilung (die einzige in der synoptischen Tradition!)." Held (114) zitiert diese Parallelen ebenfalls und hebt als weitere hervor, dass " keine eigentlichen Erzählungen " vorliegen, " sondern Gespräche, an deren Ende jedesmal der Begriff des Glaubens von Mt eingeführt wird (Mt 8,13 und 15,28). Gerade darin liegt ein deutliches Zeichen, dass es ihm in beiden Perikopen auf das Thema des Glaubens ankommt ". Er erklärt die Abschlüsse also als Mt-Redaktion aufgrund der gleichen theologischen Konzeption (115).

Dieser Zusammenhang ist gerade für Mt 9,29 wieder wichtig, weil auch hier dasselbe Thema erscheint:

8,13: *ὡς ἐπίστευσας* *γενηθήτω σοι*
9,29: *κατὰ τὴν πίστιν ὑμῶν γενηθήτω ὑμῖν*
15,28: *μεγάλη σου ἡ πίστις. γενηθήτω σοι ὡς θέλεις.*

Ausserdem lässt sich noch 9,22 vergleichen:

9,22: *θάρσει, θύγατερ. ἡ πίστις σου σέσωκέν σε.*

Der Wortlaut von Mt 9,22 findet sich zwar schon bei Mk 5,34 par Lk 8,48. Es folgt aber sofort die Erwähnung von der eingetretenen Heilung: *καὶ ἐσώθη ἡ γυνὴ ἀπὸ τῆς ὥρας ἐκείνης* — eine Kombination, die sich gerade als mt herausgestellt hat. Zu beachten ist in diesem Zusammenhang noch, dass auch Mt *ἡ πίστις σου σέκωκέν σε* (Perfekt) schreibt, obwohl er gar nicht wie Mk 5,29 (*καὶ εὐθὺς ἐξηράνθη ἡ πηγὴ τοῦ αἵματος αὐτῆς, καὶ ἔγνω τῷ σώματι ὅτι ἴαται ἀπὸ τῆς μάστιγος*) von der schon geschehenen Heilung berichtet. Dafür konzentriert er sich auf das Gespräch, das die wesentliche Glaubenshaltung zum Ausdruck bringt. Das zeigt die Bedeutung dieses Satzes für den Evangelisten. Es ergibt sich sachgemäss aus dem Zusammenhang, dass ein Satz mit *γενηθήτω* fehlt. Nach dem geschehenen Wunder ist eine Gewährung des Wunsches *γενηθήτω σοι* nicht mehr angebracht.

3) Mt 6,10: *γενηθήτω τὸ θέλημά σου*

Der Text ist Sonderüberlieferung des Mt (116). Es steht aber nicht fest, ob der Evangelist den Stoff dazu aus der Tradition übernehmen konnte oder ob er

---

(114) HELD, *Wundergeschichten*, 182.

(115) Vgl. auch die Bemerkung HELDS *a.a.O.* 183: " Der Schlussvers trägt unzweifelhaft matthäische Züge ", wofür er auf Mt 9,22b; 9,29; 15,28 und 17,18b verweist.

(116) Bei Lk fügen zwar die Hss « S » C Koine A D W Θ Φ it vg^s sy^p bo^pt sa denselben Text in die lk Fassung des Vaterunser ein, aber die besseren Hss P^75 B vg^cl sy^s.c Marcion und Origenes lassen ihn aus.

diese Vaterunser-Bitte eigenständig geformt hat ([117]). Da bei Mt 26,42 der gleiche Wortlaut nochmals vorhanden ist ohne eine Parallele bei Mk und Lk, liegt zumindest nahe, dass die sprachliche Formulierung von Mt stammt.

4) Mt 26,42: πάτερ μου, εἰ οὐ δύναται τοῦτο παρελθεῖν ἐὰν μὴ αὐτὸ πίω, γενηθήτω τὸ θέλημά σου

Lk hat keine Parallele.

Dieser Vers ist gegenüber der Textfolge bei Mk ein Einschub. Selbst wenn er von Mt stammt, ist aber zu beachten, dass die Stelle mit dem Vers Mt 6,10 in Verbindung steht, dessen Ursprung nicht völlig sicher ist.

Zusammenfassend lässt sich also feststellen, dass sich 8,13; 9,29; 15,28 und 6,10; 26,42 deutlich als zwei Textgruppen voneinander abheben ([118]). Während die erstgenannten Stellen miteinander eine vielfache Verwandtschaft und Verknüpfung aufweisen, sind die letzten zwei Stellen nur durch die gleiche Form γενηθήτω mit der ersten Gruppe verbunden. Für die Entscheidung der Quellenfrage von 9,29 ist die Identität der Form γενηθήτω massgeblich, besonders aber der Kontext, dessen Verbindung mit anderen Stellen des Mt-Ev die Autorschaft des Mt sichert.

Abschliessend muss noch ein Blick auf die übrigen Synoptiker geworfen werden. Von ihnen kommt eine negative, aber trotzdem sehr deutliche Antwort. Weder Mk noch Lk hat die untersuchte Form. In der Apg kommt sie einmal vor (1,20), ist aber dort Zitat aus Ps 68,26. Im übrigen NT findet man sie ebenfalls nur ein einziges Mal (Rm 11,9), wo sie aber wieder aus demselben Psalm stammt.

In der vorausgehenden Untersuchung hat sich auch ergeben, dass der ganze Satz κατὰ τὴν πίστιν ὑμῶν γενηθήτω ὑμῖν von Mt geformt ist. Der Ausgangspunkt hiefür war sicher der parallele Text des Mk ἡ πίστις σου σέσωκέν σε. Mt hat jedoch zum Unterschied von den Parallelen das Gespräch Jesu mit den Blinden

---

([117]) Vgl. zu dieser Frage z.B. H. van den Bussche, *Das Vater Unser*, Mainz 1963, 82-94; P. Fiebig, *Das Vaterunser. Ursprung, Sinn und Bedeutung des christlichen Hauptgebetes*. Gütersloh 1927, 76-9; J. Jeremias, *Das Vater-Unser im Lichte der neueren Forschung*, Stuttgart 1962; E. Lohmeyer, *Das Vater-unser*, Göttingen [3]1952, 75-92; H. Schürmann, *Das Gebet des Herrn*, Freiburg-Basel-Wien [3]1965, 65-74, und die dort angegebene Literatur.

([118]) Hawkins, *Horae*, 30 vermerkt ebenfalls γενηθήτω als typischen Mt-Ausdruck und erwähnt auch, dass Mt 8,13; 9,29 und 15,28 in Beziehung mit Heilungswundern stehen.

erweitert und ausdrücklich die Frage nach dem Glauben eingefügt: πιστεύετε ὅτι δύναμαι τοῦτο ποιῆσαι (28). Weil nach dieser Darstellung das Wunder erst gewirkt wird, nachdem die Notwendigkeit des Glaubens für die Gewährung der Heilung betont wurde, musste eine neue Formulierung (...γενηθήτω..) an die Stelle der früheren treten, in der die Heilung schon vorausgesetzt war (ἡ πίστις σου σέσωκέν σε).

17. *ἀνοίγω*

Der Beginn des Verses 9,30 (καὶ ἀνεῴχθησαν αὐτῶν οἱ ὀφθαλμοί) wurde schon bei der Untersuchung von ὀφθαλμός teilweise besprochen. Dabei stellte sich heraus, dass die Änderung von 9,30 gegenüber dem Mk-Text verwandt ist mit der Umformung des Mk-Textes bei 17,8 und darum wahrscheinlich von Mt stammt.

18. *ἐμβριμᾶσθαι*

Ausser Mt 9,30 kommt das Wort nur Mk 1,43 und 14,5 innerhalb der Synoptiker vor. καὶ ἐνεβριμῶντο αὐτῇ Mk 14,5, wo es sich auf die Frau mit dem Alabastergefäss bezieht, kann kaum zu einem Vergleich herangezogen werden. Im Text des Mt, der von Mk abhängt, fehlt der Satz, und wegen der starken Abweichung der Lk-Perikope (7,36-50) kann nicht entschieden werden, ob die Auslassung von Mt stammt oder schon früher vorgenommen wurde. Der zweite Text Mk 1,43 καὶ ἐμβριμησάμενος αὐτῷ εὐθὺς ἐξέβαλεν αὐτόν wird im nächsten Abschnitt (bei Mt 8,4) in grösserem Zusammenhang besprochen werden (119). Da er vielleicht schon in der Vorlage des Mt (Mk II) nicht vorhanden war, muss Mt auch nicht von dieser Stelle abhängig sein. Aufgrund dieses Ergebnisses kann bei Mt 9,30 die literarische Frage allein aus dem Kontext entschieden werden.

19. *Das Schweigegebot*: *ὁρᾶτε μηδεὶς γινωσκέτω*

Das Schweigegebot Mt 9,30 ist hier Sondergut des Evangelisten und ohne jeden Ansatz in Mk 10,52 (par Lk 18,43 par Mt 20,34). Innerhalb des Mt-Ev finden sich aber mehrere Stellen, in denen ein sprachlich ähnliches Schweigegebot ausgesprochen ist: 8,4; 9,30; 16,20; 17,9. Auffällig ist dabei, dass jeweils ein oder mehrere Elemente des Wortlauts von 9,30 wiederkehren:

---

(119) Siehe Seite 156-7, besonders Anm. 120.

8,4: *ὅρα μηδενὶ εἴπῃς*
9,30: *ὁρᾶτε μηδεὶς γινωσκέτω*
16,20: *τότε ἐπετίμησεν τοῖς μαθηταῖς ἵνα μηδενὶ εἴπωσιν*
17,9: *μηδενὶ εἴπητε τὸ ὅραμα.*

Sprachlich gehören unter ihnen besonders 8,4 und 9,30 zusammen (ὅρα); μηδείς erscheint an allen Stellen; λέγειν (bzw. εἰπεῖν) steht in drei Texten (8,4; 16,20; 17,9), während nur 9,30 durch γινώσκειν abweicht. Diese Stellen müssen synoptisch verglichen werden, um eventuell Aufschluss über den Ursprung der Formulierung zu geben.

1) Mt 8,4: καὶ λέγει αὐτῷ ὁ Ἰησοῦς· *ὅρα μηδενὶ εἴπῃς*, ἀλλὰ ὕπαγε σεαυτὸν δεῖξον...

Mk 1,44: καὶ λέγει αὐτῷ, *ὅρα μηδενὶ μηδὲν εἴπῃς*, ἀλλὰ ὕπαγε σεαυτὸν δεῖξον...

Lk 5,14: καὶ αὐτὸς *παρήγγειλεν αὐτῷ μηδενὶ εἰπεῖν*, ἀλλὰ ἀπελθὼν δεῖξον σεαυτόν...

Die Formel ist im wesentlichen bei allen drei Synoptikern vorhanden, ebenso ist die Einleitung bei Mt und Mk mit Ausnahme des Namens identisch. Nur Lk hat einen verschiedenen Wortlaut, der aber auf ihn selber zurückgeht, wie sich schon bei der Untersuchung des Ausdrucks καὶ λέγει αὐτοῖς ὁ Ἰησοῦς gezeigt hat.

Da bei Mt 8,4 vom Namen ὁ Ἰησοῦς, der in der Einleitung steht, abgesehen werden kann, bleibt nur die Frage nach der Auslassung von μηδέν (Mk 1,44) durch Mt und Lk. Das Wort sagt inhaltlich nichts Neues und ist sprachlich nicht notwendig. Es kann darum von jedem der Seitenreferenten aus eigenem weggelassen worden sein, um den Satz von überflüssigen Elementen zu befreien. Ebenso kann die Auslassung aber auch schon auf die Bearbeitung in Mk II zurückgehen, von der sich in dem kurzen Stück auch noch andere Spuren aufzählen lassen ([120]). Falls dies zutrifft, hätte Mt also bei 8,4 die Formel seiner Quelle so

(120) 1. Obwohl Lk und Mt ihre spezifischen Einleitungen haben (vgl. bei Mt ἀκολουθεῖν, Gen.abs. am Anfang einer Perikope), stimmen sie mit καὶ ἰδού gegen καὶ ἔρχεται (Mk 1,40) überein.

2. Ebenso machen Mt und Lk keine Erwähnung, dass der Aussätzige Jesus anruft, wie es bei Mk heisst (παρακαλῶν αὐτόν 1,40).

3. Weiters ist die Anrede bei Mt 8,2 und Lk 5,12 (κύριε, ἐὰν θέλῃς...) untereinander gemeinsam, aber verschieden von der bei Mk 1,40: ὅτι ἐὰν θέλῃς. Wohl im Zusammenhang damit ist auch αὐτῷ nach λέγων (Mk 1,40) bei Mt und Lk ausgelassen.

entnehmen können, wie sie bei ihm lautet. Für Mt 9,30 ὁρᾶτε μηδεὶς γινωσκέτω steht fest, dass der Verfasser dabei jedenfalls auf eine Formulierung in seinem eigenen Evangelium zurückgreifen konnte.

2) Mt 16,20: τότε ἐπετίμησεν τοῖς μαθηταῖς *ἵνα μηδενὶ εἴπωσιν* ὅτι αὐτός ἐστιν ὁ χριστός.

Mk 8,30: καὶ ἐπετίμησεν αὐτοῖς *ἵνα μηδενὶ λέγωσιν* περὶ αὐτοῦ

Lk 9,21: ὁ δὲ ἐπιτιμήσας αὐτοῖς *παρήγγειλεν μηδενὶ λέγειν* τοῦτο.

Innerhalb der Formel unterscheiden sich Mt und Mk nur durch λέγωσιν bzw. εἴπωσιν, verwenden aber beide eine persönliche konjunktivische Form. Der Aorist εἴπωσιν stammt wahrscheinlich von Mt, wie sich aus der Übereinstimmung von λέγωσιν (Mk) und λέγειν (Lk) gegen Mt ergibt. Dass die Ausdrucksweise von Lk 9,21 Redaktion des Evangelisten ist, liess schon der Vergleich mit Lk 5,14 und 8,56 erkennen, wo ebenfalls ein Schweigegebot indirekt (μηδενὶ εἰπεῖν) formuliert ist (121). Abgesehen von dem geringfügigen Unterschied εἴπωσιν-λέγωσιν konnte Mt auch hier die Formel schon einer Vorlage entnehmen.

3) Mt 17,9: καὶ καταβαινόντων αὐτῶν ἐκ τοῦ ὄρους ἐνετείλατο αὐτοῖς ὁ Ἰησοῦς λέγων· *μηδενὶ εἴπητε τὸ ὅραμα ἕως οὗ...*

Mk 9,9: καὶ καταβαινόντων αὐτῶν ἐκ τοῦ ὄρους διεστείλατο αὐτοῖς *ἵνα μηδενὶ ἃ εἶδον διηγήσωνται εἰ μὴ ὅταν...*

---

4. Übereinstimmend fehlt bei Mt und Lk σπλαγχνισθείς aus dem Text Mk 1,41.

5. Ebenso ist parallel bei Mt und Lk im selben Vers ἥψατο αὐτοῦ gesetzt anstelle der umgekehrten Wortfolge bei Mk, wo αὐτοῦ mit ἐκτείνας τὴν χεῖρα zusammenzulesen ist.

6. Am Schluss des gleichen Verses haben Mt und Lk wiederum ein Partizip (λέγων) gegenüber der parataktischen Konstruktion καὶ λέγει αὐτῷ Mk 1,41.

7. εὐθύς Mk 1,42 ist bei den Seitenreferenten durch εὐθέως ersetzt.

8. V. 43 des Mk fehlt bei Mt und Lk, die Weiterführungen Mt 8,4 par Lk 5,14 stimmen aber wieder mit dem Stoff von Mk 1,44 überein.

Besonders wegen der grossen Zahl der Übereinstimmungen zwischen Mt und Lk gegenüber Mk in einem so kurzen Abschnitt ist die Wahrscheinlichkeit gross, dass auch μηδέν Mk 1,44 schon durch die Mk II-Redaktion gestrichen wurde.

(121) Die Sprachstatistik zeigt, dass Lk den Aorist-Infinitiv εἰπεῖν nicht meidet: Während er bei Mt und Mk jeweils nur zweimal vorkommt (Mt 9,5 zweimal par Mk 2,9 zweimal), verwendet ihn Lk ausser 5,23 (zweimal) noch 5,14; 8,56; 12,12; 14,17; Apg 2,29 und 21,37. Lk 5,14; 8,56 und 12,12 sind sicher redaktionell, von 14,17 kann es nicht eindeutig festgestellt werden.

Lk 9,36: *καὶ αὐτοὶ ἐσίγησαν καὶ οὐδενὶ ἀπήγγειλαν ἐν ἐκείναις ταῖς ἡμέραις οὐδὲν ὧν ἑώρακαν* (122)

Sowohl bei Mt als auch bei Lk ist die Stelle redaktionell bearbeitet. Im Lk-Text gehört σιγᾶν zur Redaktion, weil das Wort innerhalb der Evangelien nur bei Lk zu finden ist (9,36; 18,39 und 20,26), wobei zwei Stellen (9,36 und 20,26) auch die gleiche Form ἐσίγησαν aufweisen. In der Apg hat Lk drei weitere Stellen (12,17; 15,12.13). ἐν ἐκείναις ταῖς ἡμέραις hebt sich ebenfalls gegenüber dem Mk- und Mt-Text, die diese Einfügung nicht haben, als Einschub ab, den man Lk zuschreiben muss. Lk unterscheidet sich auch darin von den anderen Synoptikern, dass von den Begleitern Jesu nur gesagt wird, dass sie schwiegen und von dem Geschehen niemand etwas berichteten, während es bei Mk und Mt übereinstimmend heisst, dass ihnen dieses Schweigen von Jesus aufgetragen wird. Darin werden Mk und Mt also ebenfalls gegenüber Lk ursprünglich sein.

ὅραμα scheint mt zu sein. Es kommt innerhalb der Evangelien nur an dieser Stelle vor. Ausserdem weicht es merkbar ab von Mk und Lk, die beide dafür einen Relativsatz haben: ἃ εἶδον (Mk), ὧν ἑώρακαν (Lk). ὅραμα gehört aber so eng zur Satzkonstruktion μηδενὶ εἴπητε τὸ ὅραμα, dass die ganze direkte Fassung auf Mt zurückgehen wird. Er verwendet auch sonst mehrfach eine direkte Darstellung, oft in Gesprächsform, wie sich schon gezeigt hat. — Das Schweigegebot stand also an dieser Stelle schon in einer Vorlage, die Mt kontextbedingt etwas abgeändert hat.

Zusammenfassung: Aus dem Vergleich der drei Texte lässt sich erkennen, dass Schweigegebote nicht erst von Mt in die Erzählungen eingefügt wurden, sondern sich schon in der ihm vorausgehenden Überlieferung fanden. Von dort übernimmt sie Mt wörtlich (8,4) oder mit gewissen Änderungen (16,20 und 17,9). Die Parallelen der drei Schweigegebote zeigen deswegen auch für 9,30, dass die Formulierung keine typisch mt Eigenart aufweist, mit Ausnahme dessen, dass der Redaktor sie nach 8,4 (16,20; 17,9) gestaltet.

Wie die Untersuchung von Mt 8,4 mit den Parallelen ergeben hat, sind in den synoptischen Evangelien aber auch noch andere Erzählungsstoffe mit Schweigegeboten Jesu verbunden. Die παραγγέλλειν - Stellen des Lk wurden schon genannt. Von ihnen muss in diesem Zusammenhang noch 8,56 synoptisch verglichen werden.

---

(122) Der anschliessende Text Lk 9,37, der teilweise parallel ist mit Mk 9,9 par Mt 17,9, wurde bei προσέρχεσθαι schon besprochen. Da er sich nur auf die Einleitung bezieht, wird er hier nicht wiederholt.

4) Lk 8,56: *ὁ δὲ παρήγγειλεν αὐτοῖς μηδενὶ εἰπεῖν τὸ γεγονός* (123)

Mk 5,43: *καὶ διεστείλατο αὐτοῖς πολλὰ ἵνα μηδεὶς γνοῖ τοῦτο, καὶ εἶπεν δοθῆναι αὐτῇ φαγεῖν.*

Mt hat zwar denselben Stoff (9,18-26) wie Mk und Lk, aber sein Text ist stark gekürzt und enthält kein Schweigegebot. Dafür hat er ein abschliessendes Wort, das den Ruf Jesu im ganzen Land erwähnt. Wegen dieser gegenteiligen Aussageabsicht musste das Schweigegebot weichen.

Die übrigen zwei Texte Lk 5,14 und 9,21 werden nur wegen der verwandten Konstruktion nochmals angeführt.

Lk 5,14: *αὐτὸς παρήγγειλεν αὐτῷ μηδενὶ εἰπεῖν.*

Lk 9,21: ἐπιτιμήσας αὐτοῖς
παρήγγειλεν *μηδενὶ* λέγειν τοῦτο.

Wie schon teilweise erwähnt wurde, zeigt der synoptische Vergleich der drei Stellen, dass Lk παρήγγειλεν anstelle eines anderen Wortes bei Mk (und Mt) setzt — in 5,14 für λέγει Mt 8,4 par Mk 1,44; in 8,56 für διεστείλατο Mk 5,43 — oder es einfügt in den vorliegenden Text (9,21). Ausserdem ist in der Formel μηδενὶ εἰπεῖν (5,14; 8,56) bzw. μηδενὶ λέγειν (9,21) jedesmal die indirekte, verkürzte Form an die Stelle der persönlichen Darstellung getreten (ὅρα μηδενὶ εἴπῃς Mt 8,4 par Mk 1,44; λέγωσιν Mk 8,30 par Mt 16,20; ἵνα μηδεὶς γνοῖ Mk 5,43). Beide Umformungen gehen also auf den Evangelisten Lk zurück.

Von hier aus ergeben sich wieder Konsequenzen für die Untersuchungsstelle Mt 9,30 im Vergleich mit Mk 5,43 par Lk 8,56. Ihre Gemeinsamkeiten können nicht übersehen werden.

Mt 9,30:		*ὁρᾶτε μηδεὶς γινωσκέτω*
Mk 5,43:	καὶ διεστείλατο αὐτοῖς πολλὰ	*ἵνα μηδεὶς γνοῖ τοῦτο*
Lk 8,56:	ὁ δὲ παρήγγειλεν αὐτοῖς	*μηδενὶ εἰπεῖν τὸ γεγονός*

Da feststeht, dass παρήγγειλεν (αὐτοῖς) ebenso wie die indirekte Form μηδενὶ εἰπεῖν und τὸ γεγονός vom Evangelisten stammen, könnte Mt (bei 9,26!) ein

(123) Dass der Ausdruck τὸ γεγονός, der nicht mehr streng zur Formel gehört, lk ist, sei nur nebenbei erwähnt. Er kommt bei den Synoptikern ausser Mk 5,14 nur Lk 2,15; 8,34.35.56; 24,12 vor; in der Apg steht er 5,7 und 13,12. Vgl. HAWKINS, *Horae*, 17.36 (seine Angaben sind aber hier nicht ganz verlässlich).

Text vorgelegen sein, der dem des Mk ähnlich war. Mt 9,30 müsste man dann als eine Kombination verschiedener Elemente von Schlussformeln verstehen, die schon in der Überlieferung vorlagen und von Mt nur zu einer neuen zusammengebaut wurden.

Anschliessend an die Schweigegebote bei Mt, die eine sprachlich ähnliche Form mit 9,30 aufweisen, und die über παρήγγειλεν in Verbindung stehenden Texte sollen nun jene Mk-Stellen untersucht werden, die noch Elemente des Textes Mt 9,30 enthalten, und dann alle übrigen Schweigegebote der Synoptiker: Mk 7,36; 8,26; 1,34 par; 3,12 par; (16,8).

5) Mk 7,36: *καὶ διεστείλατο αὐτοῖς ἵνα μηδενὶ λέγωσιν*

Lk hat keinen zugehörigen Text. Bei Mt ist die ganze Perikope stark verändert. Er hat statt der Heilung des Taubstummen (Mk 7,31-37) einen Sammelbericht mit vielen von Mt häufig gebrauchten Ausdrücken, u.a. καὶ μεταβὰς ἐκεῖθεν, ἦλθεν, die Einfügung von ὁ Ἰησοῦς, καὶ ἀναβὰς εἰς τὸ ὄρος ἐκάθητο, καὶ προσῆλθον αὐτῷ ὄχλοι πολλοί, καὶ ἐθεράπευσεν αὐτούς, die Konstruktion mit ὥστε (τὸν ὄχλον θαυμάσαι) und die Aufzählung von χωλοί, τυφλοί, κωφοί. Weil der Mt-Text dem Evangelienrahmen nach an derselben Stelle steht wie der Mk-Text und einige Elemente aus ihm auch noch bei Mt vorhanden sind, wird man den Sammelbericht als Bearbeitung des Mk-Textes verstehen müssen, in der aber nur mehr wenig Spuren des Grundtextes enthalten sind. Auch von hier konnte also Mt vielleicht die Formulierung des Schweigegebotes bekannt sein, die Mk 8,30 (ἵνα μηδενὶ λέγωσιν) wörtlich wiederholt. In der Einleitung ist Mk 7,36 mit Mk 5,43 gleich.

6) Mk 8,26: καὶ ἀπέστειλεν αὐτὸν εἰς οἶκον αὐτοῦ λέγων· *μηδὲ εἰς κώμην εἰσέλθῃς.*

Die Perikope Mk 8,22-26 gehört zum Sondergut des Evangeliums, hat aber vielleicht trotzdem eine Beziehung zu den Blindenheilungen des Mt (9,27-31 und 20,29-34), wie schon bei ὀφθαλμός erwähnt wurde. Das Verbot selbst, das nur dem Sinn nach ein Schweigegebot darstellt, hat mit dem Mt-Text (9,30) und auch mit anderen Stellen des Mk-Ev sprachlich jedoch wenig Berührungspunkte (μηδέ).

7) Mk 1,34: ...καὶ δαιμόνια πολλὰ ἐξέβαλεν, καὶ *οὐκ ἤφιεν λαλεῖν τὰ δαιμόνια* ὅτι ᾔδεισαν αὐτόν.

Lk 4,41: ἐξήρχετο δὲ καὶ δαιμόνια ἀπὸ πολλῶν, κραυγάζοντα καὶ λέγοντα ὅτι σὺ εἶ ὁ υἱὸς τοῦ θεοῦ. *καὶ ἐπιτιμῶν οὐκ εἴα αὐτὰ λαλεῖν*, ὅτι ᾔδεισαν τὸν χριστὸν αὐτὸν εἶναι.

Mt hat zwar einen vergleichbaren Text (8,16-17), aber in stark gekürzter Form. Das bei Mk und Lk noch erhaltene Schweigegebot fehlt ([124]). Es stand aber wahrscheinlich auch noch in seiner Quelle, weil Mt 8,16-17 trotz der Unterschiede auf Mk zurückgeht.

8) Mk 3,12: καὶ πολλὰ ἐπετίμα αὐτοῖς ἵνα μὴ αὐτὸν φανερὸν ποιήσωσιν.
Lk 4,41: καὶ ἐπιτιμῶν οὐκ εἴα αὐτὰ λαλεῖν ὅτι ᾔδεισαν...
Mt 12,16: καὶ ἐπετίμησεν αὐτοῖς ἵνα μὴ φανερὸν αὐτὸν ποιήσωσιν.

Die Mt- und die Mk-Stelle gehören auch rahmenmässig zusammen ([125]). Lk 4,41 kann dagegen nur textlich verglichen werden. Wie bei der Besprechung von Mk 1,34 par schon vermerkt wurde, hat Lk zwei Texte seiner Vorlage (Mk 1,34 und 3,11-12) zusammengeschoben (= Lk 4,41). In dem Schweigegebot (4,41) gehört οὐκ εἴα αὐτὰ λαλεῖν, ὅτι ᾔδεισαν deutlich zu οὐκ ἤφιεν λαλεῖν τὰ δαιμόνια ὅτι ᾔδεισαν αὐτόν (Mk 1,34); nur ἐπιτιμῶν (Lk 4,41) stammt aus Mk 3,12 (par Mt 12,16). Die Mt-Formulierung (12,16) hängt völlig vom Mk-Text ab. Mit Mt 9,30 ist sie mehr der Sache nach als im Wortlaut verwandt.

Zusammenfassung: Wie der gesamte Überblick zeigt, kannte Mt die Schweigegebote, die mehrfach schon in seiner Vorlage enthalten waren. Die textliche Parallelität zum Wortlaut von 9,30 ist verschieden gross. Der genaue Text dieser Stelle ist überall nur teilweise gegeben; es sind aber schon (mit Ausnahme der konkreten Form γινωσκέτω) alle Elemente in der Überlieferug vorhanden.

Zuletzt können anhangsweise noch einige Parallelen angeführt werden, in denen Mt Sätze mit ὅρα (ὁρᾶτε) beginnt wie in Mt 9,30. Mt 8,4 wurde schon genannt. Es bleiben 16,6; 18,10 und 24,6.

a) Mt 16,6: ὁρᾶτε καὶ προσέχετε ἀπὸ τῆς ζύμης τῶν...
Mk 8,15: ὁρᾶτε, βλέπετε ἀπὸ τῆς ζύμης...
Lk 12,1: προσέχετε ἑαυτοῖς ἀπὸ τῆς ζύμης...

b) Mt 18,10: ὁρᾶτε μὴ καταφρονήσητε ἑνὸς τῶν μικρῶν τούτων.

([124]) Der Text des Lk zeigt eine Besonderheit: V. 41 gehört zwar zu Mk 1,34, weil Lk 4,40-41 mit Mk 1,32-34 nicht bloss stoffparallel, sondern auch rahmenparallel ist. Lk hat aber die Worte κραυγάζοντα καὶ λέγοντα ὅτι σὺ εἶ ὁ υἱὸς τοῦ θεοῦ aus einer anderen Stelle übernommen. Nach Lk 6,19 (Mk 3,10) streicht er den Stoff von Mk 3,11-12, der mit Mk 1,34 sehr verwandt ist, und fügt ihn bei Lk 4,41 teilweise ein. Er kombiniert also die Mk-Texte (1,34 und 3,11-12) und bringt den Wiederholungstext gleich an der ersten Stelle (= Lk 4,41).

([125]) Vgl. SCHMID, *Synopse*, 3.

c) Mt 24,6: μελλήσετε δὲ ἀκούειν πολέμους καὶ ἀκοὰς πολέμων, *ὁρᾶτε μὴ θροεῖσθε.*

Mk 13,7: ὅταν δὲ ἀκούσητε πολέμους καὶ ἀκοὰς πολέμων, μὴ θροεῖσθε.

Lk 21,9: ὅταν δὲ ἀκούσητε πολέμους καὶ ἀκαταστασίας, μὴ πτοηθῆτε.

Bei Mt 24,6 wird aus dem synoptischen Vergleich ersichtlich, dass ὁρᾶτε von Mt eingefügt wurde. In 18,10 dürfte das Wort ebenfalls, zusammen mit dem ganzen Satz, der Mt 6,24 par Lk 16,13 teilweise wiederholt, von ihm stammen. Nur in Mt 16,6 ist es keine redaktionelle Erweiterung, sondern schon bei Mk vorhanden ([126]). Zu beachten ist, dass bei Mt 18,10 und 24,6 nach ὁρᾶτε jeweils negativ fortgesetzt wird.

Lk hat einen solchen Satzanfang nur einmal im Sondergut:

Lk 12,15: ὁρᾶτε καὶ φυλάσσεσθε ἀπὸ πάσης πλεονεξίας.

Wegen der Verwandtschaft der Sprache und der Konstruktion ist ein Einfluss von 12,1, wo die Parallelen ὁρᾶτε haben, während Lk das Wort auslässt, nicht auszuschliessen. Mit der Mt-Stelle 9,30 hat der Ausdruck aber keinerlei Beziehung.

20. *διαφημίζειν*

Das Wort kommt im NT nur an drei Stellen vor: Mt 9,31; 28,15 und Mk 1,45. Diese schmale Ausgangsbasis und die Eigenart der Stellen machen die Untersuchung von vornherein schwierig.

1) Mt 28,15: καὶ *διεφημίσθη* ὁ λόγος οὗτος παρὰ Ἰουδαίοις μέχρι τῆς σήμερον (ἡμέρας)

Der Text gehört zum Sondergut des Mt-Ev. Wenn auch die gesamte Perikope vom Betrug der Hohenpriester Mt 28,11-15 apologetische Tendenz hat ([127]) und sich eine verhältnismässig starke Mt-Redaktion bemerkbar macht ([128]), ist es doch fraglich, ob das Stück in seiner Gesamtheit auf den Evangelisten

---

([126]) προσέχετε bei Mt und Lk gegen βλέπετε bei Mk verweist zwar wieder auf Mk II, und Mt wird also auch den übrigen Teil (ὁρᾶτε) aus dieser überarbeiteten Auflage des Mk-Ev übernommen haben, aber diese Frage kann hier unberücksichtigt bleiben, da das Vorhandensein des Wortes in der Überlieferung auch durch Mk schon gesichert ist.

([127]) Vgl. BULTMANN, *GsynTr*, 310.

([128]) Matthäisch sind z.B. πορευομένων δὲ αὐτῶν, ἐλθόντες εἰς τὴν πόλιν ἀπήγγειλαν, συναχθέντες, ἡγεμών (Mt 9 + 1 Zitat, Mk 1, Lk 2, Apg 6), die Verwendung von fünf Partizipien (vor dem Verb), der Gen. abs. und συμβούλιον λαμβάνεσθαι.

zurückgeht. Für den mt Ursprung von διαφημίζειν (9,31) ist also 28,15 für sich genommen kaum eine Stütze.

2) Mk 1,45: ὁ δὲ ἐξελθὼν ἤρξατο κηρύσσειν πολλὰ καὶ *διαφημίζειν* τὸν λόγον, ὥστε μηκέτι αὐτὸν δύνασθαι φανερῶς εἰς πόλιν εἰσελθεῖν

Lk 5,15: διήρχετο δὲ μᾶλλον ὁ λόγος περὶ αὐτοῦ, καὶ συνέρχοντο ὄχλοι πολλοὶ ἀκούειν καὶ θεραπεύεσθαι ἀπὸ τῶν ἀσθενειῶν αὐτῶν.

Bei Mt (nach 8,4) ist die Reaktion des Geheilten gestrichen. Wahrscheinlich stand aber eine Notiz darüber noch in seiner Quelle. Über die Beschaffenheit dieser Vorlage kann nur der Vergleich des Mk- und Lk-Textes einigermassen Aufschluss geben. διέρχεσθαι verrät sich schon statistisch als bevorzugtes Wort des Lk: Mt 1,Mk 2, Lk 10, Apg 21; von 42 Stellen im gesamten NT finden sich also zwei Drittel in den lk Schriften. συνέρχεσθαι hat einen ähnlichen Befund. Im Evangelium steht es zwar nur zweimal, in der Apg jedoch 16mal; 18 Stellen von insgesamt 30 im NT lenken die Aufmerksamkeit wiederum auf Lk. ἀσθενειῶν ist ein weiterer Hinweis auf Lk-Redaktion. Ausser Mt 8,17, wo es Zitat ist aus Is 53,4, steht das Wort innerhalb der Evangelien nur bei Lk an vier Stellen. Bei 5,15 und 8,2 erscheint es dabei in Verbindung mit θεραπεύειν, wobei ἀσθένεια im Genetiv Plural steht:

5,15: ...καὶ θεραπεύεσθαι ἀπὸ τῶν ἀσθενειῶν αὐτῶν

8,2: ...αἳ ἦσαν τεθεραπευμέναι ἀπό... ἀσθενειῶν

Der Lk-Text hat also viele Spuren späterer Bearbeitung an sich, und die Vorlage des Mt wird dem Mk-Text ähnlicher gewesen sein als dem des Lk. Tatsächlich bestehen zwischen dem Mk-Text 1,45 und Mt 9,31 deutliche Parallelen:

Mt 9,31: *οἱ δὲ ἐξελθόντες διεφήμισαν* αὐτὸν ἐν ὅλῃ τῇ γῇ ἐκείνῃ

Mk 1,45: *ὁ δὲ ἐξελθὼν* ἤρξατο κηρύσσειν πολλὰ καὶ *διαφημίζειν* τὸν λόγον ὥστε...

Gemeinsam ist beiden Texten die fast identische Einleitung und dasselbe Wort διαφημίζειν. Bei Mt fehlt nur die ἤρξατο -Konstruktion, die Mk häufig hat, während sie Mt zurückdrängt; die Kürzung fällt nicht ins Gewicht. Der Mk-Text hat aber durch διαφημίζειν und ὁ λόγος mit Mt 28,15 eine weitere Verbindung. Man kann also vermuten, dass Mt den Stoff von Mk 1,45 (par Lk

---

Der letzte Ausdruck erweist sich in zweifacher Hinsicht als mt. Die Statistik zeigt für συμβούλιον ein Überwiegen bei Mt (5; Mk 2; Apg 1, sonst nicht im NT), die Verbindung von συμβούλιον und λαμβάνεσθαι steht im NT überhaupt nur bei ihm (12,14; 22,15; 27,1.7; 28,12), wobei 12,14 und 27,1 einen jeweils verschiedenen Mk-Ausdruck ersetzen.

5,15-16) gekannt hat und dass von daher vielleicht sein eigener Wortlaut beeinflusst ist. Diese Annahme lässt sich umso eher vertreten, als Mt ja den der fraglichen Mk-Stelle vorausgehenden Stoff Mk 1,40-44 bei 8,1-4 bringt und ihm darum vermutlich die gesamte Perikope nicht unbekannt war.

Im Zusammenhang mit dieser Beziehung zwischen Mk 1,45 und Mt 9,30 lassen sich zwischen Mt 9,27-31 und Mk 1,40-45 noch andere verwandte Züge nennen. In derselben Perikope, aus der wahrscheinlich οἱ δὲ ἐξελθόντες und διεφήμισαν (Mt 9,31) stammt, steht wie bei Mt 9,30 auch ein Schweigegebot (Mk 1,44 par Mt 8,4), das in beiden Fällen mit ὅρα (ὁρᾶτε) beginnt. Eine zweite Beziehung ist durch ἅπτεσθαι Mt 9,29 (par 20,34) — Mk 1,41 par Mt 8,3 gegeben. Dieser Zug kommt zwar auch in anderen Heilungswundern vor und konnte Mt von anderswo bekannt sein, aber das hebt die Verwandtschaft beider Stücke nicht auf ([129]). Schliesslich könnte Mt 9,28 πιστεύετε ὅτι δύναμαι τοῦτο ποιῆσαι noch an δύνασαί με καθαρίσαι Mk 1,40 par Mt 8,2 erinnern. Obwohl sich im einzelnen aus diesen verwandten Zügen kein strenger Beweis für eine literarische Abhängigkeit erbringen lässt, bestärken sie in ihrer Gesamtheit doch die schon erwähnte Vermutung nicht wenig, dass Mt den Stoff von Mk 1,40-45 ausser in Mt 8,1-4 auch noch in 9,27-31 verwendet hat.

21. *ἐν ὅλῃ τῇ γῇ ἐκείνῃ*

1) Das Wort von der Verbreitung des Rufes Jesu Mt 9,31 hat in Mt-Ev nur eine einzige Parallele: 9,26. Dafür besteht jedoch zwischen beiden Stellen eine sehr deutliche Verwandtschaft:

9,26: *καὶ ἐξῆλθεν ἡ φήμη αὕτη εἰς ὅλην τὴν γῆν ἐκείνην*
9,31: *οἱ δὲ ἐξελθόντες διεφήμισαν αὐτὸν*
ἐν ὅλῃ τῇ γῇ ἐκείνῃ.

Innerhalb der zwei Texte stehen besonders ἐξέρχεσθαι, φήμη — διαφημίζειν und der Abschluss εἰς (ἐν) ὅλην τὴν γῆν ἐκείνην in enger Beziehung zueinander; ausserdem ist die gleiche Reihenfolge zu beachten. Bei der Besprechung von 9,26 darf aber vor allem nicht übersehen werden, dass dieser Text unmittelbar der Perikope von der Heilung der zwei Blinden vorausgeht (9,27-31). Von daher ist es naheliegend, dass der Wortlaut Mt 9,31 von 9,26 beeinflusst ist. Da aber diese letzte Stelle selber redaktionell ist, kommt sie als eigentliche Quelle von 9,31 nicht in Betracht, sondern zeigt nur wieder, dass Mt gern ähnliche Formulierungen verwendet.

([129]) Dass auf ἐμβριμᾶσθαι Mk 1,43 - Mt 9,30 hier nicht verwiesen werden kann, hat schon die Besprechung des Wortes gezeigt.

Diese Parallelität zwischen 9,26 und 9,31, die eine Verbindung zwischen den beiden Perikopen 9,18-26 und 9,27-31 herstellt, ist aber für die Quellenfrage doch nicht ganz ohne Bedeutung. Durch sie wird nämlich die Vermutung verstärkt, dass in der Vorlage des Mt die Jairuserzählung noch ein Schweigebot enthielt, das sachlich und teilweise auch dem Ausdruck nach mit Mt 9,30 verwandt ist ([130]). Eine Beeinflussung von dort (Mk 5,43) wird also wahrscheinlich.

Abgesehen von der Formulierung finden sich in der synoptischen Tradition noch mehrere Sachparallelen, in denen von der Verbreitung des Rufes Jesu die Rede ist.

2) Mk 1,28: καὶ ἐξῆλθεν ἡ ἀκοὴ αὐτοῦ εὐθὺς πανταχοῦ εἰς ὅλην τὴν περίχωρον τῆς Γαλιλαίας.

Lk 4,37: καὶ ἐξεπορεύετο ἦχος περὶ αὐτοῦ εἰς πάντα τόπον τῆς περιχώρου.

Bei Mt fehlt die ganze Perikope. Von den beiden zitierten Texten hat Mk noch die grössere Nähe zur mt Formulierung von 9,26 und 31, weicht aber durch περίχωρος von γῇ ab. Zumindest ein sachlicher Ansatz für die Mt-Formel ist aber vorhanden und konnte eventuell benützt werden.

3) Mk 7,36: ὅσον δὲ αὐτοῖς διεστέλλετο, αὐτοὶ μᾶλλον περισσότερον ἐκήρυσσον.

Dieser Text, der keine Parallele bei Mt und Lk hat, ist nur indirekt vergleichbar, da das Vokabular völlig und auch der Inhalt teilweise von Mt 9,30-31 und von den übrigen Bemerkungen über den Ruf Jesu abweichen.

4) Lk 7,17: καὶ ἐξῆλθεν ὁ λόγος οὗτος ἐν ὅλῃ τῇ Ἰουδαίᾳ περὶ αὐτοῦ καὶ πάσῃ τῇ περιχώρῳ.

Diese Stelle gehört zum Sondergut des Evangeliums, verrät sich aber sofort als lk. Sie hat mit Lk 4,37 und 5,15 gemeinsam, dass jeweils περὶ αὐτοῦ in den Satz eingefügt ist, der vom Ruf Jesu spricht. 5,15 und 7,17 haben ausserdem das gleiche Subjekt ὁ λόγος (5,15 gegen Mk 1,45). περίχωρος in 4,37 und 7,17 ist eine weitere Klammer. Ein literarischer Einfluss von Lk 7,17 auf ähnliche Mt-Texte besteht nicht.

Insgesamt zeigen die zuletzt genannten drei Stellen, auch wenn sie für den Text von Mt 9,31 nur sehr entfernt in Frage kommen, dass die Erwähnung des Rufes Jesu keine Besonderheit des Mt-Ev darstellt, sondern auch in den übrigen Traditionen vorhanden ist. Die sprachliche Form bei Mt wird aber trotzdem vom Evangelisten stammen.

([130]) Vgl. Seite 159.

ZUSAMMENFASSUNG (Mt 9,27-31)

Der folgende Überblick über das Ergebnis der Untersuchung von Mt 9,27-31 fasst nur die wesentlichsten Ergebnisse in gedrängter Form zusammen. Dies kann besonders deswegen geschehen, weil nach den einzelnen Untersuchungsabschnitten die Teilresultate mit verhältnismässiger Ausführlichkeit zusammengestellt wurden.

Die Überprüfung der Sprache und des Stils der Perikope 9,27-31 und der Vergleich mit der Mt-Dublette 20,29-34 und ihren synoptischen Parallelen haben ein zweifaches Ergebnis gebracht: Die Antwort auf die eigentlich gestellte Frage, ob das erste Stück ein historisches, von dem in 20,29-34 geschilderten verschiedenes Wunder einer Blindenheilung erzählt oder ob es sich " bloss " um ein vor-mt bzw. mt Duplikat der Jerichoperikope handelt, und gewissermassen nebenbei die Entdeckung einer von Mk verschiedenen Schrift als Grundlage des Mt- und Lk-Ev.

1. Deutlicher als man erwarten konnte, zeigten sich durch den Einzelvergleich die typischen Merkmale des mt Stils und Wortschatzes, die in allen Schichten des Evangeliums nachweisbar sind. Es ist für den Evangelisten bezeichnend, dass er oft und machmal an weit auseinanderliegenden Stellen dieselben Ausdrücke und Wendungen wiederholt, obwohl in seinen Quellen dafür nur geringfügige Ansätze vorhanden sind oder überhaupt fehlen. Man kann beobachten, dass der Redaktor meist sehr geschickt aus dem vorgegebenen Material, ohne es stark zu ändern, seine Formulierungen gestaltet, die fast ausnahmslos den Wortlaut oder die Konstruktion der Quellentexte verbessern und in elegantem, flüssigem Stil gehalten sind. In vielen Fällen geschieht dies, wie sich aus dem Inhalt dieser Änderungen erkennen lässt, fast unbewusst, aus blossem sprachlichen und stilistischen Empfinden, teilweise sind theologische Gründe dafür massgeblich. Aus dieser stilistischen Eigenart des Mt ergibt sich auch, dass die Einzelstellen untereinander und durch den Kontext stark verflochten sind.

Dieser Einblick in den Mt-Stil hat für die Perikope 9,27-31 entscheidende Konsequenzen. Es stellt sich heraus, dass der gesamte Wortlaut und die Konstruktion in einem solchen Ausmass mt sind, dass kein Platz mehr bleibt für eine nicht-mt Quelle als Vorlage des Evangelisten. Im Schlussteil der Perikope wird zwar stärker als sonst sprachliches und inhaltliches Material verwendet, das der Evangelist Mt in verschiedenen Stellen des Mk-Ev fand oder wofür das Mk-Ev zumindest eine Anregung bot, aber die Komposition dieser Elemente und die theologische Aussage zeigen auch in diesen Fällen, dass der massgebliche Verfasser Mt ist. Die Meinung, dass es sich bei der Blindenheilung 9,27-31 um ein Wunder handelt, das von der Erzählung 20,29-34 verschieden ist, kann also nicht aufrecht erhalten werden. Inhalt und Sprache lassen vielmehr erkennen, dass 9,27-31 eine mt Neuerzählung von Mk 10,46-52 ist, die sich von ihrem Ursprung wie von der Dublette 20,29-34 durch ein verschiedenes theologisches Konzept unterscheidet. Mit Hilfe eigener Formulierungen und mit Ausdrücken aus dem Mk-Stoff entwirft Mt eine typische Szene, in der die Bedeutung des Glaubens für das Wunder dargestellt wird. Letztlich bestimmt also das theologische Konzept die Auswahl des Materials und die sprachliche Form und erklärt die Differenzen und die Verwandtschaft der Perikope im Vergleich zu ihren Parallelen (130a).

(130a) Bei dem ersten Wort παράγειν ergab sich, dass es mit Sicherheit von Mt an die Spitze der Perikope gestellt wurde. Obwohl sich auch für die Wahl des Wortes Mt-Redaktion nahelegte, liess sich diese — bedingt durch die geringe Zahl der Stellen — nicht mit gleicher Gewissheit feststellen.

Das anschliessende Adverb ἐκεῖθεν verdankt seinen Platz ebenfalls der Redaktion des Mt. Die Untersuchung erwies mehrfach die Vorliebe des Verfassers für dieses Wort, der es trotz mancher Variationen immer wieder auf ähnliche Weise mit dem Kontext verknüpft. Die Tatsache, dass es überall mit einem Verb der Bewegung gekoppelt ist, dass die Stellen, an denen es gesetzt wird, untereinander durch weitere, sich wiederholende Elemente verwandt sind, die Verbindung mit dem redaktionellen Wort παράγοντι und die Feststellung, dass es nur in drei von zwölf Fällen bei Mt aus einer Quelle entnommen ist, bieten jede Sicherheit, dass es bei 9,27 keiner Mk-fremden Quelle entstammt, sondern auf Mt selbst zurückgeht.

Schon durch die enge Verbindung mit παράγοντι und ἐκεῖθεν und die neue Einordnung der Perikope wird teilweise auch der sekundäre Charakter des Namens ὁ Ἰησοῦς und der Form ἠκολούθησαν ersichtlich. Die neunmalige Verwendung von ἠκολούθησαν αὐτῷ, das nur zum geringen Teil aus den Quellen stammt, und verwandter Aoristformen durch Mt verstärken dieses Ergebnis ebenso wie die Beobachtung, dass Mt keine nicht-aoristische Zeit aus eigenem setzt. In 9,27 ist dadurch die Redaktion des Mt unzweifelhaft.

Für die Zweizahl stellte sich heraus, dass Mt sie als Sachelement mehrfach in seinem Evangelium verwendet, ohne dabei aber am Wort δύο interessiert zu sein.

Der folgende Ausdruck κράζειν ist besonders in der Formulierung ἔκραξαν (-ζον) λέγοντες kennzeichnend für Mt. Die mit Mk scheinbar nah verwandte Formulierung κράζοντες καὶ λέγοντες hängt grammatikalisch eng mit dem Satzanfang zusammen und ist auch deshalb redaktionell.

Die Anrufung Jesu als Davidssohn erweist sich durch die Verwendung des Nominativs für den Vokativ als mt Eigenart, ebenso durch die gleichbleibende Setzung des Anrufs vor dem Titel und durch das theologische Konzept, das an den meisten Stellen mit dem Davidssohn die Vorstellung von Wundermacht verbindet.

Bei der Formel προσῆλθον αὐτῷ... verrät sich der mt Charakter ausser durch die Zahl der Stellen auch durch die Wiederholung derselben rhythmischen Konstruktion, die teilweise auch noch den gleichen Wortlaut hat. Das mehrmalige Vorkommen eines Gen.abs. in der Einleitung und die z.T. gleiche Formulierung des Schlussgliedes er-

2. Hand in Hand mit der synoptischen Untersuchung des Vokabulars und des Stils fanden sich zahlreiche Gemeinsamkeiten des Mt und Lk gegen Mk, die, wenn die Aufmerksamkeit einmal auf sie gelenkt wurde, gar nicht mehr zu übersehen waren. Eine nähere Prüfung ergab, dass es sich in den meisten Fällen um Verbesserungen des Mk-Textes dreht, in anderen um Erweiterungen und Ergänzungen des Inhalts. Wenn es auch möglich scheint, einen Teil von ihnen als zufälliges Zusammentreffen der Mt- und Lk-Redaktion am Mk-Text zu verstehen, widersetzen sich andere Stellen entschieden einer solchen Erklärung. Mehr als einmal handelt es sich bei diesen Gemeinsamkeiten gegen Mk um neuen Stoff oder neue Akzente an der vorliegenden Überlieferung, die zwar zu ihr passen, aber nicht aus ihr ableitbar sind, sodass für ihr Vorhandensein bei beiden Seitenreferenten eine literarische Quelle angenommen werden muss, wenn die direkte Benutzung des einen durch den anderen ausgeschlossen bleibt.

Aus diesen Gründen geht es auch nicht an, das Problem als eine Frage der Handschriftenüberlieferung und ihrer Bewertung abzutun. Harmonistische Lesarten bei Mk oder abweichende Lesarten bei Mt bzw. Lk mögen zwar in Ein-

---

leichtern noch die Erkennbarkeit des mt Wiederholungsstils. Darüber hinaus gibt es bei προσέρχεσθαι (in einigen Fällen auch bei anderen Worten) öfters Stellen, die in einem längeren Wortlaut übereinstimmen oder ähnlichen Kontext haben und die sich dadurch als mt herausstellen. 21,14 und 23 stehen Mt 9,28 besonders nahe und lassen über den redaktionellen Charakter der Formel keinen Zweifel.

ἐλθόντι δὲ εἰς τὴν οἰκίαν hat wieder viele Parallelen innerhalb des Mt-Ev. Die synoptischen Vergleiche zeigen, dass der Evangelist hier, wie auch bei anderen Worten, verschiedene Ansätze der Vorlage ausbaut und zu seiner Formel umgestaltet.

Die fünfmalige Verbindung von ἔρχεσθαι + προσέρχεσθαι, die nur bei Mt anzutreffen ist, ist eines der stärksten Argumente für die Mt-Redaktion von 9,28.

Der Verbindungstext καὶ λέγει αὐτοῖς ὁ Ἰησοῦς erhält sein Gepräge durch die Verwendung des Präsens, das in den Quellen nur selten steht. Für den mt Charakter spricht auch, dass die Formel in allen Schichten der Überlieferung vorkommt und darum vom Redaktor stammen muss. Besser als an anderen Stellen lässt sich bei dieser Formel auch erkennen, dass sie rein sprachlichen Charakter hat und die Wiederholung des Mt vor allem seinem Stil zugeschrieben werden muss. Weil sämtliche Glieder der Formel ausgewechselt werden können, wird erkennbar, dass rhythmische Formulierungen für Mt noch typischer sind als häufige Wiederholungen und ähnliche Ausdrücke.

Auch bei der zweiten Überleitungsformel λέγουσιν αὐτῷ lässt sich mt Bearbeitung feststellen. Der synoptische Vergleich und auch der Kontext einzelner Stellen offenbaren ihren sekundären Charakter. Da λέγουσιν αὐτῷ wie die vorige Verbindungsformel gleichfalls in verschiedenen Textschichten vorkommt, muss man den Ausdruck dem Endredaktor zuschreiben. Diese Gründe verbürgen zusammen mit der Feststellung, dass die Formel fast ausnahmslos mit einer Frage innerhalb eines Gesprächs verbunden ist, auch bei 9,28 die Mt-Redaktion des Ausdrucks.

zelfällen Übereinstimmungen zwischen Mt und Lk verschwinden lassen, aber diese Möglichkeit ist überfordert (208), wenn es sich um Änderungen der Satzstruktur oder längere Ergänzungen dreht. Denn hier variieren die Handschriften höchstens den Text innerhalb der Ergänzungen oder der Struktur, aber nicht diese selbst. Dass eine solche Auswahl und Bewertung der Handschriften, die die Übereinstimmungen gegen Mk auf jeden Fall verschwinden lässt, methodisch untragbar ist, weil schon von ihrer Zielsetzung her die Lösung vorweggenommen werden soll, braucht nicht eigens betont zu werden.

Ein noch stärkeres Argument gegen die Tendenz, die Übereinstimmungen als eine blosse Frage der Handschriften abzutun, ist durch zwei andere Tatsachen gegeben: Die sprachlichen Änderungen lassen sich als Einzelfälle einer Bearbeitung verstehen, die das *ganze* Mk-Ev betrifft, und sie ordnen sich vor allem *theologisch* einer späteren Stufe ein, in der die christologische Darstellung des Mk verdeutlicht bzw.verbessert und vertieft wurde. Gerade diese zwanglose Ein-

---

Für die Frage 9,28, die durch redaktionelle Überleitungen eingefasst ist, legt auch der synoptische Vergleich die sekundäre mt Urheberschaft nahe.

Die folgende Partikel ναί ist zwar nicht für Mt kennzeichnend; wegen der Parallelität zwischen 13,51 und 9,28 muss man aber auch hier auf Mt-Redaktion schliessen.

τότε ist schon durch seine häufige Verwendung im Mt-Ev typisch, weist aber noch weitere Merkmale des Mt-Stils auf. Die beachtliche Zahl der Stellen, in denen es am Satzanfang steht und die Verbindung des Wortes mit λέγει oder προσέρχεσθαι, die nur im Mt-Ev vorliegt, zeigen wieder eine Bevorzugung des Wortes durch den Evangelisten.

Zum Unterschied von den meisten übrigen Worten hat Mt kein besonderes Interesse an dem Wort ὀφθαλμός. Die Parallelität, die bei Mt 17,8 und Mk 9,8 bzw. Mt 9,30 und Mk 10,52 in der Textänderung besteht, ergibt aber doch ein gutes Argument für die sekundäre Gestaltung der Einleitung von 9,30. Unerwarteterweise trägt auch die von Mt übergangene Mk-Perikope 8,22-26 zur Beurteilung von 9,30 bei. In dieser Blindenheilung, die Mt gekannt haben kann, sind besonders ἅπτεσθαι und χεῖρας ἐπὶ τοὺς ὀφθαλμοὺς ἐπιτιθέναι mit Mt verwandte Züge. Durch das Schweigegebot von Mk 8,26 wird die Verbindung beider Stücke noch fester. Da verwandte Züge so gehäuft vorkommen, ist also eine Kenntnis der Mk-Perikope durch Mt nicht unwahrscheinlich.

Für ἅπτω ist das Ergebnis der Untersuchung ähnlich wie bei ὀφθαλμός. Auch hier ist Mt mehr an der Sache als am Wort interessiert. Die eine für Mt 9,29 bedeutende Stelle steht wieder in der von Mt übergangenen Blindenheilungsperikope (Mk 8,22).

Unter den Formulierungen mit γενηθήτω haben besonders 8,13; 9,29 und 15,28 eine enge Verbindung. Gemeinsam betonen sie die Bedeutung des Glaubens für die Heilung, z.T. in sprachlich verwandten Ausdrücken. Der Kontext von 8,13 und 15,28 der das sofortige Eintreten der Heilung hervorhebt, hat noch mehrere Parallelen im gliederung in ein Gesamtschema, das eine katechetische und pastorale Ausrichtung hat und die differenzierten Bedürfnisse der weiterentwickelten Kirche erkennen lässt, ist eine gewisse Garantie, dass es sich bei den Übereinstimmungen um tatsächliche Reste eines Deuteromarkus handelt.

Nach diesem im allgemeinen unerwarteten Ergebnis braucht nicht eigens betont zu werden, dass es — unbeabsichtigt — einen Hauptertrag der Arbeit darstellt. Es ist auch ohne weiteres klar, dass die tatsächliche Existenz eines Deuteromarkus und seine Nachweisbarkeit in der synoptischen Tradition für die Exegese nicht ganz unbedeutend wäre. Eine solche Schrift, die zwischen Mk als Anfang und Mt und Lk als den Endpunkten der Tradition (in der synoptischen Form) liegt, würde eine genauere Einsicht in die Interessen und Entwicklung der Urkirche bieten und könnte vielleicht auch eine genauere Differenzierung der Stufen der Christologie oder der Ekklesiologie ermöglichen. Falls die vorgetragene These nicht auf falscher Einschätzung der Beobachtungen beruht, steht damit auch fest, dass in einer ausführlicheren Arbeit die Existenz und Beschaffenheit dieses Deuteromarkus eingehend untersucht werden müsste.

übrigen Evangelium, sodass der Wiederholungsstil des Mt gar nicht übersehen werden kann. Durch den Kontext des Wortes ist auch für die gesamte zweite Hälfte von 9,29 die Mt-Redaktion gesichert.

Für ἀνοίγω im anschliessenden Vers ergab sich schon bei ὀφθαλμός mt Bearbeitung, die aus dem Vergleich mit den synoptischen Parallelen noch deutlicher wird.

Bei ἐμβριμᾶσθαι kommt wegen der geringen Zahl von Stellen kein verlässliches Ergebnis hinsichtlich der Quellenfrage zustande. Der Ausdruck muss darum von der Gesamtperikope her beurteilt werden.

Das Schweigegebot 9,30 hat in der synoptischen Tradition schon mehrere Vorläufer und auch innerhalb des Mt-Ev Parallelen. Der genaue Text von 9,30 ist aber überall nur teilweise gegeben. Durch den Text Mt 8,4 par Mk 1,44, der ein Schweigegebot enthält und der die Kenntnis der Mk-Perikope 1,40-45 verbürgt, lässt sich auch eine teilweise Abhängigkeit des Schlusses 9,31 von Mk 1,45 erkennen, da Mt 9,31 trotz der verschiedenen Einordnung die Verbreitung des Rufes Jesu mit ähnlichen Worten erwähnt. Durch die ähnliche Art der Heilung und den sprachlich nahestehenden Text von Mt 9,28 und Mk 1,40 wird die Verbindung noch stärker.

Weil für den Abschluss ἐν ὅλῃ τῇ γῇ ἐκείνῃ genauso wie für die Verbreitung des Rufes Jesu eine Parallele bei 9,26 besteht, ist auch dieses letzte Element der Perikope als redaktionell erwiesen.

B. Lk 21,14-15 *par Lk* 12,11-12

Als zweite Stelle soll Lk 21,14-15 par Lk 12,11-12 mit den synoptischen Parallelen Mt 10,19 par Mk 13,11 untersucht werden.

I. *Der Kontext*

Lk 21,14-15 steht in einem Stück, das mit Mk 13,11 auch den gleichen Rahmen hat. Bei allen drei Synoptikern geht der Voraussage von den Verfolgungen Mk 13,9-13 par Lk 21,12-19 par Mt 24,9-14 die Frage nach dem Zeitpunkt des Endes Mk 13,3-8 par Lk 21,7-11 par Mt 24,3-8 und die Ankündigung der Tempelzerstörung Mk 13,1-2 par Lk 21,5-6 par Mt 24,1-2 voraus (1). Gerade für die Perikope, in der der zu untersuchende Lk-Text (21,14-15) steht, findet sich der Parallelstoff des Mt aber nur zum einen Teil bei 24,9-14, zum anderen in Mt 10,17-22. Dass es sich im zweiten Fall um den bei Mt 24 fehlenden Stoff dreht (verglichen mit Mk), der von Mt in das Jüngerkapitel 10 transponiert wurde, bestätigt der sachlich gleiche Inhalt und die Beobachtung, dass Mt 10,17-22 genau die vorhandene Lücke füllt. Drei sprachliche Übereinstimmungen beweisen das des näheren:

a) Mt 10,17 παραδώσουσιν γὰρ ὑμᾶς εἰς συνέρδια, καὶ ἐν ταῖς συναγωγαῖς... stimmt genauer mit Mk 13,9 παραδώσουσιν ὑμᾶς εἰς συνέδρια καὶ εἰς συναγωγάς überein als Mt 24,9a τότε παραδώσουσιν ὑμᾶς εἰς θλῖψιν.

b) Ausserdem ist Mt 10,22a καὶ ἔσεσθε μισούμενοι ὑπὸ πάντων διὰ τὸ ὄνομά μου genau mit Mk 13,13a identisch. Bei Mt 24,9b ist zwar derselbe Wortlaut vorhanden, aber durch die Einfügung τῶν ἐθνῶν nach ὑπὸ πάντων ergänzt.

c) Mt 10,22b ὁ δὲ ὑπομείνας εἰς τέλος, οὗτος σωθήσεται ist wiederum identisch mit Mk 13,13b (2).

Für das Vorgehen des Mt ergibt sich, dass er den Beginn und das Ende des umgestellten Stoffes ein zweites Mal verwendet, um die entstandene Lücke auszufüllen. Er gebraucht den Stoff aber etwas freier (τότε, θλίψις, καὶ ἀποκτενοῦσιν ὑμᾶς Mt 24,9a und [ὑπὸ πάντων] τῶν ἐθνῶν 9b), sodass sich die unerwartete Beobachtung ergibt, dass der transferierte Text genauer dem Wortlaut des Mk entspricht als der Rahmentext Mt 24,9. Ausserdem spaltet er Mk 13,13 in zwei Teile (Mt 24,9b.13) und schiebt neuen Stoff dazwischen ein (24,10-12).

---

(1) Die weitere Parallelität in der Anordnung des Stoffes kann nach vorn und rückwärts nach SCHMID, *Synopse*, 8 leicht verglichen werden.

(2) Die Anordnung der parallelen Texte bei ALAND, *Synopsis*, 398-400 und 142-4 ist mangelhaft und irreführend.

Die Art, wie Mt die entstandene Lücke auffüllt, erinnert also an die Perikope Mt 9,27-31. Hier wie dort wird der vorgegebene Stoff an der zweiten Stelle etwas freier behandelt und werden neue Elemente eingefügt. Dieses Ergebnis bestätigt die Einheitlichkeit des Stils und schliesst die Zuordnung der Überarbeitung an zwei verschiedene Redaktoren aus. Beidemal ist Mt der Bearbeiter.

Ein erster Vergleich der beiden Lk-Stücke mit dem Text des Mk und Mt zeigt ein ähnlich überraschendes Verhältnis. Hier hat Lk 12,11-12 mit dem Stoff der anderen Synoptiker mehr Verwandtschaft als die Rahmenparallele Lk 21,14-15:

1. ὅταν δὲ εἰσφέρωσιν ὑμᾶς... Lk 12,11 steht in deutlicher Beziehung mit Mk 13,11 καὶ ὅταν ἄγωσιν ὑμᾶς παραδιδόντες... par Mt 10,19 ὅταν δὲ παραδῶσιν ὑμᾶς. Lk 21,12-19 hat dazu keinen entsprechenden Text.

2. μὴ μεριμνήσητε im gleichen Vers (Lk 12,11) ist mit μὴ μεριμνήσητε (Mt) und μὴ προμεριμνᾶτε (Mk) gleichfalls stärker verwandt als μὴ προμελετᾶν Lk 21,14. Abgesehen von der Vorsilbe hat Lk 12,11 das gleiche Verb wie Mk 13,11 und Mt 10,19, während Lk 21,14 das Wort προμελετᾶν verwendet (3).

3. Ausserdem findet sich in Lk 12,12 eine weitere Verankerung mit Mk und Mt, die bei Lk 21,14-15 fehlt. Lk 12,12 τὸ γάρ ἅγιον πνεῦμα (διδάξει ὑμᾶς)... erinnert an Mk 13,11b: οὐ γάρ ἐστε ὑμεῖς οἱ λαλοῦντες ἀλλὰ τό πνεῦμα τὸ ἅγιον par Mt 10,20 οὐ γὰρ ὑμεῖς ἐστε οἱ λαλοῦντες, ἀλλὰ τὸ πνεῦμα τοῦ πατρός ὑμῶν τὸ λαλοῦν ἐν ὑμῖν. Dabei gehört τὸ γάρ (Lk) mit οὐ γάρ (Mk und Mt) zusammen und ἅγιον πνεῦμα (Lk) mit τὸ πνεῦμα τὸ ἅγιον (Mk) bzw. τὸ πνεῦμα τοῦ πατρός (Mt). Die Umstellung von τὸ πνεῦμα τὸ ἅγιον (Mk) zu ἅγιον πνεῦμα ist inhaltlich bedeutungslos (4).

4. Als letztes Stück gehört Lk 12,12 ... διδάξει ὑμᾶς ἐν αὐτῇ τῇ ὥρᾳ ἃ δεῖ εἰπεῖν zu Mk 13,11 ἀλλ' ὃ ἐὰν δοθῇ ὑμῖν ἐν ἐκείνῃ τῇ ὥρᾳ, τοῦτο λαλεῖτε par Mt 10,19 δοθήσεται γὰρ ὑμῖν ἐν ἐκείνῃ τῇ ὥρᾳ τί λαλήσητε. Besonders zwischen ἐν ἐκείνῃ τῇ ὥρᾳ (Mk, Mt) und ἐν αὐτῇ τῇ ὥρᾳ (Lk) ist die Verwandtschaft offenkundig. Hinsichtlich des Aufbaus der Stelle ergibt sich also, dass Lk 12,12 zwei

---

(3) Auf die Übereinstimmung zwischen Lk 12,11 μὴ μεριμνήσητε πῶς ἢ (τί...) mit Mt (10,19), der einen völlig gleichen Text hat, gegen Mk 13,11 μὴ προμεριμνᾶτε (τί...) wird weiter unten eingegangen.

(4) Die gleiche Form steht auch Lk 12,10! τὸ πνεῦμα τοῦ πατρός ist Mt-Redaktion: Der Ausdruck kommt bei den Synoptikern nur an dieser Stelle 10,20 vor und muss in eine Reihe gestellt werden mit βασιλεία τοῦ πατρός, das 13,43; 26,29; θέλημα τοῦ πατρός, das 7,21; 12,50; 21,31 und δόξα τοῦ πατρός, das 16,27 vorkommt.

Texte des Mk-Mt teilweise verwendet, die bei ihnen in umgekehrter Reihenfolge stehen.

Negativ lässt sich feststellen, dass ausser durch μὴ προμελετᾶν bei Lk 21,14-15 keine sprachliche Verbindung mit Mk und Mt besteht, wobei προμελετᾶν auch schon eher einen Unterschied als eine Gemeinsamkeit darstellt. Ohne Zweifel hat also Lk 12,11-12 mit dem Mk-und Lk-Text mehr Gemeinsamkeiten als Lk 21,14-15.

Aufgrund dieses Ergebnisses liegt es nahe, auch für Lk ein ähnliches Vorgehen anzunehmen wie für Mt bei 10,17-22. Anscheinend stand der Text Lk 12,11-12 in der Vorlage des Evangelisten noch zwischen Lk 21,13 und 16 und wurde erst von ihm bei 12,11-12 in einen neuen Zusammenhang eingereiht. Auf eine solche Redaktion weist tatsächlich das Stichwort τὸ ἅγιον πνεῦμα hin, das Lk 12,10 erscheint und für 12,12 einen Anknüpfungspunkt bildete. Überdies sind im anschliessenden Kontext μὴ μεριμνᾶτε... (12,22) und τί περὶ τῶν λοιπῶν μεριμνᾶτε (12,26) sowie μεριμνῶν (12,25), die an μὴ μεριμνήσητε erinnern, neue Klammern für den Text 12,11-12. Lk hat also anolog zu Mt, der den Stoff 10,17-22 für seine Jüngerrede verwendet, aus kompositorischen Gründen den Inhalt von 12,11-12 neu eingeordnet, wenn auch die Eingliederung keine so starke und einheitliche Thematik aufweist wie bei Mt. Lk 21,14-15 ist dann ein Ersatz, der den neu entstandenen Raum ausfüllt. Die Frage nach der Herkunft diese Textes bleibt dabei noch völlig offen.

Vor der Untersuchung des Textes von Lk 21,14-15 lassen sich zwei weitere Einzelheiten klären.

1. ἀπολογεῖσθαι in beiden Lk-Stellen erweckt den Verdacht auf Redaktion des Evangelisten, weil das Wort bei Mk und Mt fehlt:

Lk 21,14: μὴ προμελετᾶν ἀπολογηθῆναι
Lk 12,11: μὴ μεριμνήσητε πῶς ἢ τί ἀπολογήσησθε ἢ τί εἴπητε
Mk 13,11: μὴ προμεριμνᾶτε τί λαλήσητε
Mt 10,19: μὴ μεριμνήσητε πῶς ἢ τί λαλήσητε

Die Statistik des Wortgebrauchs bestätigt diese Vermutung, weil von zehn Stellen, an denen das Vokabel im NT vorkommt, acht in den Lk-Schriften stehen: Lk 12,11; 21,14; Apg 19,33; 24,10; 25,8; 26,1.2.24 (5).

2. Obwohl sie nicht im eigentlichen Untersuchungstext steht, muss die Übereinstimmung zwischen Lk 12,11 und Mt 10,19 μὴ μεριμνήσητε πῶς ἢ (τί..)

(5) Die übrigen zwei Stellen sind Rm 2,15 und 2 K 12,19.

gegen Mk 13,11 μὴ προμεριμνᾶτε besprochen werden. Eine Berufung auf die Hss, wie sie manchmal versucht wurde, verwirrt das Problem nur, weil nur jeweils wenige bzw. die weniger bedeutenden abweichende Lesarten aufweisen. Da die identische Formulierung beider Texte andererseits nicht auf Zufall beruhen kann, weil sie sich nicht aus der Natur der Sache ergibt, bleibt eine literarische Abhängigkeit als nächstliegende Lösung. Wie sonst bietet sich die schon mehrfach verwendete Hypothese von Mk II an. In den Paralleltexten der gesamten Perikope Mk 13,9-13 lässt sich eine Bearbeitung, wie sie Mk II entspräche, auch wirklich an einigen Stellen nachweisen:

a) Obwohl Lk 21,12 stark redaktionell bearbeitet ist, verglichen mit Mk und Mt, hat dieser Vers mit Mt gegen Mk eine Gemeinsamkeit. In den Texten Mt 10,18 καὶ ἐπὶ ἡγεμόνας δὲ καὶ βασιλεῖς ἀχθήσεσθε ἕνεκεν ἐμοῦ par Mk 13,9 ... καὶ ἐπὶ ἡγεμόνων καὶ βασιλέων σταθήσεσθε ἕνεκεν ἐμοῦ par Lk 21,12 ἀπαγομένους ἐπὶ βασιλεῖς καὶ ἡγεμόνας ἕνεκεν τοῦ ὀνόματός μου ist ἄγειν (Mt) bzw. ἀπάγειν (Lk) gemeinsam gegen ἵστασθαι bei Mk. Im Zusammenhang damit steht bei Mt und Lk ἐπί mit Akkusativ gegen ἐπί mit Genetiv bei Mk:

ἐπὶ ἡγεμόνας δὲ καὶ βασιλεῖς	(Mt)
ἐπὶ βασιλεῖς καὶ ἡγεμόνας	(Lk)
ἐπὶ ἡγεμόνων καὶ βασιλέων	(Mk).

b) Die Auslassung des Verses Mk 13,10, der von der Verkündigung des Evangeliums vor dem Eintreffen der Verfolgungen spricht, könnte ebenfalls auf Mk II zurückgehen, weil der vorausgehende und folgende Stoff bei allen Evangelisten (Lk 21,13 und 12,11) vorhanden ist.

c) Mt 10,19 par Lk 12,11 beginnen mit ὅταν δέ.., während Mk 13,11 mit καὶ ὅταν einleitet. Ausserdem ist das Verb παραδῶσιν (Mt) und εἰσφέρωσιν (Lk) vereinfacht gegen Mk 13,11 ἄγωσιν ὑμᾶς παραδιδόντες. Wenn Lk 12,11 εἰσφέρωσιν Redaktion des Evangelisten sein sollte, wird der Text seiner Vorlage von dem bei Mt nicht mehr sehr verschieden gewesen sein. εἰσφέρειν wird von Lk tatsächlich ausser 11,4, wo es wie in Mt 6,13 aus Q stammt, noch 5,18.19; 12,11; Apg 17,20 verwendet, während es in den Evangelien sonst überhaupt nicht vorkommt. An allen Stellen gebraucht Lk das Wort, ohne dass irgendein Ansatzpunkt bei Mk gegeben ist. Lk 12,11 kann also in der Vorlage gut ὅταν δὲ παραδῶσιν ὑμᾶς gelautet haben. παραδιδόντες Lk 21,12, das an Mk 13,11 erinnert, spricht nicht unbedingt dagegen, da Lk 21,12 eine stark bearbeitete Einleitung hat und παραδιδόντες aus dem parallelen παραδώσουσιν (Mk 13,9 par Mt 10,17) entstanden sein kann.

Nach diesen Beobachtungen ist es nicht unwahrscheinlich, dass auch μεριμνήσητε πῶς ἤ (τί...) auf eine Mt und Lk vorliegende Bearbeitung des Mk-Textes zurückgeht.

Da auch ὅταν der gleichen Schicht zuzurechnen ist und in dem kurzen Stück Lk 12,11-12 also zwei Übereinstimmungen mit Mt 10,19 gegen Mk 13,11 vorhanden sind, während in Lk 21,14 mit Mt eine solche Beziehung nicht besteht, ist damit nochmals ein Hinweis gegeben, dass der Text ursprünglich anstelle von 21,14-15 in der Vorlage stand.

II. *Der Text von Lk* 21,14-15

Für eine Beurteilung des literarischen Ursprungs ist es notwendig, das Vokabular dieser Stelle zu untersuchen und zu prüfen, wie weit es dem Sprachgebrauch des Lk entspricht.

1. *θέτε οὖν ἐν ταῖς καρδίαις ὑμῶν*

1) Schon die erste Stelle, an der bei Lk τίθημι verwendet wird, zeigt eine frappierende Verwandtschaft mit dem Untersuchungstext:

Lk 1,66: *ἔθεντο πάντες οἱ ἀκούσαντες ἐν τῇ καρδίᾳ αὐτῶν*

Ausser dem Wort τιθέναι (beidemal im Aorist) ist die Ergänzung ἐν ταῖς καρδίαις bzw. ἐν τῇ καρδίᾳ parallel, und als drittes Glied der gemeinsamen Konstruktion folgt das Personalpronomen (ὑμῶν, αὐτῶν) (6). Die Parallelität der dreigliedrigen Konstruktion und der übereinstimmende Wortlaut der zusam-

(6) Für Lk 1,66 können auch aus dem Kontext noch einige Argumente für eine Redaktion der Stelle von Seiten des Evangelisten beigebracht werden. διελαλεῖτο πάντα ῥήματα ταῦτα (1,65) enthält eine Wortverbindung, die wiederum von Lk bevorzugt wird. Bei Mk kommt der Ausdruck πᾶν ῥῆμα bzw. τοῦτο τὸ ῥῆμα überhaupt nicht vor; bei Mt erscheint nur in 4,4; 12,36 und 18,16 die Verbindung πᾶν ῥῆμα, die aus dem AT stammt, wie die Zitate aus Dt 8,3 (Mt 4,4) und Dt 19,15 (Mt 18,16) zeigen. Lk dagegen hat mehrere sehr nahe verwandte Stellen:

Lk 1,65: *διελαλεῖτο πάντα τὰ ῥήματα ταῦτα*
2,19: ἡ δὲ Μαρία *πάντα συνετήρει τὰ ῥήματα ταῦτα*
Apg 5,20: *λαλεῖτε ...πάντα τὰ ῥήματα* τῆς ζωῆς *ταύτης*
5,32: ἡμεῖς ἐσμὲν μάρτυρες *τῶν ῥημάτων τούτων*
10,44: ἔτι *λαλοῦντος* τοῦ Πέτρου *τὰ ῥήματα ταῦτα*
13,42: *λαληθῆναι* αὐτοῖς *τὰ ῥήματα ταῦτα*
Lk 24,11: ἐφάνησαν... ὡσεὶ λῆρος *τὰ ῥήματα ταῦτα*
Apg 16,38: ἀπήγγειλαν δὲ τοῖς στρατηγοῖς οἱ ῥαβδοῦχοι *τὰ ῥήματα ταῦτα*
Lk 2,51 und 7,1: *πάντα τὰ ῥήματα*
Lk 2,15; 9,45 (zweimal); 18,34: τὸ ῥῆμα τοῦτο. Vgl. noch Lk 1,37; 2,17.50; Apg 6,11.13; 11,14.

mengehörigen Glieder zwingen zur Annahme der gleichen Redaktion in beiden Fällen. Die übrigen Evangelien haben keinen vergleichbaren Text. Dafür bietet die Apg eine weitere interessante Stelle:

Apg 5,4: τί ὅτι ἔθου ἐν τῇ καρδίᾳ σου τὸ πρᾶγμα τοῦτο

Sie hat ebenfalls die gleiche dreigliedrige Konstruktion und einen in einzelnen Teilen übereinstimmenden Text. Trotz etwas geringerer Parallelität können auch noch andere Texte verglichen werden:

Apg 19,21: ὡς δὲ ἐπληρώθη ταῦτα, ἔθετο ὁ Παῦλος ἐν τῷ πνεύματι...
Lk 9,44: θέσθε ὑμεῖς εἰς τὰ ὦτα ὑμῶν τοὺς λόγους τούτους.

Das Gewicht all dieser Stellen, die Lk 21,14 sehr nahekommen, wird noch erhöht durch die Feststellung, dass keine nicht-lk Schrift eine solche Konstruktion mit diesem oder einem ähnlichen Wortlaut enthält. Da die Formulierung im Evangelium und in der Apg vorkommt, kann man die Autorschaft des Evangelisten Lk kaum mehr bestreiten ([6a]).

2) Weil sich der Beginn von Lk 21,14 schon als lk erwiesen hat, können die Stellen, an denen der Evangelist τιθέναι der Tradition entnimmt, für die weitere Untersuchung übersprungen werden, soweit nicht eine Bearbeitung vorliegt, die im Ausmass oder in der Art Beachtung verdient. Aus der Überlieferung stammen Lk 8,16 (zweimal, vgl. Mk 4,21) und 11,33 (vgl. Mt 5,15); 12,46 (vgl. Mt 24,51); 19,21.22 (?); 20,43 (vgl. Mk 12,36); 23,53 (vgl. Mt 27,60; Mk 15,46) und 23,55 (vgl. Mk 15,47). Bei dem Rest der Stellen 5,18; 6,48 und 14,29; 9,44; 21,14; 22,41 ist die Frage nach der Herkunft noch offen.

3) Lk 5,18: καὶ ἐζήτουν αὐτὸν εἰσενεγκεῖν καὶ θεῖναι (αὐτὸν) ἐνώπιον αὐτοῦ

Mk hat keinen Parallelbericht (er müsste zwischen 2,3 und 4 stehen); bei Mt ist das erste Stück der Perikope von der Heilung des Gelähmten Mk 2,1-12 besonders stark gekürzt. Weil aber Lk 5,17-26 ganz sicher Mk 2,1-12 zur Basis hat, ergibt sich daraus der redaktionelle Charakter der Einfügung von 5,18. Aus dem Wortlaut lässt sich erkennen, dass Lk der Redaktor ist: Das mit θεῖναι eng verbundene Verb εἰσφέρειν kommt unter acht Stellen, an denen es überhaupt im NT verwendet wird, fünfmal in den Lk-Schriften vor, wie schon

---

([6a]) Eine Berufung auf Quellen, die Lk verwendet hätte und die jeweils den Ausdruck schon enthielten, ist theoretisch noch möglich, aber unbewiesen und wegen der Zahl der Stellen zu künstlich, um ernstlich in Betracht gezogen werden zu können. In diesem Fall müssten ja für Lk 1,66 (Vorgeschichte); 9,44; 21,14 und die Texte Apg 5,4 und 19,21 jeweils verschiedene Quellen angenommen werden.

erwähnt wurde. Bei 5,19, das den Untersuchungstext fortsetzt, ist es redaktionell gegen προσενέγκαι (Mk 2,4). Dasselbe wird man also auch für 5,18 annehmen müssen. Ausserdem ist ζητεῖν ein von Lk häufig gebrauchtes Wort (26mal gegen zehnmal bei Mk und 14mal bei Mt). Besonders deutlich ist aber ἐνώπιον, das bei Lk 24mal und in der Apg 13mal verwendet wird, während es mit Ausnahme von Jo 20,30 in den Evangelien überhaupt nicht vorkommt. Alle Einzelhinweise führen also zu dem gleichen Ergebnis.

4) Lk 6,48 und 14,29:

Lk 6,48: ὅμοιός ἐστιν ἀνθρώπῳ οἰκοδομοῦντι οἰκίαν, ὃς ἔσκαψεν καὶ ἐβάθυνεν καὶ *ἔθηκεν θεμέλιον* ἐπὶ τὴν πέτραν...

Mt 7,24: ...ὅστις ᾠκοδόμησεν αὐτοῦ τὴν οἰκίαν ἐπὶ τὴν πέτραν...

Lk 14,29: ἵνα μή ποτε *θέντος αὐτοῦ θεμέλιον* καὶ μὴ ἰσχύοντος ἐκτελέσαι...

Lk 14,29 gehört zu einem Stoff (14,25-33), der nur eine geringe Parallele hat bei Mt 10,37-38. Wenn man auch nicht das gesamte Sondergut des Stückes Lk zuschreiben kann, wird doch θέντος αὐτοῦ θεμέλιον von ihm stammen, da ἔθηκεν θεμέλιον Lk 6,48 ebenfalls ohne Parallele steht (vgl. Mt 7,24).

5) Lk 9,44: *θέσθε* ὑμεῖς εἰς τὰ ὦτα ὑμῶν τοὺς λόγους τούτους

Lk 9,44 hat keine Parallele bei Mk 9,31 und Mt 17,22, obwohl der bei Lk anschliessende Satz von allen Synoptikern überliefert wird. Es gibt im NT — wie vorhin schon erwähnt wurde — keinen weiteren solchen imperativischen Satz mit ähnlichem Inhalt, ausser an der Untersuchungsstelle 21,12. Dazu kommt, dass sich im Kontext 9,43 wieder teilweise der Stil des Lk erkennen lässt. θαυμάζειν verwendet er 13mal, während es Mk nur viermal und Mt nur siebenmal haben. πρός mit Akkusativ ist ebenfalls sein Kennzeichen. Die Gesamtheit dieser Indizien lässt also die lk Urheberschaft des Verses kaum bestreiten.

6) Lk 22,41: καὶ *θεὶς τὰ γόνατα* προσηύχετο

Mk 14,35: ...ἔπιπτεν ἐπὶ τῆς γῆς, καὶ προσηύχετο

Mt 26,39: ἔπεσεν ἐπὶ πρόσωπον αὐτοῦ προσευχόμενος καὶ λέγων.

Schon durch den synoptischen Vergleich stellt sich der Ausdruck θεὶς τὰ γόνατα als lk heraus. Ausserdem bestätigen

Apg 9,40: καὶ *θεὶς τὰ γόνατα προσηύξατο*

7,60: θεὶς δὲ τὰ γόνατα

20,36: θεὶς τὰ γόνατα αὐτοῦ

21,5: θέντες τὰ γόνατα

aufs deutlichste die lk Herkunft. Eine mit diesen Stellen sprachlich verwandte Form hat nur noch Mk 15,19, wo aber das Präsenspartizip verwendet wird (τιθέντες τὰ γόνατα).

Aus der Einzeluntersuchung ergibt sich also, dass alle τίθημι -Stellen mit grösserer oder geringerer Eindeutigkeit lk sind. Was das wiederholte Vorkommen der Gesamtformel (mit Variationen) schon erkennen liess (7), wird somit bestätigt.

2. *ἀπολογεῖσθαι*

Der lk Charakter von ἀπολογεῖσθαι hat sich schon früher gezeigt (8). Das erreichte Untersuchungsergebnis ist gerade deswegen sehr sicher, weil der synoptische Vergleich mit dem statistischen Befund gut harmoniert.

3. *προμελετᾶν*

Schon bei der allgemeinen Untersuchung über die Zusammengehörigkeit der Stücke ist aufgefallen, dass Lk 21,14 προμελετᾶν singulär ist gegen προμεριμνᾶν bzw. μεριμνᾶν in den übrigen Perikopen. Weil μὴ προμελετᾶν ἀπολογηθῆναι aber die einzige Stelle ist, die neben dem Inhalt auch sprachlich eine gewisse Verbindung zu den Parallelperikopen herstellt, kann man sie als Bearbeitung des Mk-Textes verstehen. Dass diese auf Lk zurückgeht, liegt nahe, da die Einleitung von ihm geformt wurde und auch ἀπολογηθῆναι von ihm stammt. Ausserdem ist προμελετᾶν Hapaxlegomenon im NT, und diese Feststellung stützt aufs neue die eben gemachte Annahme. Aus sich sind Hapaxlegomena zwar zweideutig, weil sie (in einem parallelenlosen Stoff) ebensogut auf eine Quelle deuten können wie auf einen späteren Redaktor, aber im Zusammenhang mit dem Kontext erhalten auch sie ein Gewicht. In einem Wortlaut, der sekundär ist, müssen methodisch gerade sie dem Redaktor zugeschrieben werden.

---

(7) Gerade das mehrmalige Vorkommen der längeren Formel macht klar, dass die verschiedenen Lesarten der Hss zur Feststellung des Stils eines Evangelisten nur wenig beitragen. Aus der Natur der Sache ist bei einem Gesamtvergleich die Einzelstelle von geringerem Gewicht und beeinflusst das Ergebnis nicht wesentlich· Die Lesart εἰς τὰς καρδίας (statt ἐν ταῖς καρδίαις), die von den Koine-Hss, W und Θ geboten wird, ergibt sich darum als sekundär.

(8) Vgl. Seite 173.

4. *σοφία*

Lk 21,15: ἐγὼ γὰρ δώσω ὑμῖν στόμα *καὶ σοφίαν*

σοφία wird — ausser bei Lk — in den Evangelien wenig verwendet. Mk hat das Wort einmal, Mt dreimal, Lk sechsmal, Jo nicht. Die Stellen im Lk-Ev fallen also, zusammen mit denen der Apg (viermal), verhältnismässig ins Gewicht. Die Durchsicht der wenigen Texte, in denen das Wort vorkommt, lenkt sofort die Aufmerksamkeit auf die Formulierung von Apg 6,10 und dann auch auf Apg 7,10. Wegen ihrer Verwandtschaft werden diese Texte hier zusammengestellt:

Lk 21,15: ἐγὼ γὰρ *δώσω ὑμῖν* στόμα *καὶ σοφίαν*
ᾗ οὐ δυνήσονται ἀντιστῆναι ἢ ἀντειπεῖν...

Apg 6,10: καὶ οὐκ ἴσχυον ἀντιστῆναι
τῇ σοφίᾳ καὶ τῷ πνεύματι ᾧ ἐλάλει

Apg 7,10: καὶ *ἔδωκεν αὐτῷ* χάριν *καὶ σοφίαν* ἐναντίον Φαραὼ βασιλέως Αἰγύπτου.

Lk 21,15 und Apg 6,10 haben nicht nur das Wort σοφία gemeinsam, sondern auch den folgenden Teil οὐ δυνήσονται (Lk) bzw. οὐκ ἴσχυον (Apg) ἀντιστῆναι. Nur die Anordnung ist in beiden Texten verschieden. Auch Apg 7,10 hat mit 21,15 ausser σοφία eine Parallele, und zwar gerade in jenem Teil, der nicht in Apg 6,10 erscheint. Nach dem Wortlaut dieser beiden Stellen wird die Weisheit als eine Gabe bezeichnet, wobei auch das gleiche Verb διδόναι die Texte verbindet. Jedesmal ist auch das Objekt verdoppelt, nur das zweite Glied ist verschieden (στόμα bzw. χάριν). Diese textliche Verwandtschaft von Lk 21,15 mit den beiden Stellen der Apg ist äusserst wertvoll. Gerade die Tatsache,dass die Verwandtschaft abwechslungsweise besteht, bürgt dafür, dass es sich jedesmal um Redaktion handelt und nicht in beiden Schriften Quellen verwendet wurden. Da für θέτε οὖν ἐν ταῖς καρδίαις 21,14 auch mehrere lk Vergleichstexte gefunden wurden (Lk 1,66; Apg 5,4; vgl. 19,21), die von den Parallelen zu 21,15 verschieden und unabhängig sind, steht jetzt schon fest, dass der gesamte Text Lk 21,14-15 im wesentlichen keine Wiedergabe eines Abschnittes einer fremden Quelle darstellt, sondern von Lk stammt, der sich auch an anderen Stellen seiner Schriften auf ähnliche Weise ausdrückt. Die Vielfalt der Verbindungslinien des Untersuchungstextes führt also auch hier wieder zu einem Beweis, der sich aus den Einzelbeobachtungen nicht ergeben hätte.

Der Text von Apg 7,10 zeigt eine weitere Besonderheit. Seine Formulierung erinnert an Gen 39,21: καὶ ἦν κύριος μετὰ Ἰωσήφ... καὶ ἔδωκεν αὐτῷ χάριν ἐναντίον τοῦ ἀρχιδεσμοφύλακος. Über den Genesis-Text hinausgehend fügt Lk καὶ σοφίαν ein und bekundet damit sein Interesse an diesem Wort.

Die Bevorzugung des Wortes durch den Evangelisten Lk lässt sich auch aus der synoptischen Statistik erkennen. Lk 7,35 (par Mt 11,19) und 11,31 (par Mt 12,42) fallen zwar in dieser Hinsicht weg, da σοφία dort aus der Tradition stammt (9). Ohne eine Parallele in der Mk- und Mt-Tradition bleiben aber Lk 2,40.52; 11,49 sowie Apg 6,3 und 7,22. Unter ihnen ist Apg 6,3 am wichtigsten, weil diese Stelle das gleiche Doppelobjekt hat wie Apg 6,10, πνεῦμα + σοφία:

6,3: ἄνδρας ἐξ ὑμῶν μαρτυρουμένους ἑπτὰ πλήρεις πνεύματος καὶ σοφίας

6,10: οὐκ ἴσχυον ἀντιστῆναι τῇ σοφίᾳ καὶ τῷ πνεύματι ᾧ ἐλάλει.

Die Zusammenstellung dieser Ausdrücke findet sich im NT nur an den angeführten Stellen und erweist sich dadurch als lk.

5. *ἀνθιστάναι*

Als nächstes Wort muss ἀνθίστημι behandelt werden, weil sich in Apg 6,10 eine stark verwandte Stelle mit demselben Wortlaut gefunden hat.

Das Vokabel kommt in den Evangelien nur Lk 21,15 und Mt 5,39 vor. In der Apg steht es zweimal: 6,10 und 13,8. Die Mt-Stelle lässt für den lk Sprachgebrauch nichts erkennen, da sie wahrscheinlich redaktionell ist (10). Apg 13,8 ist natürlich lk, hat aber ausser im Wort ἀνθίστατο keine Beziehung zu Lk 21,15. Für ἀνθιστάναι (21,15) kann also kein typischer Wortgebrauch nachgewiesen werden. Die Parallelität der beiden Texte 21,15 und Apg 6,10 bürgt aber hinreichend für die Redaktion, da die verwandte Formulierung durchaus nicht aus der Natur der Sache erwächst und darum eine positive Erklärung verlangt. Sie kann nur als absichtliche Formung oder als unreflektierter Ausdruck der literarischen Eigenart eines Verfassers verstanden werden.

6. *ἐγὼ γάρ...*

Obwohl ἐγώ und γάρ in den Evangelien an einer grossen Zahl von Stellen gebraucht werden, wie es von ihrer Bedeutung her selbstverständlich ist, kenn-

---

(9) Bei Mk 6,2 par Mt 13,54 hat Lk keinen Paralleltext. Die Zielsetzung seiner Darstellung, die die gewohnte Erfahrung der Zuhörer (in Nazareth!) vom Menschen Jesus widerspiegelt, lässt die Erwähnung der σοφία und der δυνάμεις nicht zu. Das entspricht auch der nur bei Lk vorhandenen Einordnung der Perikope am Anfang seines Evangeliums, wo den Nazarethanern noch keine Wundertaten bekannt sind und seine Rede überhaupt das erste Auftreten bildet.

(10) Vgl. SCHMID, *Matthäus*, 107.

zeichnen auch diese zwei Wörter den Stil des Lk. Zum Unterschied von diesem haben Mk und Mt nie die Verbindung ἐγὼ γάρ. Lk dagegen setzt sie im Evangelium und in der Apg: Lk 1,58: 8,46; 21,15; Apg 9,16; 21,13. — In den Briefen des Paulus und in den Pastoralbriefen taucht diese Ausdrucksweise mehrmals auf: 1 K 11,23; 15,9; 2 K 12,11; Gal 2,19; 6,17; Phil 4,11; 2 Tit 4,6. Von dort her lässt sich aber für Lk kaum ein literarischer Einfluss nachweisen. Dasselbe gilt für Jo 8,42. Ausser an diesen Stellen kommt die Wortfolge ἐγὼ γάρ im NT nicht vor und stellt darum den lk Stil umso deutlicher heraus.

7. ᾗ... (*Relativpronomen*)

Das Relativpronomen ᾗ ist für sich genommen völlig ungeeignet, um damit eine Quellenfrage entscheiden zu wollen. Von Natur aus kann es häufig verwendet werden und hat keinen bestimmten Begriffsinhalt, der auf den Verfasser oder den Sitz-im-Leben eines Textes schliessen liesse. Trotzdem offenbart auch diese Partikel einen bestimmten Stil. Bei der Untersuchung aller Relativpronomen in den synoptischen Evangelien ergibt sich nämlich, dass zwar die Femininform ᾗ von allen verwendet wird, dass aber der Dativ bei Lk ein deutliches Übergewicht hat. Dieser verwendet die Dativform in beiden Schriften, im Evangelium 1,26; 6,49; 11,22; 12,40.46; 17,29.30; 19,30; 21,15; 22,7; 24,13; in der Apg 9,17; 11,1; 17,31. Schon die relativ grosse Zahl der Stellen spricht für sich, besonders auf dem Hintergrund von Mt und Mk. Mk hat die Form nur 7,13; Mt 24,44.50 (zweimal). Da alle Mt-Stellen (vgl. Lk 12,40.46) aus Q stammen, wird das Ergebnis noch eindeutiger. Die Lk-Stellen lauten im einzelnen:

Lk 1,26: εἰς πόλιν τῆς Γαλιλαίας ᾗ *ὄνομα* Ναζαρέθ...
6,49: ὅμοιός ἐστιν ἀνθρώπῳ οἰκοδομήσαντι οἰκίαν..., ᾗ *προσέρρηξεν* ὁ ποταμός... (vgl. Mt 7,27)
11,22: ...τὴν πανοπλίαν αὐτοῦ αἴρει, *ἐφ'* ᾗ *ἐπεποίθει*...
17,29: ᾗ *δὲ ἡμέρᾳ* ἐξῆλθεν Λώτ...
17,30: κατὰ τὰ αὐτὰ ἔσται ᾗ *ἡμέρᾳ* ὁ υἱὸς τοῦ ἀνθρώπου...
19,30: ὕπαγε εἰς τὴν κατενάντι κώμην, *ἐν* ᾗ εἰσπορευόμενοι... (vgl. Mk 11,2 par Mt 21,2)
21,15: ...σοφίαν, ᾗ οὐ δυνήσονται ἀντιστῆναι...
22,7: ἦλθεν δὲ *ἡ ἡμέρα* τῶν ἀζύμων, ᾗ *ἔδει θύεσθαι* τό πάσχα (vgl. Mk 14,12 par Mt 26,17)
24,13: εἰς κώμην ἀπέχουσαν σταδίους ἑξήκοντα ἀπὸ Ἰερουσαλήμ, ᾗ *ὄνομα* Ἐμμαοῦς

Apg 9,17: Ἰησοῦς, ὁ ὀφθείς σοι *ἐν τῇ ὁδῷ* ᾗ *ἤρχου*...
11,11: τρεῖς ἄνδρες ἐπέστησαν ἐπὶ τὴν *οἰκίαν ἐν* ᾗ ἦμεν...
17,31: καθότι ἔστησεν *ἡμέραν ἐν* ᾗ μέλλει κρίνειν...

Die Stellen der Apg wird man von vornherein Lk zuschreiben, da sie nicht in Redekompositionen stehen, in denen z. T. Vorlagen verwendet sein können. Bei Apg 11,11 zeigt sich die lk Formulierung auch durch ἐπέστησαν, das sich schon als sein Stilelement herausgestellt hat. Lk 19,30 und 22,7 ergeben sich durch synoptischen Vergleich als sekundäre Formulierung, die dem Evangelisten angehört. Lk 1,26 und 24,13 haben eine vom Evangelisten öfter verwendete Form: ὄνομα mit dem Dativ des Relativpronomens, an diesen beiden Stellen im Femininum. Die Durchsicht aller ὄνομα -Stellen des NT ist dazu bemerkenswert. Die Art der Namensbezeichnung, bei der ὄνομα und der Eigenname auf das Relativpronomen folgen, gibt es im ganzen NT nur bei Lk: Lk 1,26.27; 2,25; 8,41; 24,13; Apg 13,6. — Bei Lk 11,22 zeigt der Kontext starke redaktionelle Bearbeitung:

καθοπλίζομαι ist Hpl NT.

φυλάσσειν wird von Lk bevorzugt gebraucht (Lk 6, Apg 8; Mk 2,Mt 1).

Zwischenstellung des Relativpronomens kommt bei Lk 2,3; 9,60; 11,21; 13,34; (14,26 Hss); 14,33 vor. Bei Mk fehlt sie, Mt hat sie nur 8,22 (= Lk 9, 60).

εἰρήνη steht bei Lk 13mal, Apg siebenmal, Mk einmal, Mt viermal.

Noch eindeutiger lk ist ὑπάρχειν. Mt hat das Verb dreimal, bei Mk und Jo steht es nicht, Lk verwendet es 15mal im Evangelium und 25mal in der Apg.

ἐπέρχομαι kommt in den Evangelien überhaupt nur bei Lk (dreimal) vor. In der Apg wird es wieder viermal verwendet.

νικάω wird in den Evangelien nur an dieser Stelle gesetzt.

πανοπλία steht im NT ausser Lk 11,22 nur mehr Eph 6,11.13.

πείθω zeigt zwar innerhalb der Evangelien keine Eigentümlichkeit, aber doch im Vergleich mit der Apg: Mt 3, Mk 1,Lk 4,Apg 17.

σκῦλον ist Hpl NT.

διαδιδόναι kommt ausser Jo 6,11 nur Lk 11,22; 18,22; Apg 4,35 vor.

Die Partikel ἤ ist also bei 11,22 von einer Reihe von Ausdrücken umgeben, die mit grösster Wahrscheinlichkeit Lk zuzuschreiben sind. — Lk 17,30 ist vielleicht schon in Q gestanden, weil κατὰ τὰ αὐτά, das bei Mt und Mk nicht vorkommt, bei Lk ebenfalls nicht zahlreich ist (6,23.26; 17,30; Apg 14,1 Sg). Das stärkere Argument bietet aber der Paralleltext des Mt 24,39: Das von Mt verwendete Wort παρουσία kommt in den Evangelien nur bei ihm vor (24,3. 27.37.39), wobei an den letzten drei Stellen der Text völlig gleich lautet οὕτως ἔσται ἡ παρουσία τοῦ υἱοῦ τοῦ ἀνθρώπου (mit Ausnahme von καί Mt 24,39). Bei 24,3.27.37 ist παρουσία bzw. die ganze Formel sicher redaktionell. Trotzdem ist aber eine Setzung des Relativpronomens durch Lk bei 17,30 nicht völlig ausgeschlossen. — Lk 17,29 kann aus Mangel einer Parallele schwer entschieden werden. Da VV. 28.29 wenig typisch lk Vokabular haben und auch ihr Inhalt nicht ausgeprägt lk ist, werden beide eher aus der Tradition stammen (11). Aber auch in diesem Fall könnte Lk den V. 29 umgeformt haben, sodass ᾗ auf ihn zurückginge. Die Herkunft des Pronomens bleibt also bei 17,29.30 offen. Lk 6,49 ist wegen der sprachlichen Bearbeitung des Stoffes bei Mt und Lk nicht zu entscheiden.

Der ganze Überblick sichert also mit Ausnahme von 17,29.30 und 6,49 die Zugehörigkeit von ᾗ zur Redaktion des Evangelisten und bestätigt zugleich auch, was sich schon aufgrund der Statistik aufdrängte. Der Ursprung von ᾗ bei Lk 21,15 ist damit ebenfalls entschieden.

8. *ἀντειπεῖν - ἀντιλέγειν*

ἀντειπεῖν wird wieder von Lk charakteristisch verwendet. Es kommt ausser Lk 21,15 nur noch Apg 4,14 (οὐδὲν εἶχον ἀντειπεῖν) im NT vor. Bei ἀντιλέγειν ist der Sprachgebrauch weniger kennzeichnend, aber auch hier fällt der lk Anteil an der Zahl der Stellen noch auf. Mit Ausnahme von Jo 19,12 findet sich das Wort in den Evangelien nur Lk 2,34 und 20,27, in der Apg steht es noch 13,45; 28,19.22. Fünf Stellen unter insgesamt neun im NT heben den Stil des Lk deutlich heraus.

Die Beobachtungen an diesem Wort passen also sehr gut zur bisherigen Untersuchung von Lk 21,14-15.

9. *στόμα*

Der Ausdruck στόμα διδόναι (Lk 21,15) hat im NT nur eine einzige Parallele: Apk 13,5: καὶ ἐδόθη αὐτῷ στόμα λαλοῦν μεγάλα καὶ βλασφημίας. Beide Texte reden vom Eingeben der Worte, ihr Inhalt ist aber entgegengesetzt.

Die übrigen Lk-Stellen mit στόμα tragen für 21,15 wenig bei und werden darum nur kursorisch angeführt. Die Texte lassen sich in folgender Weise gruppieren:

a) 21,24 στόμα μαχαίρης weicht ganz von der übrigen Bedeutung des Wortes bei Lk ab und ist nur analog gebraucht.

b) στόμα ἀνοίγειν kommt im Evangelium nur 1,64 vor, in der Apg 8,32.35; 10,34; 18,14. Die Paralleltexte bei Mt zeigen, dass der Ausdruck nicht von Lk stammt, sondern schon vom AT übernommen wurde (Zitate).

---

(11) Vgl. BULTMANN, *GsynTr*, 123.

c) Häufiger sind die Stellen, wo στόμα und λαλεῖν bzw. λόγος miteinander verbunden sind oder diese Verbindung inhaltlich vorausgesetzt ist: 6,45; 4,22; 11,54; 19,22.

Die Durchsicht dieser Texte ergibt also, dass der Ausdruck στόμα διδόναι für Lk keine grosse Bedeutung hat. Ausserdem ist er auch dem Ursprung nach nicht lk, wie die mit Dan 7,8 verwandte Stelle Apk 13,5 zeigt. Diesem Befund entsprechend ist bei Lk 21,15 auch nicht die Verleihung der Redegabe, sondern von Weisheit der vorherrschende Gedanke. Das hat der Paralleltext Apg 6,10 (7,10) gezeigt und lässt sich auch noch von ᾗ ablesen, das sich allein auf σοφία bezieht, obwohl Lk auch eine Beziehung mit στόμα herstellen konnte.

10. *ἀντίκεισθαι*

Die Statistik ist wiederum bezeichnend. Innerhalb der Evangelien kommt das Wort nur Lk 13,17 und 21,15 vor, die übrigen sechs Stellen des NT stehen in den Paulusbriefen, haben aber mit Lk keine Beziehung, von der Partizipialform des Wortes abgesehen (1 K 16,9; Phil 1,28; 2 Th 2,4; 1 Tit 5,14). Die textliche Verwandtschaft der beiden Lk-Stellen fällt dafür umso mehr ins Auge:

21,15: ἅπαντες οἱ ἀντικείμενοι ὑμῖν
13,17: κατῃσχύνοντο πάντες οἱ ἀντικείμενοι αὐτῷ

Lk 13,17 gehört zum Sondergut des Evangeliums (13,10-17). Da der Grundstock der ganzen Perikope (Heilung einer verkrüppelten Frau am Sabbat) (12) wahrscheinlich aus der vor-lk Überlieferung stammt, kann das auch leicht für 13,17a zutreffen. Das bedeutet aber noch kein negatives Argument für Lk 21,15, sondern nur, dass man zur Herausstellung des lk Stils von 21,15 nicht ohne nähere Unterscheidung 13,17 heranziehen darf. Für Lk 13,17 zeigt ja auch der atl Text Is 45,16, der verwendet wird, dass die Formulierung nicht vom Evangelisten stammt:

Is 45,16: αἰσχυνθήσονται καὶ ἐντραπήσονται πάντες οἱ ἀντικείμενοι αὐτῷ καὶ πορεύσονται ἐν αἰσχύνῃ.

Weil Lk 21,15 nur unwesentlich von diesem Isaias-Text abweicht (ἅπαντες statt πάντες, ὑμῖν statt αὐτῷ), gilt diese Feststellung auch für den untersuchten Text. Lukanisch ist also beidemal nur die Verwendung des schon vorgegebenen atl Textes, bei 21,15 ausserdem die geringe Abweichung von der Grundstelle.

---

(12) Vgl. Bultmann, *GsynTr*, 10.

11. *ἅπας*

Der Vergleich mit Lk 13,17 bzw. mit dem sprachlich verwandten Isaias-Text 45,16 hat ergeben, dass ἅπαντες eine redaktionelle Änderung gegenüber dem Grundtext darstellt. Eine Überprüfung aller ntl Stellen, an denen das Wort vorkommt, macht ähnlich wie bei den meisten der im vorausgehenden untersuchten Vokabeln eine Vorliebe des Lk für dieses Wort deutlich. Mt hat es nur dreimal, Mk viermal, Lk dagegen setzt es an elf Stellen im Evangelium und zwölfmal in der Apg, während es im Jo-Ev wieder nur einmal steht. Da es in den übrigen ntl Schriften nur noch fünfmal verwendet wird, fällt auch in der Gesamtstatistik des Wortes (41) der Anteil des Lk (28) deutlich auf.

Um festzustellen, in welcher Weise Lk das Wort behandelt und wo er es den Quellen entnehmen konnte, wird wieder die synoptische Untersuchung angefügt.

1) Lk 3,21: ἐγένετο δὲ ἐν τῷ βαπτισθῆναι *ἅπαντα* τὸν λαόν...
Mk 1,9: καὶ ἐγένετο ἐν ἐκείναις ταῖς ἡμέραις ἦλθεν Ἰησοῦς ἀπὸ Ναζαρὲθ τῆς Γαλιλαίας καὶ ἐβαπτίσθη...
Mt 3,13: τότε παραγίνεται ὁ Ἰησοῦς ἀπὸ τῆς Γαλιλαίας... τοῦ βαπτισθῆναι ὑπ' αὐτοῦ.

Weder Mk noch Mt erwähnen das Volk. Schon aufgrund der stärkeren textlichen Zusammengehörigkeit von Mk und Mt muss man die lk Fassung als sekundär beurteilen. Dem entspricht, dass ἅπας + λαός im NT nur bei Lk 3,21; 19,48 und 20,6 vorkommt. Ausserdem ist ἐγένετο δὲ ἐν τῷ + Infinitiv ein Indiz für Lk-Redaktion. Diese Konstruktion kommt bei ihm 1,8; 2,6; 3,21; 5,1; 9,51; 11,27; 18,35 und Apg 19,1 vor (vgl. Lk 5,12; 8,40; 9,18.29.33; 10,38; 11,1; 14,1; 17,11.14; 19,15; 24,4.15.30.51), während Mt sie überhaupt nicht hat und Mk nur bei 4,4. Die lk Redaktion von ἅπαντα ist also eindeutig.

2) Lk 4,6: σοὶ δώσω τὴν ἐξουσίαν ταύτην *ἅπασαν*
Mt 4,9: ταῦτά σοι πάντα δώσω.

Ein Ansatz für das Wort ist schon in Q vorhanden. Aus der Einzelstelle lässt sich aber nicht eruieren, welcher Evangelist geändert hat. Man müsste umgekehrt die Statistik zur Bestimmung der Redaktion heranziehen.

3) Lk 4,40: δύνοντος δὲ τοῦ ἡλίου *ἅπαντες* ὅσοι εἶχον ἀσθενοῦντας *νόσοις ποικίλαις* ἤγαγον...
Mk 1,32: ...ἔφερον πρὸς αὐτὸν *πάντας τοὺς κακῶς ἔχοντας*
Mt 8,16: ...προσήνεγκαν αὐτῷ δαιμονιζομένους πολλούς...

Mt 4,24: *καὶ προσήνεγκαν αὐτῷ πάντας τοὺς κακῶς ἔχοντας ποικίλαις νόσοις καὶ βασάνοις...*

Mt hat den zu Lk 4,40 gehörigen Text auch zur Einleitung der Bergpredigt verwendet (4,24). ποικίλαις (νόσοις) zeigt dabei sehr deutlich, dass der Text ursprünglich parallel zu (Mk 1,32) Lk 4,40 stand, weil das Wort bei den Synoptikern nur in diesem Zusammenhang vorkommt. Auf die Bearbeitung Mk II, der ποικίλαις νόσοις wahrscheinlich angehört, da der Ausdruck bei Mk 1,32 fehlt (vergleiche jedoch 1,34), braucht hier nicht eingegangen zu werden, weil ἅπαντες gegenüber πάντες (Mk, Mt) unabhängig davon als lk Umgestaltung feststeht.

4) Lk 5,26: καὶ ἔκστασις ἔλαβεν *ἅπαντας* καὶ ἐδόξαζον τὸν θεόν
Mk 2,12: ...ὥστε ἐξίστασθαι *πάντας* καὶ δοξάζειν...
Mt 9,8: ἰδόντες δε οἱ ὄχλοι ἐφόβήθησαν καὶ ἐδόξασαν...

Die Texte des Mk und Lk haben miteinander viel mehr Berührungspunkte als mit Mt. Durch diese Parallelität des Vokabulars und der Stoffolge lässt sich auch der sekundäre Charakter von ἅπαντας leicht ersehen. Ausserdem hat Lk 7,16 eine sehr ähnliche Konstruktion und ähnlichen Text: ἔλαβεν δὲ φόβος (ἅ)πάντας, καὶ ἐδόξαζον τὸν θεὸν λέγοντες... (13) Aufgrund dieser Beobachtungen muss man ἅπαντας ziemlich klar der lk Redaktion zuschreiben.

5) Lk 8,37: καὶ ἐρώτησεν αὐτὸν *ἅπαν τὸ πλῆθος*... ἀπελθεῖν...
Mk 5,17: καὶ ἤρξαντο παρακαλεῖν αὐτὸν ἀπελθεῖν...
Mt 8,34: ...αὐτὸν παρεκάλεσαν ὅπως μεταβῇ...

Der Text des Lk stellt sich aus zwei Gründen als Änderung des Evangelisten heraus. Synoptisch ist ἅπαν τὸ πλῆθος eine Einfügung zwischen παρακαλεῖν und ἀπελθεῖν bzw. μεταβαίνειν (Mt). Ausserdem kommt ἅπαν τὸ πλῆθος im ganzen NT wiederum nur bei Lk vor: 19,37; 23,1 und Apg 25,24.

6) Lk 19,37: ...ἤρξαντο *ἅπαν τὸ πλῆθος* τῶν μαθητῶν χαίροντες αἰνεῖν τὸν θεόν...
Mk 1,9: καὶ οἱ προάγοντες καὶ οἱ ἀκολουθοῦντες ἔκραζον...
Mt 21,9: καὶ οἱ ὄχλοι οἱ προάγοντες αὐτὸν καὶ οἱ ἀκολουθοῦντες ἔκραζον...

Abgesehen von den beiden Erweiterungen des Mt (ὄχλοι, αὐτόν) ist der Text bei Mk und Mt gleich. Der Lk-Text unterscheidet sich dagegen so stark, dass nur

(13) Die Lesart ἅπαντας haben nur Hesychius A W Θ; πάντας wird von P^{75} B Koine D geschrieben.

mehr die inhaltliche Verwandtschaft bestehen bleibt. Für Lk als Autor dieser Formulierung spricht die gerade erwähnte Kombination ἅπαν τὸ πλῆθος und besonders die Verbindung αἰνεῖν τὸν θεόν, die mit geringen Abweichungen noch sechsmal im Evangelium und in der Apg anzutreffen ist ([14]). Noch mehr fällt ins Gewicht, dass ausser diesen insgesamt sieben lk Stellen αἰνεῖν nur noch Rm 15,11 (Zitat) und Apk 19,5 erscheint. An der letzten Stelle ist zwar αἰνεῖν auch mit θεός verbunden, aber zum Unterschied von Lk, der immer den Akkusativ setzt, im Dativ.

7) Lk 23,1: καὶ ἀναστὰν *ἅπαν τὸ πλῆθος* αὐτῶν ἤγαγον αὐτὸν ἐπὶ τὸν Πιλᾶτον

Mk 15,1: ...δήσαντες τὸν Ἰησοῦν ἀπήνεγκαν καὶ παρέδωκαν Πιλάτῳ

Mt 27,2: καὶ δήσαντες αὐτὸν ἀπήγαγον καὶ παρέδωκαν Πιλάτῳ τῷ ἡγεμόνι

Wie an der vorausgehenden Stelle sind Mk und Mt weitgehend gleich, während Lk wieder abweicht. Das weist zusammen mit ἅπαν τὸ πλῆθος auch hier auf Redaktion des Verses durch Lk, besonders weil der zweite Teil des Textes ἤγαγον αὐτὸν ἐπὶ τὸν Πιλᾶτον wieder eng an Mk und Mt anschliesst.

8) Lk 9,15: καὶ ἐποίησαν οὕτως καὶ κατέκλιναν *ἅπαντες*.

Dieser Satz fehlt bei Mt (14,19) und tritt an die Stelle von Mk 6,40: καὶ ἀνέπεσαν πρασιαὶ πρασιαὶ κατὰ ἑκατὸν καὶ κατὰ πεντήκοντα. Im Text des Lk verrät κατακλίνειν seine Bearbeitung, weil das Wort im NT überhaupt nur im Lk-Ev vorkommt, vom Evangelisten aber fünfmal gesetzt wird: 7,36; 9,14.15; 14,8; 24,30. Die Parallelen zu 9,14 zeigen, dass dort das Wort sicher redaktionell ist, was dann auch für den folgenden V.15 sehr naheliegt ([15]).

9) Lk 19,48: ὁ λαὸς γὰρ *ἅπας* ἐξεκρέματο αὐτοῦ ἀκούων.

Mk 11,18: *πᾶς* γὰρ ὁ ὄχλος ἐξεπλήσσετο ἐπὶ τῇ διδαχῇ αὐτοῦ.

Bei Mt fehlt eine Parallele zu Mk 11,18 par Lk 19,47-48. Da aber dem Lk-Text (VV. 47-48) unzweifelhalft Mk zugrundeliegt, ist ἅπας schon wegen der Priorität

---

([14]) Lk 2,13: πλῆθος στρατιᾶς οὐρανίου *αἰνούντων τὸν θεόν*
Lk 2,20: δοξάζοντες καὶ *αἰνοῦντες τὸν θεόν*
Lk 19,37: ἤρξαντο ἅπαν τὸ πλῆθος τῶν μαθητῶν χαίροντες *αἰνεῖν τὸν θεὸν*
Lk 24,53: ...*αἰνοῦντες* καὶ εὐλογοῦντες *τὸν θεόν*
Apg 2,47: *αἰνοῦντες τὸν θεόν* καὶ ἔχοντες χάριν...
Apg 3,8: περιπατῶν καὶ ἁλλόμενος καὶ *αἰνῶν τὸν θεόν*
Apg 3,9: καὶ εἶδεν πᾶς ὁ λαὸς αὐτὸν περιπατοῦντα καὶ *αἰνοῦντα τὸν θεόν*

([15]) Lk 9,14-15 unterscheiden sich aber durch die transitive Bedeutung des Wortes, die an den anderen drei Stellen nicht vorliegt.

des letzteren sekundär. Ausserdem ist ἅπας + λαός eine Verbindung, die im NT nur bei Lk vorkommt, wie schon (bei 3,21) erwähnt wurde.

10) Lk 20,6: ἐὰν δὲ εἴπωμεν· ἐξ ἀνθρώπων, ὁ λαὸς ἅπας καταλιθάσει ἡμᾶς.
Mk 11,32: ἀλλὰ εἴπωμεν· ἐξ ἀνθρώπων; – ἐφοβοῦντο τὸν ὄχλον.
Mt 21,26: ἐὰν δὲ εἴπωμεν· ἐξ ἀνθρώπων, φοβούμεθα τὸν ὄχλον.

Die Änderung des Textes muss dem Evangelisten Lk zugeschrieben werden. καταλιθάζω ist Hpl NT, und λαός gehört zu jenen Ausdrücken, die Lk besonders häufig verwendet. Das Wort ἅπας, das der Evangelist gebraucht, stammt aber nicht von ihm, sondern ist aus der Fortsetzung des Mk-Textes entnommen:

Mk: *ἅπαντες* γὰρ εἶχον τὸν Ἰωάννην ὄντως ὅτι προφήτης ἦν.
Mt: *πάντες* γὰρ ὡς προφήτην ἔχουσιν τὸν Ἰωάννην.
Lk: πεπεισμένος γάρ ἐστιν Ἰωάννην προφήτην εἶναι.

Der Vollständigkeit halber werden auch die nicht-lk ἅπας-Stellen besprochen.

11) Mt 6,32: οἶδεν γὰρ ὁ πατὴρ ὑμῶν ὁ οὐράνιος ὅτι χρῄζετε τούτων *ἁπάντων*.
Lk 12,30: ὑμῶν δὲ ὁ πατὴρ οἶδεν ὅτι χρῄζετε τούτων

Ein weiterer Vergleichstext fehlt und man kann darum aus dieser Stelle keinen Schluss auf die Lk-Redaktion ziehen. Umgekehrt müsste man hier wieder das bisherige Ergebnis beachten, aus dem sich schliessen lässt, dass ἁπάντων mt Redaktion ist, weil Lk das Wort kaum übergangen hätte.

12) Mt 24,39: καὶ οὐκ ἔγνωσαν ἕως ἦλθεν ὁ κατακλυσμὸς καὶ ἦρεν *ἅπαντας*.
Lk 17,27: καὶ ἦλθεν ὁ κατακλυσμὸς καὶ ἀπώλεσεν *πάντας*.

Von dieser Stelle gilt dasselbe wie von der vorausgehenden.

13) Mt 28,11: ...ἐλθόντες εἰς τὴν πόλιν ἀπήγγειλαν τοῖς ἀρχιερεῦσιν *ἅπαντα* τὰ γενόμενα

ἅπας steht in einem Text des Mt-Sondergutes und lässt deswegen keine Rückschlüsse auf Lk zu.

14) Mk 1,27: καὶ ἐθαμβήθησαν *ἅπαντες*, ὥστε συζητεῖν αὐτοὺς λέγοντας...
Lk 4,36: καὶ ἐγένετο θάμβος ἐπὶ *πάντας*, καὶ συνελάλουν πρὸς ἀλλήλους λέγοντες...

Die Vergleichsmöglichkeit ist auch an dieser Stelle nicht besser als bei den vorausgehenden Texten, und es ist darum schwierig zu erkennen, ob die Änderung gegenüber Mk auf Lk zurückgeht oder auf einen Redaktor vor ihm. Statistisch lässt sich zwar festellen, dass θαμβεῖσθαι nur Mk 1,27; 10,24.32 im NT vorkommt und dass συνλαλεῖν, abgesehen von der synoptischen Stelle Mk 9,4 par Mt 17,3 par Lk 9,30, im NT nur noch Lk 4,36; 22,4 und Apg 25,12 steht, aber diese Beobachtungen lassen nicht erkennen, wie der Ausgangstext des Lk lautete. Die Stelle muss also unentschieden bleiben.

15) Mk 8,25: ...καὶ ἐνέβλεψεν τηλαυγῶς ἅπαντα.

Dieser Text gehört zu den wenigen Sondergutstellen des Mk. Weil das Wort zusammen mit der ganzen Perikope 8,22-26 von den Seitenreferenten ausgelassen wird, trägt diese Stelle nichts für den Stil bei, selbst wenn Lk den Abschnitt noch in seiner Vorlage gelesen hätte.

16) Mk 16,15: πορευθέντες εἰς τὸν κόσμον ἅπαντα κηρύξατε τὸ εὐαγγέλιον πάσῃ τῇ κτίσει.

Der Vers gehört zum längeren Mk-Schluss, der erst später an das Evangelium angefügt wurde und verschiedene Elemente desselben Inhalts aus den übrigen Evangelien sammelt. Methodisch ist es also unzulässig zu fragen, wie dieser Stoff von den Seitenreferenten übernommen wurde.

Zusammenfassung: Aus dem Überblick ergibt sich, dass ἅπας in der überwiegenden Zahl der Fälle von Lk gesetzt wird. Die Mt- und Mk-Stellen haben keine davon abweichende Tendenz. Indirekt wird also durch den synoptischen Vergleich bestätigt, was sich für die Herkunft des Wortes bei Lk 21,15 schon früher herausgestellt hatte.

ZUSAMMENFASSUNG (Lk 21,14-15)

Die Untersuchung des Textes der Perikopen Lk 21,14-15 und 12,11-12 und ihrer Einordnung im Lk-Ev kam zu einem eindeutigen und teilweise überraschenden Ergebnis. Zunächst stellte sich heraus, dass der sprachlich vergleichbare Mt-Text 10,19 nicht an dem Platz eingeordnet ist, der dem parallelen Rahmen von Lk 21,14-15 par Mk 13,11 entsprochen hätte. Die Überprüfung des Vokabulars und des Kontextes dieser Mt-Stelle ergab, dass der Bearbeiter des Evangeliums den ganzen Abschnitt 10,17-22 aus dem Stück 24,9-14 entnommen und die entstandene Lücke mit verwandten Formulierungen ausgefüllt hat. Aus diesem Grund ist es nicht verwunderlich, dass der neu eingereihte Stoff 10,17-22 mit Mk 13,9-13 mehr Verwandtschaft aufweist als der rahmenparallele Stoff 24,9-14, und dass der Beginn und das Ende des umgestellten Stoffes zweimal vorhanden sind. Das Vorgehen des Mt an dieser Stelle ist damit eine interessante Parallele zu dem bei 9,27-31.

Nachdem die Frage nach der Einordnung von Mt 10,17-22 beantwortet war, stellte sich heraus, dass die zwei Lk-Dubletten zu Mk 13,11 in einem analogen Verhältnis stehen. Auch hier ist der dem Rahmen nach weiter entfernte Text Lk 12,11-12 mit Mk näher verwandt als der eigentliche Paralleltext Lk 21,14-15. Aufgrund der gemeinsamen Züge muss man also schliessen, dass Lk 12,11-12 in der Vorlage des Evangelisten noch an der Stelle von 21,14-15 stand. Erst Lk ordnete die zwei Verse im zwölften Kapitel aufgrund eines Stichwortes neu ein und füllte den entstandenen Platz mit einem anderen Text aus (21,14-15).

Mit diesen Beobachtungen stand die zentrale Stellung des Mk-Textes 13,11 fest. Zugleich ergab sich aber ein anderes, literarkritisch noch bedeutsameres Phänomen. Wenn man die Redaktion des Mt und Lk rückgängig machte und Lk 12,11-12 par Mt 10,19 an ihren ursprünglichen Platz stellte, zeigte sich wieder – für den Standpunkt der Zweiquellentheorie überraschenderweise –, dass bei Mt und Lk im Vergleich zu Mk gemeinsame Abweichungen vorhanden sind. Da sich solche Übereinstimmungen auch im vorausgehenden Kontext fanden und ihre Zahl und Eigenart nicht zulässt, als Erklärung das Zusammentreffen einer unabhängigen Redaktion des Mt und Lk anzunehmen, ergab sich ein Zweifaches. Sie mussten einen gemeinsamen Ursprung haben und einer Schicht angehören, die vor Mt und Lk lag, aber später war als der kanonische Mk-Text. Entgegen der gängigen Theorie zeigten die Übereinstimmungen damit wieder ein Stück des Deuteromarkus. Diese Quelle war umso sicherer zu erkennen, als die Gemeinsamkeiten des Mt und Lk gegen Mk in Stücken vorliegen, die von der zugehörigen Mk-Perikope relativ weit entfernt eingeordnet sind, sodass Harmonisierung und Textangleichung nicht in Frage kommen. Da diese Schicht andererseits selber zur besseren Erkennbarkeit der Mt- und Lk-Redaktion beitrug, war neuerlich ein Argument für ihre Existenz gegeben. Die Eigenschaften dieser Quelle waren überall die gleichen, wie sie sich schon bei der Untersuchung von Mt 9,27-31 für Deuteromarkus gezeigt hatten.

Schliesslich entsprach der Ertrag der eigentlichen sprachlichen Untersuchung von Lk 21,14-15 genau dem, was aufgrund der lk Einordnung von 12,11-12 zu erwarten war. Der synoptische und statistische Vergleich des Vokabulars erwiesen, dass viele Ausdrücke der Perikope 21,14-15 von Lk bevorzugt oder ausschliesslich verwendet werden. Besonders zeigten aber längere Passagen, die der Evangelist wiederholt gebraucht, die im NT aber nur in den lk Schriften vorkommen, den Stil des Lk. Die Summe dieser Beobachtungen führte mit beachtenswerter Eindeutigkeit zu dem Schluss, dass das ganze Stück 21,14-15 redaktionelle Arbeit des Evangelisten darstellt und kein Fragment einer Mk-fremden Überlieferung ist (16). Wie in der Einordnung des Stückes ist also die Redaktion des Lk auch in der sprachlich-stilistischen Gestalt der Perikope mit der des Mt (10,17-22) parallel.

---

(16) Der Überblick der einzelnen Abschnitte ergab folgendes: θέτε οὖν ἐν ταῖς καρδίαις steht sprachlich mit Lk 1,66, aber auch noch mit Apg 5,4; 19,21 und Lk 9,44 in engem Zusammenhang. Durch das Fehlen einer solchen Ausdrucksweise im übrigen NT ist der lk Usprung sicher. Bei ἀπολογεῖσθαι sprechen die Statistik und der synoptische Vergleich für den redaktionellen Charakter des Wortes. προμελετᾶν als Hpl NT ist zwar an sich unbestimmt, erhält aber durch den Kontext eine klare Qualifikation. Im V. 15 ist schon in der Einleitung mehrfach der lk Stil erkennbar. Grosses Gewicht haben hier die Stellen Apg 6,10 und 7,10, die in einer längeren Wortfolge mit dem Untersuchungstext ἐγὼ γὰρ δώσω ὑμῖν στόμα καὶ σοφίαν ᾗ οὐ δυνήσονται ἀντιστῆναι parallel sind. Ausserdem lässt sich auch für die einzelnen Teile lk Eigenart nachweisen. Bei σοφία spricht die Statistik für Lk, ebenfalls und noch stärker bei ἐγὼ γάρ, weil dieser Ausdruck in den Evangelien nur bei ihm anzutreffen ist. Sogar bei dem sehr allgemeinen und leicht verwendbaren Relativpronomen ᾗ stellt sich heraus, dass es von Lk häufiger verwendet wird als von den anderen Autoren des NT. Ähnliches gilt von ἀντιλέγειν bzw. ἀντειπεῖν. Obwohl στόμα διδόναι nicht ursprünglich lk ist, sondern auf das AT zurückgeht, zeigt auch dieser Ausdruck wegen der Unterordnung unter die lk Formulierung σοφίαν διδόναι das Interesse des Verfassers. Weiters ist der Schluss des V. 15 vom Evangelisten geformt, weil ἅπαντες οἱ ἀντικείμενοι bei Lk 13,17 die einzige Parallele im NT hat, auch wenn aus Is 45,16 hervorgeht, dass dieser Text der vor-lk Tradition angehört. Schliesslich bekundet der synoptische Vergleich von ἅπας und ἀντίκεισθαι nochmals die schriftstellerische Eigenart des Lk.

LITERATURVERZEICHNIS

I. HILFSMITTEL

ALAND K., *Synopsis quattuor evangeliorum*, Stuttgart ²1965

BAUER W., *Griechisch-Deutsches Wörterbuch*, Berlin ⁵1958

BENOIT P. - BOISMARD M. E., *Synopse des quatre évangiles*, Paris 1965

BEYER K., *Semitische Syntax im Neuen Testament*, I, Göttingen 1962

BLASS F. - DEBRUNNER A., *Grammatik des neutestamentlichen Griechisch*, Göttingen ¹²1965. Ergänzungsheft zur 12. Auflage, hg. von D. TABACHOVITZ, Göttingen 1965

BRUDER C. H., Ταμιεῖον ...*sive Concordantiae omnium vocum Novi Testamenti Graeci*, Göttingen ⁷1913

DEISS L., *Synopse*, I-II, Brügge I 1964, II 1963

HAAG H. (Hg), *Bibel-Lexikon*, Ensiedeln-Zürich-Köln ²1968

HATCH E. - REDPATH H. A., *A Concordance to the Septuagint and the Other Greek Versions of the Old Testament (Including the Apocryphal Books)*, I-III, Oxford 1892-97, Neudruck Graz 1954

HAWKINS J. C., *Horae Synopticae*, Oxford 1968 (= ²1909)

HUCK A. - LIETZMANN H., *Synopse der drei ersten Evangelien*, Tübingen ¹⁰1950

LIDDELL H. G. - SCOTT R. - JONES H. S. - MCKENZIE R., *A Greek-English Lexikon*, Oxford 1966 (= ⁹1940)

MERK A., *Novum Testamentum Graece et Latine*, Rom ⁷1951

MIGNE J. P., *Patrologiae cursus completus, Series Latina*, Paris 1878-90 (Tomus XXXIV)

MORGENTHALER R., *Statistik des neutestamentlichen Wortschatzes*, Zürich 1958

MOULTON W. F. - GEDEN A. S. - MOULTON H. K., *A Concordance to the Greek Testament*, Edinburg ⁴1963

NESTLE E. - ALAND K. - NESTLE E., *Novum Testamentum Graece*, Stuttgart ²⁵ 1963

RADERMACHER L., *Neutestamentliche Grammatik* (HbNT, 1), Tübingen ²1925

ROBERTSON A. T., *A Grammar of the Greek New Testament in the Light of Historical Research*, Nashville 1934 (= ⁴1923)

SCHMID J., *Synopse der drei ersten Evangelien*, Regensburg ³1960

SCHMOLLER A., *Handkonkordanz zum Griechischen Neuen Testament*, Stuttgart ¹³1963

SEPTUAGINTA, *id est Vetus Testamentum Graece iuxta LXX interpretes*, hg. von A. RAHLFS, Stuttgart ⁸1965

SOLAGES B., *Synopse Grecque des Evangiles. Méthode nouvelle pour résoudre le problème synoptique*, Leiden 1958

ZERWICK M., *Graecitas Biblica*, Rom [5]1966

II. SONSTIGE LITERATUR

ABBOTT E. A., *The Corrections of Mark adopted by Matthew and Luke* (Diatessarica, II), London 1901

ALAND K. - CROSS F. L. - DANIÉLOU J. - RIESENFELD H. - UNNIK W. C. VAN (Hgg), *Studia Evangelica. Papers Presented to the International Congress on « The Four Gospels in* 1957 » (TU, 73), Berlin 1959

ALBERTZ M., *Die synoptischen Streitgespräche. Ein Beitrag zur Formengeschichte des Urchristentums*, Berlin 1921

ALLEN W. C., *A Critical and Exegetical Commentary on the Gospel According to S. Matthew* (ICC), Edinburg [3]1912

ARGYLE A. W., *Agreements between Matthew and Luke*, in: ExpT 73 (1961-2) 19-22

BARTH G., *Das Gesetzesverständnis des Evangelisten Matthäus*, in: G. BORNKAMM - G. BARTH - H. J. HELD, *Überlieferung und Auslegung im Matthäus-Evangelium*, Neukirchen [4]1965, 54-154

BENOIT P., *L'Evangile selon Saint Matthieu* (Bible de Jérusalem), Paris [3]1961

BISPING A., *Erklärung des Evangeliums nach Matthäus*, Münster 1864

BONNARD P., *L'évangile selon Saint Matthieu* (CNT, 1), Neuchâtel o. J. (1963)

BORNKAMM G., *Jesus von Nazareth*, Stuttgart [7]1965

——— *Die Sturmstillung im Matthäuservangelium*, in: G. BORNKAMM - G. BARTH - H. J. HELD, *Überlieferung und Auslegung im Matthäusevangelium*, Neukirchen [4]1965, 48-53

BORNKAMM G. - BARTH G. - HELD H. J., *Überlieferung and Auslegung im Matthäusevangelium* (WMANT, 1), Neukirchen [4]1965

BROWN J. P., *An Early Revision of the Gospel of Mark*, in: JBL 78 (1959) 215-27

BULTMANN R., *Die Erforschung der synoptischen Evangelien*, Berlin [5]1966

——— *Die Geschichte der synoptischen Tradition* (FRLANT, 29) Göttingen [4]1958 Ergänzungsheft zur dritten durchgesehenen Auflage, Göttingen 1958

BUNDY W. E., *Jesus and the First Three Gospels. An Introduction to the Synoptic Tradition*, Cambridge (Mass.) 1955

BURKITT F. C., *The Gospel History and its Transmission*, Edinburg [4]1920

BURTON E. DE WITT, *Some Principles of Literary Criticism and Their Application to the Synoptic Problem*, Chicago 1904

VAN DEN BUSSCHE H., *Das Vater Unser*, Mainz 1963

BUSSMANN W., *Synoptische Studien*, I-III, Halle 1925, 1929, 1931

BUTLER B. C., *The Originality of St. Matthew. A Critique of the Two-Document Hypothesis*, Cambridge 1951

BUZY D., *Evangile selon Saint Matthieu*, in: L. PIROT - A. CLAMER (Hgg), *La Sainte Bible*, IX: *Evangiles de S. Matthieu et de S. Marc*, Paris 1946, VII-XVIII. 1-388

CERFAUX L., *La voix vivante de l'Evangile au début de l'Eglise*, Tournai 1946; dt: *Die lebendige Stimme des Evangeliums in der Frühzeit der Kirche*, Mainz 1953

——, *En marge de la question synoptique. Les unités litteraires antérieures aux trois premiers évangiles*, in: J. HEUSCHEN (Hg), *La Formation des évangiles. Problème synoptique et Formgeschichte*, Brügge-Paris 1957, 24-33

CHAPMAN J., *Matthew, Mark and Luke. A Study in the Order and Interrelation of the Synoptic Gospels*. Edited with an introduction and some additional matter by J. M. T. BARTON, London-New York-Toronto 1937

CONZELMANN H., *Die Mitte der Zeit* (BHTh, 17), Tübingen [5]1964

DAUSCH P., *Die drei älteren Evangelien*, Bonn [4]1932

DIBELIUS M., *Die Formgeschichte des Evangeliums*, Tübingen [2]1933 ([5]1966 hg. von G. BORNKANN mit einem Nachtrag von G. IBER)

DURAND A., *Evangile selon Saint Matthieu*, Paris [10]1927

EICHHORN J. G., *Einleitung in das Neue Testament*, I, Leipzig 1804

FARMER W. R., *The Synoptic Problem. A Critical Analysis*, New York-London 1964

FEINE B. - BEHM J. - KÜMMEL W. G., *Einleitung in das Neue Testament*, Heidolberg [14]1965

FIEBIG P., *Das Vaterunser. Usprung, Sinn und Bedeutung des christlichen Hauptgebetes*, Gütersloh 1927

FONSECA A., *Quaestio synoptica*, Rom [3]1952

GAECHTER P., *Das Matthäus Evangelium*, Innsbruck-Wien-München 1963

GIESELER J. C. L., *Historisch-kritischer Versuch über die Entstehung und die frühesten Schicksale der schriftlichen Evangelien*, Leipzig 1818

GLASSON T. F., *Did Matthew and Luke use a 'Western' Text of Mark?*, in: ExpT 56 (1944-5) 41-45

GRANT F. C., *The Gospels. Their Origin and their Growth*, London 1965

GRÄSSER E., *Das Problem der Parusieverzögerung in den synoptischen Evangelien und in der Apostelgeschichte* (BZNW, 22), Berlin [2]1960

GRIESBACH J. J., *Commentatio qua Marci euangelium totum e Matthaei et Lucae commentariis decerptum esse monstratur*, I-II, Jena 1789-90

GROBEL K., *Formgeschichte und synoptische Quellenanalyse*, Göttingen 1937

GRUNDMANN W., *Das Evangelium nach Lukas*, Berlin [3]1965

HAENCHEN E., *Der Weg Jesu. Eine Erklärung des Markus-Evangeliums und der kanonischen Parallelen*, Berlin 1966

HELD H. J., *Matthäus als Interpret der Wundergenschichten*, in: G. BORNKAMM- G. BARTH - H. J. HELD, *Überlieferung und Auslegung im Matthäusevangelium*, Neukirchen [4]1965, 155-287

HERDER J. G., *Christliche Schriften*. 3. *Sammlung*: *Von Gottes Sohn, der Welt Heiland. Nach Johannes Evangelium. Nebst einer Regel der Zusammenstimmung unserer Evangelien aus ihrer Entstehung und Ordnung*, Riga 1797

Heuschen J. (Hg), *La Formation des évangiles. Problème synoptique et Formgeschichte* (RechBibl, 2), Brügge-Paris 1957

Heuschen J., *La formation des évangiles*, in: J. Heuschen (Hg), *La Formation des évangiles. Problème synoptique et Formgeschichte*, Brügge-Paris 1957, 11-23

Holtzmann H. J., *Die synoptischen Evangelien. Ihr Ursprung und geschichtlicher Charakter*, Leipzig 1863

——— *Die Synoptiker* (HCNT, I, 1), Tübingen-Leipzig ³1901

Holsten C., *Die synoptischen evangelien nach der form ihres inhaltes*, Heidelberg 1885

Jacquier E., *Histoire des livres du Nouveau Testament*, II, Paris 1905

Jeremias J., *Die Gleichnisse Jesu*, Göttingen ⁷1965

——— *Das Vater-Unser im Lichte der neueren Forschung*, Stuttgart 1962

Kilpatrick G. D., *The Origins of the Gospel according to St. Matthew*, Oxford ²1950

Klostermann E., *Das Matthäuservangelium* (HbNT, 4), Tübingen ²1927

Knabenbauer J. - Merk A., *Commentarius in Evangelium secundum Matthaeum*, *Paris* I ³1922, II ³1922

Knox W. L., *The Sources of the Synoptic Gospels.* I: *St. Mark*, II: *St. Luke and St. Matthew*, hg. von H. Chadwick, Cambridge 1953, 1957

Lachmann C., *De ordine narrationum in evangeliis synopticis*, in: Theologische Studien und Kritiken 8 (1835) 570-90

Lagrange M. J., *Evangile selon Saint Luc* (EtBib), Paris ⁴1927

——— *Evangile selon Saint Matthieu* (EtBib), Paris 1923

Lake K. - Lake S., *An Introduction to the New Testament*, London 1948

Larfeld W., *Die neutestamentlichen Evangelien nach ihrer Eigenart und Abhängigkeit*, Gütersloh 1925

Lauck W., *Das Evangelium des hl. Matthäus und des hl. Markus.* Erste Hälfte, Freiburg ²1937

Léon-Dufour X., *Die Evangelien und der historische Jesus*, Aschaffenburg 1966

——— *Die synoptischen Evangelien*, in: A. Robert - A. Feuillet, *Einleitung in die Heilige Schrift*, II (NT), Wien-Freiburg-Basel 1964, 123-305

——— *Interprétation des évangiles et problème synoptique*, in: I. de la Potterie (Hg), *De Jésus aux Evangiles. Tradition et Rédaction dans les Evangiles synoptiques*, Paris-Gembloux 1967, 5-16

Lessing K. G., *Gotthold Ephraim Lessings theologischer Nachlass*, Berlin 1784

Lohmeyer E., *Das Vater-unser*, Göttingen ³1952

Lohmeyer E. - Schmauch W., *Das Evangelium des Matthäus*, Göttingen ⁴1967 Ergänzungsheft von G. Sass, Göttingen ²1963

McLoughlin S., *Les accords mineurs Mt-Lc contre Mc et le problème synoptique. Vers la théorie des deux sources*, in: I. de la Potterie (Hg), *De Jésus aux Evangiles. Tradition et Rédaction dans les Evangiles synoptiques*, Paris-Gemloux 1967, 17-40

McNeile A. H., *The Gospel According to St. Matthew*, London 1928

McNeile A. H. - Williams C. S. C., *An Introduction to the Study of the New Testament*, Oxford ²1953

MANSON T. W., *The Teaching of Jesus. Studies of its Form and Content*, Cambridge 1963
MARXSEN W., *Einleitung in das Neue Testament*, Gütersloh ³1964
MEINERTZ M., *Einleitung in das Neue Testament*, Paderborn ⁵1950
MICHAELIS W., *Das Evangelium nach Matthäus*, II, Zürich 1949
MOFFAT J., *An Introduction to the Literature of the New Testament*, Edinburg 1961 (=³1918)
MONTEFIORE C. G., *The Synoptic Gospels*, London I ²1927, II ²1927, Neudruck New York 1968
MÜLLER G. H., *Zur Synopse*, Göttingen 1908
PATTON C. S., *Sources of the Synoptic Gospels*, New York 1915
PESCH W., *Der Lohngedanke in der Lehre Jesu* (MüThSt, I, 7) München 1955
PIROT L., *Evangile selon Saint Marc*, in: L. PIROT-A. CLAMER (Hgg), *La Sainte Bible*, IX: *Evangile de S. Matthieu et de S. Marc*, Paris 1946, 389-612
PIROT L. - CLAMER A. (Hgg), *La Sainte Bible*, IX: *Evangiles de S. Matthieu et de S. Marc*, Paris 1946
PLUMMER A., *A Critical and Exegetical Commentary on the Gospel according to Saint Luke*, Edinburg 1964 (= ⁵1922)
——— *An Exegetical Commentary on the Gospel According to S. Matthew*, London ⁵1920
DE LA POTTERIE I. (Hg), *De Jésus aux Evangiles. Tradition et Rédaction dans les Evangiles synoptiques*, Paris-Gembloux 1967
RENGSTORF K. H., *Das Evangelium nach Lukas*, Göttingen ¹¹1966
ROBERT A. - FEUILLET A., *Einleitung in die Heilige Schrift*, II (NT), Wien-Freiburg-Basel 1964
ROBERT A. - TRICOT A., *Initiation biblique. Introduction à l'étude des Saintes écritures*, *Tournai* 1954
SANDAY W. (Hg), *Studies in the Synoptic Problem*. Oxford 1911
SANDAY W., *The Conditions under which the Gospels were written, in their bearing upon some Difficulties of the Synoptic Problem*, in: W. SANDAY (Hg), *Studies in the Synoptic Problem*, Oxford 1911, 1-26
SCHÄFER K. TH., *Diatessaron*, in: LThK ²III, 348-9
——— *Grundriss der Einleitung in das Neue Testament*, Bonn ²1952
SCHANZ P., *Commentar über das Evangelium des heiligen Matthäus*, Freiburg 1879
SCHELKLE K. H., *Synoptische Frage*, in: H. Haag (Hg), *Bibel-Lexikon*, Einsiedeln-Zürich-Köln ²1968, 1690-4
——— *Das Neue Testament. Seine literarische und theologische Geschichte*, Kevelaer ³1966
SCHLATTER A., *Der Evangelist Matthäus*, Stuttgart ³1948
——— *Das Evangelium nach Lukas. Aus seinen Quellen erklärt*, Stuttgart ²1960
SCHLEIERMACHER F., *Über die Schriften des Lukas. Ein kritischer Versuch*, I, Berlin 1817
SCHMID J., *Das Evangelium nach Matthäus* (RNT, 1), Regensburg ⁴1959
——— *Das Evangelium nach Markus* (RNT, 2), Regensburg ⁴1958

SCHMID J., *Das Evangelium nach Lukas* (RNT, 3), Regensburg [4]1960

——— *Synoptiker* (I. Synoptische Frage), in: LThK [2]IX, 1240-45

——— *Matthäusevangelium*, in: LThK [2]VII, 176-9

——— *Lukasevangelium*, in: LThK [2]VI, 1207-11

——— *Matthäus und Lukas* (Biblische Studien 23, 2-4), Freiburg 1930

SCHMIDT K. L., *Der Rahmen der Geschichte Jesu*, Berlin 1919

SCHNACKENBURG R., *Gottes Herrschaft und Reich*, Freiburg [4]1965

SCHNIEWIND J., *Das Evangelium nach Matthäus*, Göttingen [11]1964

SCHÜRMANN H., *Das Gebet des Herrn*, Freiburg-Basel-Wien [3]1965

SOIRON TH., *Die Logia Jesu. Eine literarkritische und literarhistorische Untersuchung zum synoptischen Problem*, Münster 1916

SOLTAU W., *Unsere Evangelien. Ihre Quellen und ihr Quellenwert*, Leipzig 1901

SPITTA F., *Die synoptische Grundschrift in ihrer Überlieferung durch das Lukasevangelium*, Leipzig 1912

STANTON V. H., *The Gospels as Historical Documents*. II: *The Synoptic Gospels*, Cambridge 1930 (= 1909)

STEINMUELLER J. E., *A Companion to Scripture Studies*. III: *Special Introduction to the New Testament*, New York 1948

STONEHOUSE N. B., *Origins of the Synoptic Gospels. Some Basic Questions*, London 1964 (Grand Rapids 1963)

STRECKER G., *Der Weg der Gerechtigkeit. Untersuchung zur Theologie des Matthäus* (FRLANT, 82), Göttingen [2]1966

STREETER B. H., *The Four Gospels. A Study of Origins*, London 1961 (= [4]1930)

STEPHENSON T., *Overlapping of Sources in Matthew and Luke*, in: JTSt 21 (1918-9) 127-45

TRICOT A., *La question synoptique*, in: A. ROBERT-A. TRICOT, *Initiation biblique Introduction à l'étude des saintes écritures*, Tournai [3]1959, 356-74

TRILLING W., *Das wahre Israel. Studien zur Theologie des Matthäus-Evangeliums* (StANT, 10), München [3]1964

TURNER N., *The Minor Verbal Agreements of Mt. and Lk. against Mk.*, in: K. ALAND - F. L. CROSS - J. DANIÉLOU - H. RIESENFELD - W. C. VAN UNNIK (Hgg), *Studia Evangelica. Papers Presented to the International Congress on « The Four Gospels in* 1957 » (TU, 73), Berlin 1959, 223-34

VAGANAY L., *Le problème synoptique. Une hypothèse de travail*, Paris-Tournai-Rom 1954

——— *La question synoptique*, in: EphThLov 28 (1952) 238-56

VANNUTELLI P., *De Evangeliorum origine*, Rom 1923

——— *Gli Evangeli in Sinossi. Novo* (!) *studio del problema sinottico*, Turin-Rom 1931

——— *Quaestiones de Synopticis Evangeliis*, Rom 1933

——— *Sinossi degli Evangeli*, Rom [3]1942

WEISS B., *Das Matthäusevangelium und seine Lucas-Parallelen*, Halle 1876

——— *Lehrbuch der Einleitung in das Neue Testament*, Berlin 1886

WEISSE C. H., *Die evangelische Geschichte kritisch und philosophisch bearbeitet*, I-II, Leipzig 1838

WELLHAUSEN J., *Einleitung in die drei ersten Evangelien*, Berlin 1905

——— *Das Evangelium Matthaei*, Berlin 1904

WERNLE P., *Die synoptische Frage*, Freiburg-Leipzig-Tübingen 1899

WIKENHAUSER A., *Einleitung in das Neue Testament*, hg. von A. VÖGTLE, Freiburg-Basel-Wien [5]1963

WILKE C. G., *Der Urevangelist*, Dresden-Leipzig 1838

WILLIAMS C. S. C., *Did Matthew and Luke use a 'Western' Text of Mark?*, in: ExpT 56 (1944-5) 41-5

ZEHRER F., *Einführung in die synoptischen Evangelien*, Klosterneuburg 1959

——— *Synoptischer Kommentar*, II, Klosterneuburg 1963

VERZEICHNIS DER ABKÜRZUNGEN

BHTh	Beiträge zur historischen Theologie
BZNW	Beihefte zur Zeitschrift für die ntl Wissenschaft
CNT	Commentaire du Nouveau Testament
EphThLov	Ephemerides Theologicae Lovanienses
EtBib	Etudes Bibliques
ExpT	The Expository Times
FRLANT	Forschungen zur Religion und Literatur des Alten und Neuen Testaments
HbNT	Handbuch zum Neuen Testament
HCNT	Hand-Commentar zum Neuen Testament
ICC	The International Critical Commentary
JBL	Journal of Biblical Literature
JThSt	Journal of Theological Studies
LThK	Lexikon für Theologie und Kirche, hg. von J. Höfer und K. Rahner, Freiburg ²1957-65.
MüThSt	Münchner Theologische Studien
RechBibl	Recherches Bibliques
RNT	Regensburger Neues Testament
StANT	Studien zum Alten und Neuen Testament
TU	Texte und Untersuchungen zur Geschichte der altchristlichen Literatur
WMANT	Wissenschaftliche Monographien zum Alten und Neuen Testament
Hpl NT	Hapaxlegomenon im NT
par, parr	Eine bzw. mehrere Parallelen

Handschriftenabkürzungen sind der Synopse von K. Aland entnommen.

VERZEICHNIS DER UNTERSUCHTEN GRIECHISCHEN AUSDRUCKE [1]

---

(1) Die im Inhaltsverzeichnis angegebenen Wörter werden hier nicht angeführt, mit Ausnahme einiger typischer Kombinationen. Zusammensetzungen mit Präpositionen sind bei diesen angegeben, längere Ausdrücke unter dem zugehörigen Verb.

DEUTEROMARKUS (= Mk II)

Über Deuteromarkus finden sich — abgesehen von der Einleitung - nähere Angaben auf den folgenden Seiten: 55-57; 61-62; 66-69; 72-73; 74-78; 89-91; 92 Anm. 63; 104-107; 123 Anm. 86; 146; 156f mit Anm. 120; 173-5; 185f.

SCHRIFTSTELLENVERZEICHNIS IN AUSWAHL

A = Anmerkung(en)

Wenn eine Stelle auf derselben Seite wiederholt vorkommt, ist sie nur einmal vermerkt.

Mt 10,19 = 152A bedeutet z.B., dass die Stelle auf Seite 152 in der entsprechenden Anmerkung steht.

Mt 19,1 = 53.A bedeutet, dass die Stelle auf Seite 53 *und* in einer Anmerkung dieser Seite steht.

Die Stellen Mt 9,27-31; 20,29-34 und Lk 12,11-12; 21,14-15 des II. Kapitels « DER STAND DER DISKUSSION » (Seite 18-44) sind in diesem Verzeichnis nicht angeführt.

AUTORENVERZEICHNIS

Wiederholtes Vorkommen eines Namens auf derselben Seite ist nicht eigens vermerkt. Wenn ein Autor in den Fussnoten zitiert wird, ist nur die entsprechende Seite angegeben.